党内法规理论与制度研究丛书

党的领导法规原理

DANG DE LINGDAO FAGUI YUANLI

郭为禄　章志远◎主编

中国法制出版社

撰稿人

第一章：蒋清华，中南大学法学院副教授

第二章：马迅，华东政法大学纪检监察学院讲师

第三章：李尧，中共浙江省委党校法学教研部讲师

第四章：尚千惠，南京审计大学纪检监察学院讲师

第五章：邱小航，上海市社会科学事业发展研究中心《学术月刊》杂志社编辑；赵子超，中共济宁市委机构编制委员会办公室工作人员

前　言

2018年4月，在中共上海市委直接领导下，由中共上海市纪律检查委员会、中共上海市委宣传部与华东政法大学共同建设的实体性党内法规研究机构——华东政法大学党内法规研究中心正式挂牌成立。研究中心成立五年来，本着繁荣党内法规理论研究、推进党内法规学科发展和促进党内法规制度建设的宗旨，聚焦党内法规基础理论和制度实施，在理论研究、学术交流、队伍建设、人才培养和社会服务等方面取得了显著成效，已经成为国内重要的党内法规学术研究、人才培养和咨政服务基地。

2021年12月19日，在第二次全国党内法规工作会议召开前夕，习近平总书记就进一步加强党内法规制度建设作出新的重要指示，强调要增强依规治党的自觉性和坚定性，紧紧围绕党和国家工作大局继续推进党内法规制度建设，发挥好党内法规在维护党中央集中统一领导、保障党长期执政和国家长治久安方面的重大作用，在推进新时代党的建设新的伟大工程、落实全面从严治党方面的重大作用。[①] 作为华东政法大学党内法规研究中心“党内法规理论与制度研究丛书”的重要组成部分，本书通过研读党内法规研究领域的代表性文献，以2016年12月《中共中央关于加强党内法规制度建设的意

① 中共中央办公厅法规局：《充分发挥依规治党的政治保障作用——以习近平同志为核心的党中央加强党内法规制度建设纪实》，中国政府网，http://www.gov.cn/xinwen/2022-06/26/content-5697788.htm，最后访问日期：2023年11月14日。

见》所确立的“1+4”党内法规制度体系基本框架为依据，重点对党的领导法规制度进行系统分析与阐释。本书共分为五章：第一章“党的领导法规概述”，以合理界定党的领导法规为目的，从领导法规的概念、渊源、分类和体系入手，进一步引导读者认识领导法规所调整的党的领导关系，了解领导法规的基本原则、效力、作用和地位；第二章“党的领导地位的历史演进”，以历史分期为视角，集中展现从党的诞生与局部执政、党的一元化领导、党政分开的探索，到党的全面领导四个阶段党的领导模式的历史演变；第三章“党的领导体制规范化”，以党的全面领导为原则，通过梳理与分析党的领导法规及相关国家法律等规范文本，提炼党对国家机关、社会组织，以及对具体领域中国家事务的不同领导方式；第四章“党的领导机制规范化”，以党组织在具体履行领导职责过程中与非党组织之间建立的工作机制为切入点，重点阐释民主科学决策机制、民主协商机制、请示报告机制；第五章“党的领导责任规范化”，主要从责任意识、责任主体、责任内容、责任落实四个方面入手，以强化党的领导职责、规范党的领导活动。

本书是华东政法大学党内法规研究中心科研团队全体成员共同努力的结晶。校党委书记、中心主任郭为禄教授和中心常务副主任章志远教授担任主编，负责全书筹划、框架设计、出版协调；蒋清华撰写第一章，马迅撰写第二章，李尧撰写第三章，尚千惠撰写第四章，邱小航、赵子超撰写第五章。在撰写本书的过程中，我们重点参考了党的十八大以来公开出版的数十部著作和五百余篇重要论文。受时间和能力限制，书稿中可能存在某些欠缺之处，敬请同行批评指正。

目录

CONTENTS

第一章

党的领导法规概述

2018年8月，习近平总书记主持召开中央全面依法治国委员会第一次会议时强调“继续推进党的领导制度化、法治化”。[①]《中央党内法规制定工作第二个五年规划（2018—2022年）》指出：“要完善党的领导法规。坚持党对一切工作的领导，完善党的领导体制机制，改进领导方式，提高执政本领，不断增强党的政治领导力、思想引领力、群众组织力、社会号召力，把党总揽全局、协调各方落到实处。”[②]《中央党内法规制定工作规划纲要（2023—2027年）》指出：“要坚持和加强党对一切工作的领导，健全党总揽全局、协调各方的领导制度体系，坚持在制度轨道上全面实施党的领导活动，完善领导体制机制，创新领导方式方法，把党的领导贯彻落实到改革发展稳定、内政外交国防、治党治国治军各领域各方面各环节，确保党始终成为中国特色社会主义事业的坚强领导核心。”[③]党的领导法规是党的领导制度化法治化的基本载体，它以法治思维和法治方式设定领导职责、调整领导关系、规范领导行为、提高领导能力，为党的领导权科学规范运行提供制度保障，是坚持党的全面领导，确保党始终成为中国特色社会主义事业坚强领导核心的重要制度支撑。

---

① 习近平：《加强党对全面依法治国的领导》，载《求是》2019年第4期，第5页。

② 《中共中央印发〈中央党内法规制定工作第二个五年规划（2018—2022年）〉》，载《人民日报》2018年2月24日，第1版。

③ 《中共中央印发〈中央党内法规制定工作规划纲要（2023—2027年）〉》，载《人民日报》2023年4月19日，第1版。

一、党的领导法规的概念

最早明确使用党的领导法规这一概念的中央文件是2016年12月中共中央印发的《关于加强党内法规制度建设的意见》。在该文件中，党的领导法规制度被作为以“1+4”为基本框架的党内法规制度体系中的一大板块。即“1”是指党章，“4”是指党的组织法规制度、党的领导法规制度、党的自身建设法规制度、党的监督保障法规制度。① 由此，党的领导法规作为党内法规体系的一个重要组成部分进入人们的视野，党的领导法规因而也就成为党内法规学的一个基础概念。

（一）领导与党的领导

从中文字义上讲，“领”的原意为颈、脖子、领子，引申义为带、引，如带领、率领、统领等。“导”原意为疏通，引申义为引导、指导、教导等。领导就是指率领并引导，身为表率并进行训诲。②据称目前世界上关于“领导”的定义多达350种，“领导者”的定义有160多种。③ 在此只能介绍几种代表性观点。

我国《大辞海（政治学·社会学卷）》对“领导”的释义为：组织的负责人指导和影响组织及其成员实现既定目标的活动。该过程由领导者、被领导者和环境三因素构成，形成一个函数关系，其中领导者是领导活动的核心。④

美国著名政治学家伯恩斯（James MacGregor Burns）对“领导”是这样认识的：当具有特定动机和目的的人们，在与其他人的竞争和冲突中，调动

① 《中共中央印发〈关于加强党内法规制度建设的意见〉》，载《人民日报》2017年6月26日，第1版。

② 参见中国社会科学院语言研究所词典编辑室编：《现代汉语词典》（第7版），商务印书馆2016年版，第832、264页。

③ 参见徐莉：《组织中的领导者与领导过程》，中国社会科学出版社2014年版，第21页。

④ 夏征农、陈至立总主编，王邦佐、邓伟志主编：《大辞海（政治学·社会学卷）》，上海辞书出版社2010年版，第675页。

各种制度的、政治的、心理的和其他的资源，去激发、吸引和满足追随者的动机时，对人们实施领导即告完成。所以，领导的定义是：领导者诱导追随者为了某些特定的目标而行动，这些目标体现了领导者和追随者双方共同的价值观念和动机、愿望和需求、抱负和理想。①

美国管理学大师达夫特（Richard L.Daft）认为，领导是指存在于领导者与追随者之间的一种有影响力的关系，双方在这种关系中都寻求改变并期待其结果能够反映他们共同的目标。②

根据上述解释，所谓党的领导，就是指一个政党得以影响、引导、率领群众为实现特定的目标而行动。群众之所以愿意跟随这个政党而奋斗，是因为该政党提出的目标任务符合最广大人民群众的根本利益和核心价值观，提出的用以实现目标任务的路线方针政策符合规律且具有可行性。政党取得执政地位之后，它还要对国家政权进行领导，其基本途径是该政党的执政骨干（担任国家政权机关领导职务的党员们）在党纪约束下将本党的政策主张贯彻到国家行动中去。在此基础上，处于不同国体政体中的执政党还有各自个性化的领导执政机制，例如，中国共产党在中央和地方国家机关的领导机关中成立党组，党组除了领导本单位党的建设工作之外，还要讨论和决定本单位业务工作中的重大问题。

在我国政治法律话语中，“（坚持）党的领导”往往专指党对党外组织和群众的领导，即外部领导，不包括党内的上级组织对下级组织，党组织对党员，以及党员领导干部对所在单位的党员的领导和管理。③党的领导包括党

---

① ［美］詹姆斯·麦格雷戈·伯恩斯：《领导学》，常健等译，中国人民大学出版社 2013 年版，第 11、12 页。笔者引用时参考了另一个中译本：《领袖论》，刘李胜等译，中国社会科学出版社 1996 年版，第 20、21 页。刘李胜等的译本将书名“Leadership”译为“领袖论”。

② ［美］理查德·L. 达夫特：《领导学：原理与实践》（第 3 版），杨斌译，电子工业出版社 2008 年版，第 3 页。

③ 这当然不是说党内领导不重要。正如张志明教授所指出的，新时代党的领导理论的突出特点和重大贡献，就是把党的领导首先界定为党对自身建设的领导，并把党对自身建设的领导的重要性提到了前所未有的认识高度，指出全面从严治党的核心是加强党的领导。参见张志明：《十九大对党的领导理论的创新》，载《中国领导科学》2018 年第 1 期，第 17 页。

对国家和社会两个方面的领导。其中，党对国家（政权）的领导即为执政。[①]在“坚持党的领导”等单讲“领导”的场合，党的领导包括了执政。对于马克思主义政党而言，不能用党的执政消解或取代党的领导。[②]“党对国家和社会生活的领导是其执政的政治前提，其本质在于凝聚人民、整合国家、领导发展、保障执政。”[③]

从功能上讲，领导活动不同于管理活动。领导主要是决定做正确的事，管理则是正确地做事。党的领导重在管方向、管大局、管战略、管政策、管原则、管干部，而不是包办国家政权、社会组织的具体工作。当然，党的领导不能简单套用有关微观组织的领导理论来认识，在特定的历史阶段，党的领导也包括对某些重大国务活动进行直接指挥和管理。

（二）党的领导法规的含义

关于党的领导法规的含义解说，不同的学科思维会作出不同的定义。例如，有学者认为，“党的领导法规制度是规范党的领导理念、领导制度、领导体制、领导干部和领导方法的党内法规制度的总称”。[④]有学者认为，“党的领导法规是党对自身领导权如何行使的规范”。[⑤]2020年出版的国内第一部党内法规统编教材（列入“马工程”项目）这样讲道：“党的领导法规，是指规范中国共产党对各方面工作进行领导的活动，调整中国共产党与人大、政府、政协、监察机关、审判机关、检察机关、武装力量、人民团体、企事

① “我们党是执政的党，党的执政地位是通过党对国家政权机关的领导来实现的。如果放弃了这种领导，就谈不上执政地位。”参见《江泽民文选》（第一卷），人民出版社2006年版，第112页。“就执政党而言，党的领导包括对国家和社会的领导，其中，党对国家政权的领导即对国家权力的掌握、控制和行使则称为执政。”参见石泰峰、张恒山：《论中国共产党依法执政》，载《中国社会科学》2003年第1期，第14页。

② 可参见张志明：《党的全面领导与科学领导》，载《中国领导科学》2019年第1期，第25页；蒋清华：《党的领导权与执政权之辨》，载《政治与法律》2016年第8期，第67—68页。

③ 林尚立：《当代中国政治：基础与发展》，中国大百科全书出版社2017年版，第125页。

④ 施新州：《党的领导法规制度建设基本规律研究》，载《党内法规理论研究》2019年第1期，第29页。

⑤ 柯华庆、杨明宇：《党的领导法规制度的理论基础》，载《学术研究》2020年第5期。

业单位、基层群众性自治组织、社会组织等领导与被领导关系的党内法规。”[①]

本书认为，党内法规作为一种法治规范，党内法规建设作为一种法治实践，需要我们加强运用法学范式和法治思维来认识、阐释党的领导法规等党内法规制度现象。在法学中，常见的部门法定义方式有两种，一是揭示调整对象的定义方式，如民法是指调整平等主体之间的人身关系和财产关系的法律规范总称；二是点明核心权力的定义方式，如行政法是指规范行政权的法律规范总称。本书将这两种定义方式结合起来解说党的领导法规的含义，即党的领导法规是指调整党与党外组织和个人之间的领导与被领导关系，规范和保障党的领导权的法规范总称。或者简单地说，党的领导法规是指调整党的领导关系，规范和保障党的领导权的法规范总称。

（三）党的领导法规与党的领导规范

党的领导法规是党内法规中的领导规范的集合体，而不仅仅是指单行的领导法规。换言之，党的领导法规既包括若干“部”以专门规范党的领导活动或者以其为主的单行的领导法规，如《中国共产党统一战线工作条例》《中国共产党政法工作条例》，也包括分散在党的组织法规等其他部门党规以及党内规范性文件中的若干“条”领导规范（后文论述领导法规渊源时将具体举例）。

进一步从广义上讲，在中国特色社会主义法治体系中，党的领导规范还包括国家法律法规以及政协、人民团体、企业事业单位等的规章制度中有关党的领导地位、领导职权、领导机构、领导方式等的规定。例如以下规定：

《高等教育法》第三十九条第一款：“国家举办的高等学校实行中国共产党高等学校基层委员会领导下的校长负责制。中国共产党高等学校基层委员会按照中国共产党章程和有关规定，统一领导学校工作，支持校长独立负责地行使职权，其领导职责主要是：执行中国共产党的路线、方针、政策，坚持社会主义办学方向，领导学校的思想政治工作和德育工作，讨论决定学校内部

① 宋功德、张文显主编：《党内法规学》，高等教育出版社2020年版，第165页。

组织机构的设置和内部组织机构负责人的人选，讨论决定学校的改革、发展和基本管理制度等重大事项，保证以培养人才为中心的各项任务的完成。”

《村民委员会组织法》第四条：“中国共产党在农村的基层组织，按照中国共产党章程进行工作，发挥领导核心作用，领导和支持村民委员会行使职权；依照宪法和法律，支持和保障村民开展自治活动、直接行使民主权利。”

《中国人民政治协商会议章程》总纲中规定“中国人民政治协商会议是中国人民爱国统一战线的组织，是中国共产党领导的多党合作和政治协商的重要机构”，第五条规定“中国人民政治协商会议全国委员会和地方委员会贯彻中国共产党的基本理论、基本路线、基本方略”。

《中南大学章程》（2018 年 5 月修正）第二十四条：“学院党委发挥政治核心作用，履行政治职责，保证监督党的路线方针政策及上级党组织决定的贯彻执行，把握好教学科研管理等重大事项中的政治原则、政治立场、政治方向，在干部队伍、教师队伍建设中发挥主导作用，支持院长行使职权。”第二十五条：“学院党委通过党政联席会议讨论和决定本单位重要事项。”①

《中国中铁股份有限公司章程》（2022 年 6 月修订）第一百四十八条：“董事会决定公司重大经营管理事项，须经公司党委前置研究讨论。”第二百四十六条：“公司设立党委。党委设书记 1 名，其他党委成员若干名。董事长、党委书记由一人担任，党员总裁担任党委副书记。配备专责抓企业党建工作的专职副书记，专职副书记一般应当进入董事会且不在经理层任职。坚持和完善‘双向进入、交叉任职’的领导体制，符合条件的党委成员通过法定程序进入董事会、监事会、经理层，董事会、监事会、经理层成员中符合条件的党员依照有关规定和程序进入党委。”第二百四十七条：“公司党委发挥把方向、管大局、促落实的领导作用，依照规定讨论和决定公司重大事项。”②

2019 年《中共中央关于加强党的政治建设的意见》提出：“贯彻落实宪法规定，制定和修改有关法律法规要明确规定党领导相关工作的法律地位。

① 参见中南大学信息公开网，https://xxgk.csu.edu.cn/info/1243/2957.htm。

② 参见中国中铁公司网站，http://www.crecg.com/web/10089504/10089689/index.html。

将坚持党的全面领导的要求载入人大、政府、法院、检察院的组织法，载入政协、民主党派、工商联、人民团体、国有企业、高等学校、有关社会组织等的章程，健全党对这些组织实施领导的制度规定，确保其始终在党的领导下积极主动、独立负责、协调一致地开展工作。”① 可见，今后将有更多的国家法律、社会组织规章制度中出现党的领导规范。这些规范，从制定主体角度来看，不属于党内法规，但从内容角度来看，也应属于领导规范体系的组成部分。领导规范体系可称为“领导法”。国法中的领导规范一般是领导法中的宣示性、原则性规定。国家机关内部工作规则、社会组织规章制度中的领导规范是领导法中的落实性、细化性规定。作为党内法规的领导法规，主要任务是具体规定有关党组织的领导职权以及领导体制机制，是领导规范中的基础性、主体性规定，构成领导法体系的核心内容。根据党中央《关于加强党内法规制度建设的意见》，党的领导法规是指党内法规中的领导规范的总和，不包括国法、社会组织规章制度中的领导规范。

（四）党的领导法规与党的领导制度体系

无论是知名学者还是中央全会所讲的党的领导制度体系，都具有包括但不限于党的领导法规的更广阔内涵。

林尚立教授认为，作为党执政所赖以确立和展开的领导制度体系包含三个层面：第一层面是党内的制度体系，如党委会制度、党内纪律检查制度等；第二层面是党领导国家与军队的制度；第三层面是党领导经济和社会发展的制度，包括党对工会、企业、大学、社区等的领导制度。② 从党内法规体系来看，上述第二、三层面的制度对应着党的领导法规制度，第一层面的制度对应的是党的组织法规、监督保障法规等制度。

2019 年 10 月，党的十九届四中全会提出“坚持和完善党的领导制度体系”。根据党的十九届四中全会通过的《中共中央关于坚持和完善中国特色

① 《中共中央关于加强党的政治建设的意见》（2019 年 1 月 31 日），载《人民日报》2019 年 2 月 28 日，第 3 版。

② 林尚立：《当代中国政治：基础与发展》，中国大百科全书出版社 2017 年版，第 125 页。

社会主义制度　推进国家治理体系和治理能力现代化若干重大问题的决定》，党的领导制度体系是一个具有特定内涵的概念，它包括不忘初心、牢记使命的制度，维护党中央权威和集中统一领导的制度，党的全面领导制度，为人民执政、靠人民执政的制度，提高党的执政能力和领导水平制度，全面从严治党制度六大组成部分。“这六个方面的制度以坚持和完善党的领导为主轴，从前提条件、核心要求、领导范围、领导基础、领导本领、自身形象等方面抓住了构成党的领导制度体系的基本要素，形成了严密的逻辑体系。”[①] 不难看出，党的领导制度体系实际上涵盖了党的领导和党的建设两方面的主要制度内容。根据揭示调整对象的领导法规定义，可以清晰地看到“党的领导法规”和“党的领导制度体系”的区别。党的领导法规专门调整党与党外组织和个人之间的领导关系，所以，凡是所调整的党务关系主体中不包括党外组织或者个人的，就不属于领导法规。

具体而言，在党的领导制度体系的六大制度中：（1）不忘初心、牢记使命的制度，规范的只是全体党员，回答的是“凭什么领导”这一前提条件问题，属于党的自身建设法规；（2）维护党中央权威和集中统一领导的各项制度中，全党必须同党中央保持高度一致的制度、维护党的集中统一的组织制度属于党的建设的制度内容，党中央对重大工作的领导体制属于党的领导法规内容；（3）党的全面领导制度，包括党领导各种党外组织的制度、党领导各项事业的具体制度等，解决的是“领导什么”的范围问题，是典型的领导法规；（4）为人民执政、靠人民执政的制度，包括保证人民在国家治理中的主体地位的制度、党员和干部联系群众制度、群团工作制度，解决的是党的领导的价值目标和力量依靠问题，主要属于领导法规的内容；（5）提高党的执政能力和领导水平制度中，发展党内民主和实行正确集中的相关制度、担当作为激励机制，主要属于党的建设的制度内容，健全决策机制、改进党的领导方式和执政方式，属于领导法规的内容；（6）全面从严治党制度，总体

① 江金权：《发挥党的领导制度体系在国家制度和国家治理中的统领性作用》，载《中国纪检监察报》2019 年 11 月 28 日，第 5 版。

上属于党的建设的制度，其中，党管干部、选贤任能制度具有党的自身建设法规和领导法规双重属性。

可见，党的十九届四中全会所称党的领导制度体系包括党的建设法规制度和党的领导法规制度，它表明了党的领导和党的建设不可分割。调整内部领导和管理关系的党的建设法规要为坚持党的全面领导提供思想上、政治上、组织上、作风上、纪律上的支撑和保障；调整外部领导关系的党的领导法规要把党的建设成效转化为党的领导势能，带领国家治理体系高效优质运转。

（五）党的领导法规学

研究党的领导法规现象的专门学问即党的领导法规学。对广义的党的领导规范现象进行专门化、体系性的研究所形成的学问，可以称为领导法规学。

领导法规现象主要包括静态的制度文本和动态的制定实施。对领导法规的制度文本的研究主要是指解释现行的领导法规条款所形成的背景理由、规范内涵与实践意义。对领导法规的制定实施的研究主要是指对领导法规从制定、修改，到执行、监督等各个环节中的重要问题进行考察分析。领导法规现象还包括领导法规的历史沿革、发展趋势，关于领导法规的理论学说、社会作用等。通过对以上问题的研究，力求揭示领导法规的自身发展规律，丰富中国特色社会主义法治理论和政治理论，为“继续推进党的领导制度化、法治化”提供科学指引。

领导法规学是部门党规学，是党规学的一个重要分支。同时，鉴于党的领导法规起到宪法相关法的重要作用（后文将论述），领导泆规是宪法相关法这一法律部门的重要组成部分，因而，领导法规学就具有亚部门法学的地位。领导法规学是作为部门法学之宪法学的一个重要内容。缺少了领导法规学，中国特色社会主义宪法学就是不完整的。在当代中国，需要也应当发展出成熟的中国特色社会主义领导法规学。[①]

---

① 参见蒋清华：《中国共产党党的领导法规制度基础理论研究》，人民出版社2019年版，第49—50页。

二、党的领导法规的渊源、分类和体系

分析党的领导法规的渊源，有益于我们更全面地了解领导法规的规范载体。考察党的领导法规的分类，有利于我们更直观地了解领导法规的内容。研究党的领导法规的体系，有助于我们解决领导规范的零散性、碎片化问题，促进领导法规的完善健全。

（一）党的领导法规的渊源

这里讲的党的领导法规的渊源，是指领导法规的外在表现形式，即形式渊源，或者可以称为领导法规的形式。通俗地说，形式渊源这个概念解决的是人们应该到哪里去寻找具有党规效力的领导规范的问题。本书认为，党的领导法规的渊源包括党内法规、党内规范性文件、党内法规解释、党的领导惯例、党的基本理论。

1. 党内法规

根据《中国共产党党内法规制定条例》的界定，党内法规是指党的中央组织，中央纪律检查委员会以及党中央工作机关和省、自治区、直辖市党委制定的体现党的统一意志、规范党的领导和党的建设活动、依靠党的纪律保证实施的专门规章制度，其名称为党章、准则、条例、规定、办法、规则、细则。

如前所述，党的领导法规除了专门的单行法规之外，还见于党的组织法规、自身建设法规、监督保障法规等部门党规之中。这是领导法规的一大特征，其主要原因如下。

其一，考虑到法规内容的完整性，党的组织法规对党委、党组、基层党组织的职责进行规定时，既要规定党的建设方面的职责，也要规定党的领导方面的职责。例如，《中国共产党中央委员会工作条例》第六条规定党中央全面领导改革发展稳定、内政外交国防、治党治国治军等各领域各方面工作，《中国共产党地方委员会工作条例》第五条规定地方党委对本地区重大问题等事项的领导职责，《中国共产党党组工作条例》第十七条

规定党组讨论和决定制定拟订法律法规规章和重要规范性文件中的重大事项等本单位业务工作重大问题,《中国共产党国有企业基层组织工作条例(试行)》第十五条规定企业发展战略、重要改革方案等重大经营管理事项必须经国企党委(党组)研究讨论后再由董事会或者经理层作出决定。上述党规被中央文件列为组织法规，但上述条款是关于“领导什么”的领导职责规范。

其二，考虑到依法执政的要求，党的自身建设法规有时需要对正确处理外部领导关系作出明确规定。例如，被中央文件列为自身建设法规的《党政领导干部选拔任用工作条例》，第五十条规定如果人大代表或者人大常委会组成人员对党委推荐的人选提出不同意见，党委应当认真研究，并作出必要的解释或者说明；如果发现有事实依据、足以影响选举或者任命的问题，党委可以建议人大或人大常委会暂缓选举、任命、决定任命，也可以重新推荐人选。这就是关于“怎么领导”的领导方式规范。

其三，党的建设是党的领导的重要基础，党的组织法规、自身建设法规以及监督保障法规是实现党的领导核心作用的制度工具。这些党规要规定党组织和党员领导干部坚决贯彻执行党中央和上级党组织的决策部署，规定党员在各方面发挥先锋模范作用，而且，其中有的党规对党外组织和个人作出有关规定，以此作为监督党员干部遵纪守法的支撑、保障措施。例如,《中国共产党巡视工作条例》第三十四条规定，审计机关、政法机关和组织、信访等部门及其他有关单位应当支持配合巡视工作，不支持配合造成严重后果的，依据有关规定追究相关责任人员的责任。又如，中共中央办公厅印发的《纪检监察机关处理检举控告工作规则》第四条规定，任何组织和个人有权向纪检监察机关检举控告党组织、党员违反党纪的行为。

其四，党的领导、党的建设和党的事业是有机统一的，有的领域需要制定一种综合性的党内法规，其中必然会有党的领导规范。例如,《中国共产党军队党的建设条例》除了规定军队的党组织和军队党的纪律检查机关，军队党的建设主要任务、工作责任制和监督保障机制之外，还就党对军队绝对领导的一系列根本原则和制度、贯彻军委主席负责制等重大问题作出集中规定。[①]

2. 党内规范性文件

不同于党内法规，党内规范性文件指党组织在履行职责过程中形成的具有普遍约束力、在一定时期内可以反复适用的文件，其名称一般为决议、决定、意见、通知等。

作为党的领导法规渊源的党内规范性文件，首当其冲的是党中央规范性文件，主要有党的全国代表大会报告、决议，党的中央全会决议、决定，党中央印发的意见、通知等。

党的全国代表大会报告中的领导规范，如党的十六大报告指出“党的领导主要是政治、思想和组织领导，通过制定大政方针，提出立法建议，推荐重要干部，进行思想宣传，发挥党组织和党员的作用，坚持依法执政，实施党对国家和社会的领导”。党的十九大报告指出“党是最高政治领导力量”，“坚持依法治国和依规治党有机统一”。党的二十大报告指出：“党的领导是全面的、系统的、整体的，必须全面、系统、整体加以落实。”

党的中央全会决定中的领导规范，如党的十八届四中全会通过的《中共中央关于全面推进依法治国若干重大问题的决定》指出：“必须坚持党领导立法、保证执法、支持司法、带头守法，把依法治国基本方略同依法执政基本方式统一起来，把党总揽全局、协调各方同人大、政府、政协、审判机关、检察机关依法依章程履行职能、开展工作统一起来，把党领导人民制定和实施宪法法律同党坚持在宪法法律范围内活动统一起来，善于使党的主张通过法定程序成为国家意志，善于使党组织推荐的人选通过法定程序成为国家政权机关的领导人员，善于通过国家政权机关实施党对国家和社会的领导，善于运用民主集中制原则维护中央权威、维护全党全国团结统一。”

党中央印发的意见中的领导规范，如《中共中央关于加强党的政治建设的意见》指出：“要坚持群众路线这一基本领导方法，不断增强群众工作本

① 《全面加强新时代军队党的建设——中央军委政治工作部领导就〈中国共产党军队党的建设条例〉答记者问》，载《人民日报》2020年9月11日，第6版。

领，大兴调查研究之风，改进和创新联系群众的途径方法，坚持走好网上群众路线，汇集民智民力，善于通过群众喜闻乐见方式宣传党的理论和路线方针政策，把党的主张变为群众自觉行动。”

中共中央办公厅印发的规范性文件中的领导规范也是领导法规的一个重要渊源。例如，2014 年中共中央办公厅印发《关于坚持和完善普通高等学校党委领导下的校长负责制的实施意见》第一部分“党委统一领导学校工作”在《中国共产党普通高等学校基层组织工作条例》的基础上，对高校党委的领导职责范围作了进一步规定。又如，2020 年中共中央办公厅印发《关于加强新时代民营经济统战工作的意见》指出“加强民营经济统战工作是实现党对民营经济领导的重要方式”，“教育引导民营经济人士用习近平新时代中国特色社会主义思想武装头脑、指导实践”，“各级党委和政府及有关部门就协商事项事先听取民营企业和行业协会商会代表意见建议”等内容。①

党中央的其他工作机关、地方党委、基层党组织、党组等党组织制定的规范性文件中的领导规范，不与党内法规和上级规范性文件相抵触的，也是领导法规的渊源。

3. 党内法规解释

党内法规解释，是指有权机关根据规定权限和程序，按照一定原则和标准，对党内法规条款的具体含义或者适用问题作出权威的、具有普遍约束力的解释。②党内法规解释是弥补党内法规漏洞的重要手段。《中国共产党党内法规解释工作规定》第十二条规定“党内法规的解释同党内法规具有同等效力”。根据该规定，党的中央组织可以对其制定的党内法规进行解释，也可以在其制定的党内法规中授权有关部委进行解释；中央纪委、党中央工作机关以及省、自治区、直辖市党委对其制定的党内法规进行解释，不得授权其内设机构、工作机关进行解释，内设机构、工作机关可承担有关具体工作。

---

① 《中办印发〈意见〉加强新时代民营经济统战工作》，载《人民日报》2020 年 9 月 16 日，第 1、6 版。

② 中共中央办公厅法规局编著：《中国共产党党内法规制定条例及相关规定释义》，法律出版社 2020 年版，第 192 页。

解释党内法规应当遵循《中国共产党党内法规制定条例》第七条规定的党内法规制定工作原则，忠实于党内法规原意，适应党的事业发展需要和党的建设实际，不得违背党内法规的制定目的和基本精神。党内法规解释分为抽象解释和具体解释，进行抽象解释的，使用“解释”的名称；进行具体解释的，使用“批复”（针对下级党组织的解释请求）、“答复”（针对同级党组织的解释请求）的名称。

有权机关依规对党的领导法规作出的解释，是领导法规的渊源之一。例如，《党政领导干部选拔任用工作条例》规定本条例由中共中央组织部负责解释。2014 年 7 月，中共中央组织部印发《关于党政领导干部选拔任用工作条例若干问题的答复意见》，对于“参照本条例执行”作出解释：“参照本条例执行，在不同的情况下有不同的含义。选拔任用参照公务员法管理的事业单位及其内设机构领导成员，应当严格执行本条例的各项规定。选拔任用非中共党员领导干部、非领导职务的干部，在坚持党的干部路线方针政策前提下，在贯彻本条例规定的基本原则、基本条件、基本程序和工作纪律的同时，可以从实际情况出发，在具体做法上有所区别，具有一定的灵活性。”[①] 这就属于对党的领导规范的解释。与党的监督保障法规的解释相比，从目前公开的党内法规制度文件来看，党的领导法规的解释较少。

4. 党的领导惯例

惯例是指在长期实践过程中形成并被反复运用，得到相关主体普遍认可和遵循，从而实际上具有与成文规范相同效力的习惯规范。就国法体系而言，当代中国法律的渊源主要是成文法（制定法），在特殊情况下认可习惯的法源地位。[②] 在政治法领域，宪法惯例无论在不成文宪法国家还是成文宪法国家，都是宪法的渊源之一。[③]

---

① 中共中央组织部印发《关于党政领导干部选拔任用工作条例若干问题的答复意见》的通知（组通字〔2014〕27 号），北大法宝（https://www.pkulaw.com），引证码 CLI.16.341847。

② 例如，《民法典》第十条：“处理民事纠纷，应当依照法律；法律没有规定的，可以适用习惯，但是不得违背公序良俗。”

③ 《宪法学》编写组：《宪法学》，高等教育出版社 2011 年版，第 30 页。

在党内法规领域，惯例具有法规渊源的地位。习近平总书记就把“党在长期实践中形成的优良传统和工作惯例”作为党的规矩的重要组成部分。[①]在长期的党的领导活动实践中也形成了一些经过实践检验，约定俗成、行之有效的优良传统和工作惯例，这些做法尚未写入成文的法规或者规范性文件，但其中蕴含的领导规范属于领导法规的渊源。

党的领导惯例，如党的十三届四中全会以来逐渐形成的党的总书记同时担任党的中央军委主席，并出任国家主席和国家的中央军委主席的惯例。中国共产党、中华人民共和国、中国人民解放军领导人“三位一体”的领导体制，是我们党在长期执政实践中逐步探索出的治国理政的成功经验。[②]“党的总书记、国家主席、军委主席三位一体这样的领导体制和领导形式，对我们这样一个大党、大国来说，不仅是必要的，而且是最妥当的办法。”[③]又如，为了加强党对经济工作的领导，党中央于每年年中召开中央政治局会议，分析研究当前经济形势，部署下半年经济工作；（会同国务院）于每年年末召开中央经济工作会议，总结当年经济工作，分析判断当前经济形势，定调下一年宏观经济政策并部署下一年经济工作；党的十八大以来，党中央每季度分析研究经济形势，同时定期研究部署经济工作中的重大战略问题。

5. 党的基本理论

从法学一般原理来讲，法律学说、法学理论一直都被视为法律渊源、补充渊源或者最后适用的兜底性法源，特别是在社会情势急剧变化的当代世界，以法理作为断案的依据，已不是裁判者的“拾遗补阙”，而逐渐成为一

---

① 2015年1月习近平总书记在十八届中央纪委五次全会上讲话指出：“对我们这么一个大党来讲，不仅要靠党章和纪律，还得靠党的优良传统和工作惯例。这些规矩看着没有白纸黑字的规定，但都是一种传统、一种范式、一种要求。纪律是成文的规矩，一些未明文列入纪律的规矩是不成文的纪律；纪律是刚性的规矩，一些未明文列入纪律的规矩是自我约束的纪律。党内很多规矩是我们党在长期实践中形成的优良传统和工作惯例，经过实践检验，约定俗成、行之有效，反映了我们党对一些问题的深刻思考和科学总结，需要全党长期坚持并自觉遵循。”参见《习近平关于严明党的纪律和规矩论述摘编》，中国方正出版社、中央文献出版社2016年版，第7—8页。

② 轩理：《保证党和国家长治久安的重大制度安排》，载《人民日报》2018年3月1日，第3版。

③ 《江泽民文选》（第三卷），人民出版社2006年版，第603页。

种常态。[1]

党内法规建设是加强党的领导和党的建设工作的重要内涵，必须自始至终坚持以党的基本理论为指引。党的十九大报告指出："全党同志必须全面贯彻党的基本理论、基本路线、基本方略，更好引领党和人民事业发展。"党的二十大报告指出，"健全用党的创新理论武装全党、教育人民、指导实践工作体系"，"用党的创新理论武装全党是党的思想建设的根本任务"。根据《中国共产党党内法规制定条例》第七条第三项，贯彻党的基本理论、基本路线、基本方略，是党内法规制定工作应当遵循的一条原则。按照党章总纲的规定，党的基本理论是指马克思列宁主义、毛泽东思想、邓小平理论、"三个代表"重要思想、科学发展观、习近平新时代中国特色社会主义思想。这些科学理论中关于党的领导的很多规范性论述已经转化为党内法规制度。[2]同时，也还有一些思想观点并没有写入党内法规制度，这些以理论形态存在的领导规范是领导法规的补充性、兜底性渊源。

理论形态的领导规范，如 1848 年马克思、恩格斯在《共产党宣言》中指出："共产党人为工人阶级的最近的目的和利益而斗争，但是他们在当前的运动中同时代表运动的未来。"[3]根据这一思想，各级党组织在做决策时要注意处理好人民群众的眼前利益和长远利益之间的关系，全局性事项、重大事项的决策一定要有战略思考和长远考虑。

又如，1940 年毛泽东在《抗日根据地的政权问题》中提出："所谓领导权，不是要一天到晚当作口号去高喊，也不是盛气凌人地要人家服从我们，而是以党的正确政策和自己的模范工作，说服和教育党外人士，使他们愿意接受我们的建议。"[4]1942 年毛泽东强调"掌握思想领导是掌握一切领导的第一

① 张文显主编：《法理学》（第五版），高等教育出版社 2018 年版，第 91 页。

② 例如，1938 年毛泽东在《战争和战略问题》中指出，我们的原则是党指挥枪，而决不容许枪指挥党。这一观点就已经转化为成文规范，如党章总纲规定"中国共产党坚持对人民解放军和其他人民武装力量的绝对领导"。

③ 《马克思恩格斯选集》（第一卷），人民出版社 2012 年版，第 434 页。

④ 《毛泽东选集》（第二卷），人民出版社 1991 年版，第 742 页。

位”。[①] 以及，1956年邓小平在《关于修改党的章程的报告》中指出“党没有向人民群众实行恩赐、包办、强迫命令的权力”。[②] 这些论述提醒我们，即使是在执政的条件下，也要注意不能片面依靠领导权当中的硬权力手段，还要十分重视软权力手段。

再如，1922年列宁就俄共（布）十一大政治报告提纲给莫洛托夫并转中央全会的信中指出：“必须十分明确地划分党（及其中央）和苏维埃政权的职责；提高苏维埃工作人员和苏维埃机关的责任心和独立负责精神，党的任务则是对所有国家机关的工作进行总的领导，不是像目前那样进行过分频繁的、不正常的、往往是琐碎的干预。”[③] 以及2018年7月习近平总书记在深化党和国家机构改革总结会议上讲话指出：“决策议事协调机构重点是谋大事、议大事、抓大事，听取各方面的意见和建议，更好地坚持民主集中制，提高决策的科学性。同时，决策议事协调机构对重大工作的领导是总揽，不是事无巨细都抓在手上。”[④] 这些关于党的领导应健全科学的体制机制，做到总揽不包办、统筹不代替、到位不越位的重要思想，是正确理解党章总纲中“党必须按照总揽全局、协调各方的原则，在同级各种组织中发挥领导核心作用”这一规定的重要理论依据。

党的十八大以来，习近平总书记就坚持和加强党的全面领导，全面推进依法治国，推进制度治党、依规治党等重大问题作出一系列新的、深刻的论述。中共中央党史和文献研究院编辑的习近平总书记《论坚持党对一切工作的领导》（中央文献出版社2019年版），原中共中央文献研究室编辑的《习近平关于全面依法治国论述摘编》（中央文献出版社2015年版）、《习近平关于社会主义政治建设论述摘编》（中央文献出版社2017年版），中共中央

---

① 出自毛泽东1942年7月9日回复刘少奇的一封信《山东有可能成为战略转移的枢纽》。参见《毛泽东文集》（第二卷），人民出版社1993年版，第435页。

② 《邓小平文选》（第一卷），人民出版社1994年版，第217页。

③ 《列宁全集》（第四十三卷），人民出版社1987年版，第64页。

④ 习近平：《论坚持党对一切工作的领导》，中央文献出版社2019年版，第299—300页。

纪律检查委员会、原中共中央文献研究室编辑的《习近平关于严明党的纪律和规矩论述摘编》（中国方正出版社、中央文献出版社 2016 年版）等关于党的领导的重要论述，是新时代党的领导法规的渊源。

随着党内法规制度建设的深入，散见于党内规范性文件中的领导规范，以及以惯例形式、理论形式存在的领导规范，将更多地转化为成文形式。

（二）党的领导法规的分类

根据不同的标准，党的领导法规可以有不同的分类。

1. 按领导事务的分类

按照领导事务的不同，结合建设中国特色社会主义“五位一体”总体布局，党的领导法规可以分为：（1）领导经济建设方面的法规，如党中央领导经济工作的规定，《中国共产党农村工作条例》等；（2）领导政治建设方面的法规，如《中国共产党统一战线工作条例》《中国共产党政治协商工作条例》《中国共产党政法工作条例》《中国共产党机构编制工作条例》等；（3）领导文化建设方面的法规，如《中国共产党宣传工作条例》等；（4）领导社会建设方面的法规，如《中国共产党农村工作条例》等；（5）领导生态文明建设方面的法规，如《中共中央、国务院关于加快推进生态文明建设的意见》中的有关规定等；（6）领导国防和军队建设方面的法规，如《中国共产党军队党的建设条例》中关于坚持党对军队的绝对领导、全面深入贯彻军委主席负责制的规定等。

2. 按领导对象的分类

根据党的领导对象的不同，党的领导法规可以分为：（1）党对人大的领导法规，如《中共中央转发〈中共全国人大常委会党组关于进一步发挥全国人大代表作用加强全国人大常委会制度建设的若干意见〉的通知》《中共中央转发〈中共全国人大常委会党组关于加强县乡人大工作和建设的若干意见〉的通知》等；（2）党对政府的领导法规，如《法治政府建设实施纲要（2015—2020 年）》《关于推行地方各级政府工作部门权力清单制度的指导意见》中的有关规定等；（3）党对政协的领导法规，如《中国共产党政治协商工作条例》《中共中央关于加强人民政协工作的意见》《关于加强人民政协协商民主建设的实施意见》《关于加强和改进人民政协民主监督工作的意见》中的有关规定等；（4）党对司法机关的领导法规，如《中国共产党政法工作条例》《关于加强司法权力运行监督管理的意见》中的有关规定等；（5）党对军队的领导法规，如《中国共产党军队党的建设条例》中的有关规定等；（6）党对群团组织的领导法规，如《中共中央关于加强和改进党的群团工作的意见》中的有关规定等；（7）党对企事业单位的领导法规，如《中国共产党国有企业基层组织工作条例（试行）》《中国共产党普通高等学校基层组织工作条例》《关于加强公立医院党的建设工作的意见》中的有关规定等；（8）党对社会组织的领导法规，如《关于加强社会组织党的建设工作的意见（试行）》《关于改革社会组织管理制度促进社会组织健康有序发展的意见》中的有关规定等。

3. 按领导方式的分类

根据党的领导主要方式的不同，党的领导法规可以分为：（1）政治领导法规，用于规范党在路线方针政策方面的领导行为，如《中国共产党领导外事工作条例》《中共中央关于加强党领导立法工作的意见》中的有关规定等；（2）思想领导法规，用于规范党通过舆论宣传教育等途径提高人民群众思想觉悟的活动，如《中国共产党宣传工作条例》《中共中央关于加强社会主义精神文明建设若干重要问题的决议》中的有关规定等；（3）组织领导法规，用于规范党向国家政权机关以及其他非党组织推荐干部、考核和监督干部履职情况等活动，如《中国共产党组织工作条例》《党政领导干部选拔任用工作条例》《中共中央关于任免国家机关领导人员必须严格依照法律程序办理的通知》《推进领导干部能上能下规定》中的有关规定等；（4）重大政务管理法规，用于规范党对一些事关全局的重大事项进行直接管理的活动，如《中国共产党机构编制工作条例》《公务员职务与职级并行规定》等。

4. 按制定主体的分类

按照制定主体的不同，可以分为党组织单独制发的领导法规和党政联合制发的领导法规。党组织单独制发的党规名称中一般冠以“中国共产党”，如《中国共产党政法工作条例》《中国共产党机构编制工作条例》等，但也有名称中不含“中国共产党”的，如中共中央印发的《党政领导干部选拔任用工作条例》等。党政联合制发的党规名称中均不含“中国共产党”，例如，中共中央、国务院印发的《国家中长期人才发展规划纲要（2010—2020年）》《关于加强和改进新形势下高校思想政治工作的意见》等，中共中央办公厅、国务院办公厅印发的《健全落实社会治安综合治理领导责任制规定》《领导干部干预司法活动、插手具体案件处理的记录、通报和责任追究规定》等。

5. 按规范类型的分类

从法学上的规范类型来看，党的领导法规主要包括以下规范类型。（1）确认性规范。例如，党章规定中国共产党是“中国特色社会主义事业的领导核心”。（2）原则性规范。例如，《中国共产党政法工作条例》第十五条规定“政法单位党组（党委）在领导和组织开展政法工作中，应当把方向、管大局、保落实，发挥好领导作用”。（3）实体规范，主要有以下几种：一是命令规范，如《中共中央关于加强党领导立法工作的意见》规定，涉及重大体制和重大政策调整的立法必须报党中央讨论决定；二是禁止规范，如《中国共产党机构编制工作条例》第二十六条列举了擅自设立、撤销、合并机构等多项禁止行为；三是授权规范，如《中国共产党统一战线工作条例》第四十三条规定，各级政府部门除有特殊要求外，均可以积极配备党外干部担任领导职务；四是激励性规范，如《中国共产党农村工作条例》第三十三条规定，各级党委应当建立激励机制，按照规定表彰和奖励在农村工作中作出突出贡献的集体和个人；五是提倡性规范，如《中国共产党农村工作条例》第二十二条规定，各级党委应当鼓励社会各界投身乡村振兴。（4）程序规范。例如，《党政领导干部选拔任用工作条例》第四十七条规定，党委向人大推荐领导干部人选应当以本级党委名义向人大主席团提交推荐书，说明推荐理由。

（三）党的领导法规体系构建

本书初步认为，党的领导法规体系是以党章为根本，以“领导准则”牵头管总，由政权领导法规（执政法规）和社会领导法规两大部门之中的各类型具体领导行为法规组成的协调统一整体。

1. 领导法规体系以党章为根本

党章规定，中国共产党是“中国特色社会主义事业的领导核心”；坚持四项基本原则是“立国之本”；“坚持党的领导、人民当家作主、依法治国有机统一”；“党要领导全国各族人民……实现中华民族伟大复兴的中国梦”；“中国共产党的领导是中国特色社会主义最本质的特征”；“党必须按照总揽全局、协调各方的原则，在同级各种组织中发挥领导核心作用”；等等。党章的这些内容是关于党的领导地位、使命、原则、方略的根本规定，是领导法规的基石和总依据。

2. 领导法规体系应有一部准则牵头管总

在党章的条款部分，对于党的组织制度和组织体系、党员和党员干部、党的纪律和纪律检查机关都作了一定篇幅的规定，构成党的组织法规、自身建设法规、监督保障法规的“基本法”。对于党的领导的基本规范，目前党章主要是在总纲最后一段作出原则性规定，在篇幅上和内容上已不完全适应新时代加强党的全面领导、继续推进党的领导制度化法治化的需要。建议研究制定一部“中国共产党领导准则”，对党为什么领导、领导谁、领导什么、怎么领导等基本问题作出原则和框架制度上的集中系统规定，注重周延性与开放性、现实性与前瞻性相统一，以期对健全各项具体领导法规起到引领带动作用，也便于全体党员和广大群众学习、把握党的领导法规制度的精髓要义。

3. 领导法规体系的两大部门

党的十六大报告、十八届四中全会决定等文件都有“党对国家和社会的领导”这一表述。在学术文献中，政治学界的林尚立、张明军，法学界的袁曙宏、石泰峰与张恒山等教授也都认为，党的领导包括对国家和社会的领导。[1] 所以，党的领导首先分为对国家（政权）的领导和对社会（力量）的领导两大方面，其中，党对国家政权的领导即为执政。党对这两方面实施领导的机制、方式等也是不同的。[2] 例如，党对国家政权的领导必须坚持依法执政，通过国家权力机关或者其他国家机关将党的主张转化为国家意志；党对社会力量的领导则可以直接面向社会主体进行宣传教育、发出倡导号召、组织发动等。可见，党领导国家政权的法规（即执政法规）与党领导社会力量的法规（可简称为社会领导法规）在各自的调整对象和调整方法上具有较大不同。法律部门划分的基本标准是调整对象和调整方法。[3] 因而，党的领导法规体系可以划分为党的执政法规和社会领导法规两大部门。

如果按“五位一体”总体布局划分为经济建设领导法规、政治建设领导法规、文化建设领导法规等部门，每个部门在调整对象上是特定的，但在调整方法上是共通的；如果按领导方式划分为政治领导法规、思想领导法规、组织领导法规等部门，则每个部门在调整方法上是独特的，但在调整对象上又有交叉。可见，党的执政法规和社会领导法规这样的两大部门划分方案，因其同时具备特定调整对象和独特调整方法两个条件，故相比于直接按照内容构成来确定部门划分，具有更加充分的法理依据。

---

① 参见林尚立:《领导与执政：党、国家与社会关系转型的政治学分析》，载《毛泽东邓小平理论研究》2001 年第 6 期，第 39—40 页，其指出：“党对国家的领导体现为党对国家制度的有效运作和控制，而党对社会的领导则体现为党对社会的有效动员和整合，使社会在新的社会发展条件下依然能够聚合在党的周围。”以及，张明军:《领导与执政：依法治国需要厘清的两个概念》，载《政治学研究》2015 年第 3 期，第 10 页；袁曙宏:《党依法执政的重大理论和实践问题》，载《国家行政学院学报》2006 年第 1 期，第 12 页；石泰峰、张恒山:《论中国共产党依法执政》，载《中国社会科学》2003 年第 1 期，第 14 页。

② 张恒山教授认为，政党对国家政权的领导和对人民群众的领导各自依赖的手段不同，前者必然要运用国家政权机构的权力，后者主要依赖说服、宣传、引导、示范、领先实践、组织行动等手段。所以，没有执政的政党仍然可以在社会中起着领导作用。（张恒山:《中国共产党的领导与执政辨析》，载《中国社会科学》2004 年第 1 期，第 15 页。）刘红凛教授指出，党对国家和社会的领导在领导体制与领导方式上存在明显的不同，依法执政是党的领导的基本方式，但不是全部方式。（刘红凛:《法治视角下党的领导体制探析》，载《理论探讨》2006 年第 3 期，第 98 页。）

③ 张文显主编:《法理学》（第五版），高等教育出版社 2018 年版，第 103 页。

4. 党的执政法规的主要构成

执政法规用于调整党的执政行为引起的领导关系（即执政关系）。从理论上讲，任何一个政党都可能制定规范自身如何领导党外组织和个人的法规，但只有在国家和社会生活中居于全面领导地位和长期执政地位的政党，才可能制定系统的、专门调整执政关系的执政法规。通过对执政行为的类型化分析，可以明确执政法规这一部门内的子法规。在中国特色社会主义制度下，党的执政行为可以主要分为政治决策行为、政权掌控行为、政务管理行为。① 从而，执政法规主要包括政治决策法规、政权掌控法规、政务管理法规。

党的政治决策法规用于规范党把方向、谋大局、定政策、促改革的领导行为。属于这一领域的法规制度有：《中共中央关于加强党领导立法工作的意见》《中国共产党重大事项请示报告条例》《中国共产党地方委员会工作条例》《中国共产党党组工作条例》等法规中有关决策行为的规定；《中央党内法规制定工作规划纲要（2023—2027 年）》提出要健全地方党委对同级人大常委会、政府、政协、法院、检察院党组实施领导的体制机制，要理顺党政机构职责关系，健全党的职能部门统一归口协调管理的制度，从机构职能上解决好党对一切工作领导的体制机制问题，以及要研究制定《党委（党组）重大决策程序规定》等。在政治决策法规的建设中，应注重完善专门的决策程序制度，对调查研究、拟订方案、专家咨询、征求意见、风险评估、合法合规性审查、集体讨论决定等决策工作环节作出具体规定。

党的政权掌控法规一般包括干部选送法规、干部监管法规、党组领导法规。无论古今中外，执政的核心都是选拔输送干部。干部选送法规以《党政领导干部选拔任用工作条例》为代表。之所以把对干部的管理、监督规范纳入领导法规体系，是因为领导还含有教育、训诲以及纠正之义。正如王岐山同志所指出的："管理和监督是领导的重要内容，没有管理监督，党的领导就会落空。管理监督不能大而化之，看住人盯住事必须多设'探头'，把发

① 从原则层面来看，政治决策行为、政权掌控行为是世界上各种政党执政的共性行为，同时，它们在不同政治制度下又有各自的个性。

现问题及时处置的工作见诸日常，唯此方能致远。”“我们是一党长期执政，最大挑战就是权力的有效监督。”[①] 干部监管法规既包括《中国共产党党内监督条例》《中国共产党问责条例》《中国共产党纪律处分条例》等法规中的有关规定，也包括专项法规，如《党政领导干部考核工作条例》《推进领导干部能上能下规定》等。此外，党在国家机关、政协、人民团体、中管企业以及重要社会组织等非党组织的领导机关中设立领导机构——党组，这是不同于西式的内部执政方式（仅选送作为个体的干部）的又一种内部执政方式。[②] 因此，《中国共产党党组工作条例》中的领导规范及其配套制度也应属于党的政权掌控法规的范畴。

直接参与重大国务活动特别是管理属于党和国家机关共同负责的事项，是我们党执政的重要内涵。[③] 所以，党的执政法规还包括党对重大政务进行管理的法规制度。在党指挥枪、党管干部、党管宣传和意识形态、党管机构编制等工作中都需要相应的政务管理法规，如《中国共产党机构编制工作条例》《中国共产党宣传工作条例》《公务员职务与职级并行规定》等。由于党直接管理限定在少数工作领域，且其中一些管理工作是直接依据国法开展，一些具体管理规定以对外保留或加挂的国家行政机关牌子名义来制发。

5. 党的社会领导法规的主要构成

党的社会领导法规用于规范政党与各种社会主体之间的领导关系。在中国特色社会主义制度下，党对社会力量的领导行为可以主要分为合作协商行为、宣传教育行为、党员示范行为。[④] 从而，党的社会领导法规主要包括合作协商法规、宣传教育法规、示范引领法规。

合作协商法规主要规范党与各民主党派、无党派人士之间进行多党合

---

① 王岐山：《全面从严治党　承载起党在新时代的使命》，载《人民日报》2016年11月8日，第3版。

② 参见黄文艺：《论依法执政基本内涵的更新》，载《法制与社会发展》2014年第5期，第78页。

③ 参见张文显：《国家制度建设和国家治理现代化的五个核心命题》，载《法制与社会发展》2020年第1期，第15页。

④ 从原则上看，宣传教育是各国政党为争取民众支持都要采取的行动。

作和政治协商的活动。《中国共产党统一战线工作条例》《中国共产党政治协商工作条例》《关于加强和改进人民政协民主监督工作的意见》等党内法规和规范性文件对党领导民主党派、无党派人士进行合作和协商的机制和行为作了规定。

宣传教育法规用于规范党向人民群众宣传党的理论和主张，进行思想政治和主流价值观的教育等活动，是对党的意识形态领导权、文化领导权的规范和保障。《中国共产党宣传工作条例》对宣传工作原则、机构设置、党委和党委宣传部职责、宣传领域各方面工作要求、保障机制、责任追究等作了系统规定。

前述几类领导行为的主体是或者主要是党组织，但还有一类重要的领导行为是以党员和党员干部为主体的，即党员发挥先锋模范作用的行为。只有广大党员在各自工作、生活中按照党的要求充分发挥先锋模范作用，人民群众才会衷心拥护和支持党的领导，党的领导才能真正落实落细到一切工作之中。故本文把要求党员发挥先锋模范作用的示范引领法规纳入领导法规体系。示范引领法规如《中国共产党廉洁自律准则》《党政机关厉行节约反对浪费条例》等，它们同时也具有党的建设法规属性。

三、领导法规关系

党的领导法规调整党的领导关系。党的领导关系经领导法规调整之后，形成具有主观意志性的领导法规关系。领导关系是领导法规关系的原型，是一种事实关系。如果没有领导法规，领导关系就缺乏规范意义上的权利义务要素，在实践中就可能出现背离党的领导初心、使命、规律的情况。领导法规关系是体现党的统一意志、以党的纪律作为保障的领导关系，是社会物质关系和思想意志关系的统一体，当领导法规关系受到破坏时，党组织将用党规党纪的强制力来进行矫正或恢复。领导法规关系由主体、客体和内容三大要素构成，党的领导法规要围绕领导法规关系的三要素来进行规范设计，从而把党的领导行为纳入制度轨道。

（一）领导法规关系主体

领导法规关系的主体是指参加党内法规关系、依规享有权利（职权）和承担义务（职责）的主体，包括领导主体和被领导主体。

1. 领导主体

领导主体是党组织，这是领导法规关系主体中的主导方，分为自立性党组织和嵌入性党组织两大类型。①

第一，自立性党组织是指党不依托于其他组织而独立设立的中央组织和地方组织。

党的中央组织首先由党章第三章予以规定，具体有：全国代表大会、全国代表会议（必要时召集）、中央委员会、中央政治局、中央政治局常务委员会。这些领导机关之间是一种等级结构，即党的全国代表大会和它所产生的中央委员会是党的最高领导机关，同时，中央委员会向党的全国代表大会负责并报告工作；中央政治局向中央委员会全体会议报告工作、接受监督。这些领导机关之间也具有一种授权关系，即全国代表大会闭会期间，由中央委员会领导党的全部工作，中央委员会闭会期间，由政治局及其常委会行使中央委员会的职权。2020 年中共中央出台了《中国共产党中央委员会工作条例》。

党的地方组织首先由党章第四章予以规定，具体有：地方各级代表大会、地方各级代表会议（必要时召集）、地方各级委员会、地方各级委员会的常务委员会。其中，地方党委向同级代表大会负责并报告工作，在代表大会闭会期间领导本地方的工作。地方党委常委会定期向同级党委全体会议报告工作、接受监督，在党委全体会议闭会期间行使委员会的职权。2015 年中共中央出台了《中国共产党地方委员会工作条例》。

第二，嵌入性党组织是指依托于国家和社会中的其他组织而设立的党组

---

① 参见蒋清华：《中国共产党党的领导法规制度基础理论研究》，人民出版社 2019 年版，第 326—329 页。

织，形象地讲，即“镶嵌”于其他组织之中的党组织，主要包括党的基层组织、党组。

党的基层组织首先由党章第五章予以规定，具体有：基层党委、党总支和党支部。根据领导职责的不同，分为如下几类：（1）街道、乡、镇党的基层委员会和村、社区党组织，领导本地区的工作和基层社会治理。[①]（2）国有企业党委（党组）发挥领导作用，把方向、管大局、保落实，依照规定讨论和决定企业重大事项。（3）实行党委领导下的行政领导人负责制的事业单位（如公立高校、公立医院）中党的基层组织，对重大问题进行讨论和作出决定，同时保证行政领导人充分行使自己的职权。（4）实行行政领导人负责制的事业单位中党的基层组织、非公有制经济组织中党的基层组织、社会组织中党的基层组织，领导工会、共青团等群团组织，对业务工作主要是发挥引导、保证和监督作用，促进本单位健康发展。

党组由党章第九章和《中国共产党党组工作条例》予以规定。党组是党在非党组织的领导机关中设立的领导机构，在本单位发挥把方向、管大局、保落实的领导作用，加强对本单位业务工作和党的建设的领导，讨论和决定本单位的重大问题，推动党的主张和重大决策转化为法律法规、政策政令和社会共识，确保党的理论和路线方针政策的贯彻落实，是党对非党组织实施领导的重要组织形式。根据嵌入的组织不同，党组主要有：（1）县级以上人大常委会、政府、政协、法院、检察院的党组。（2）县级以上政府工作部门、派出机关（街道办事处除外）、直属事业单位的党组。（3）县级以上工会、妇联等人民团体的党组。（4）中管企业的党组。（5）县级以上政府设立的有关管委会的工作部门的党组。（6）全国性的重要文化组织、社会组织（如中国法学会、中国文联）的党组等。

需注意的是，嵌入性党组织与自立性党组织不是相提并论的，前者必须接受后者的领导，即党组接受批准其成立的党组织的领导，它们之间形成了

① 根据《中国共产党支部工作条例（试行）》第十条第一、二项的规定，村党支部全面领导隶属本村的各类组织和各项工作，社区党支部全面领导隶属本社区的各类组织和各项工作。

领导主体的双层结构。

第三，领导主体首先是指党中央。党的地方组织、党的基层组织、党组等党组织根据党中央的授权，按照领导法规的规定，实施领导活动。

坚持党的领导首先是坚持党中央的集中统一领导。中央委员会、中央政治局、中央政治局常务委员会是党的组织体系的大脑和中枢，是党的领导决策核心。党中央决策议事协调机构在中央政治局及其常委会领导下开展工作。党章第十六条第一款规定："有关全国性的重大政策问题，只有党中央有权作出决定，各部门、各地方的党组织可以向中央提出建议，但不得擅自作出决定和对外发表主张。"《关于新形势下党内政治生活的若干准则》规定："涉及全党全国性的重大方针政策问题，只有党中央有权作出决定和解释。各部门各地方党组织和党员领导干部可以向党中央提出建议，但不得擅自作出决定和对外发表主张。对党中央作出的决议和制定的政策如有不同意见，在坚决执行的前提下，可以向党组织提出保留意见，也可以按组织程序把自己的意见向党的上级组织直至党中央提出。全党必须自觉服从党中央领导。全国人大、国务院、全国政协，中央纪律检查委员会，最高人民法院、最高人民检察院，中央和国家机关各部门，人民军队，各人民团体，各地方，各企事业单位、社会组织，其党组织都要不折不扣执行党中央决策部署。"《中国共产党中央委员会工作条例》第七条规定："各级人大、政府、政协、监察机关、审判机关、检察机关，武装力量，各民主党派和无党派人士，人民团体，企事业单位，基层群众性自治组织，社会组织等，都必须自觉接受党中央领导。"

同时，党中央可以按照民主集中制原则对领导权进行配置，将重要的领导权保留在中央，其余的则授予党的地方组织和部分基层组织，让其在本地区或本单位发挥领导作用以贯彻落实中央的决策部署。例如，《中国共产党地方委员会工作条例》第三条规定，地方党委在本地区发挥总揽全局、协调各方的领导核心作用，对本地区经济、政治、文化、社会以及生态文明建设实行全面领导；第五条规定，地方党委主要实行政治、思想和组织领导，把方向、管大局、作决策、保落实，具体包括对本地区重大问题作出决策、通过法定程序使党组织的主张成为地方法规规章或其他政令、管理干部、领导群团工作和统一战线工作等七项领导权。

党的工作机关分担着领导职能。[①] 党中央、地方党委可以依规授权其职能部门、派出机关等工作机关实施领导活动，比如授权宣传部门领导管理意识形态工作。当然，党委并不能把所有事项都授权其工作机关去办理。《中国共产党工作机关条例（试行）》第十条第二款强调："应当由党委履行的职责，党委不得将其授予工作机关。"涉及全局性、综合性事务的领导权则保留在党委。并且，党的工作机关履行领导职能，作出的有关决定，并非终局的。根据《中国共产党工作机关条例（试行）》第二十三条第一款的规定，本级党委或者上级党的工作机关有权撤销或者变更党的工作机关作出的不适当决定。

在此，需注意由党政职能部门合并设立的党的工作机关作为领导主体的相关问题。《中国共产党工作机关条例（试行）》第五条第二款规定："根据工作需要，党的工作机关可以与职责相近的国家机关等合并设立或者合署办公。合并设立或者合署办公仍由党委主管。"党的十九大、十九届三中全会作出统筹设置党政机构的改革决定，从中央到地方开展了一场较大力度的党政融合改革，党中央和地方党委的组织部门、宣传部门、统战部门拥有了对公务员、新闻出版、电影、宗教等特定事务的行政管理职能。[②] 这有利于整合优化力量和资源，加强党对相关工作的领导，并提高治理效率。于是，具有行政管理职能的党的工作机关有了双重身份：一是处于领导法规关系中，开展党的领导工作的领导主体；二是处于行政法律关系中，开展国家行政管理工作的行政主体。也即，如果这类党的工作机关要行使行政管理权，就应该以对外保留或加挂的国家行政机关牌子的名义作出，这个时候它们不是领导主体，而

---

① 《中国共产党工作机关条例（试行）》第二条："党的工作机关是党实施政治、思想和组织领导的政治机关，是落实党中央和地方各级党委决策部署，实施党的领导、加强党的建设、推进党的事业的执行机关，主要包括办公厅（室）、职能部门、办事机构和派出机关。"

② 以中央层面为例，按照党的十九届三中全会通过的《深化党和国家机构改革方案》，党政合设性的党的工作机关有：并入国家公务员局的中央组织部（对外保留国家公务员局牌子）；划入国家新闻出版广电总局的新闻出版、电影管理职责的中央宣传部［对外加挂国家新闻出版署（国家版权局）、国家电影局牌子］；并入国家宗教事务局、国务院侨务办公室的中央统战部（对外保留国家宗教事务局、国务院侨务办公室牌子）。

是行政主体，它们作出行政管理行为的依据不是党的领导法规，而是国家法律法规[①]或者党的组织法规[②]。当然，由于党政合设，党的领导权和国家行政权在实践中将会更加直接、深入地融合，因而应注意通过内设机构权责合理分工、加强权力监督等途径处理好领导主体和行政主体双重身份之间的关系。[③]

2. 被领导主体

被领导主体是领导关系主体中的参与方，具有直接主体和间接主体的复合结构，这是领导法规的重要特征。

直接的被领导主体是党组织和党员，间接的被领导主体是领导对象。领导对象是领导法规想要最终影响的主体，包括国家政权和社会力量两大方面。领导法规一般不直接约束领导对象，它直接约束的是设立在领导对象中的党组织和党员，如国家机关党组及其成员、政协党组及其成员、人民团体党组及其成员、国有企业党委（党组）及其成员，以及不依赖于其他单位而自立于社会之中的党委及其成员。概言之，领导法规通过规定党组织和党员应当开展哪些领导工作、如何实施领导活动（即规范党组织和党员的行为）来实现党对党外组织和个人的影响力。（对此问题，将在后文讨论领导法规的对象效力时具体展开。）

就国家政权这类领导对象而言，具体包括国家权力机关、行政机关、监察机关、审判机关、检察机关以及武装力量组织（军队、武警部队、民兵组织）。“按照我国宪法的规定，各级政权组织，包括人大、政府和司法机关，都必须接受共产党的领导。凡属方针政策的重大问题，都要经过党委讨论，

---

① 例如，新闻出版管理职责划入党的宣传部门之后，《义务教育法》《公共图书馆法》作了修改，把出版行政主管部门改为出版主管部门，从而党的宣传部门就直接依据法律来管理有关事务。

② 例如，国家公务员局并入中央组织部，同时对外保留国家公务员局牌子。中央组织部制定了《公务员范围规定》《公务员录用规定》等一系列公务员管理法规（属于党的组织法规），而中央机关及其直属机构年度考试录用公务员公告等则以国家公务员局的名义发布。

③ 这也带来了党的工作机关能否以及如何进入行政复议、行政诉讼的新问题。在学理上，一些学者明确主张行使行政管理权的党的工作机关应当成为行政复议和行政诉讼的主体。参见马怀德：《运用法治方式推进党和国家机构改革》，载《中国党政干部论坛》2018 年第 5 期；姬亚平：《机构改革对行政复议与诉讼的新要求》，载《人民法治》2018 年第 Z1 期；黄先雄：《党政合设合署与行政诉讼制度的回应》，载《中外法学》2020 年第 2 期。

然后分头执行……当然，党不是政权本身，不能取代政权机关的职能。”[①]

就社会力量这类领导对象而言，具体包括民主党派[②]、无党派人士[③]、人民政协[④]、基层群众性自治组织[⑤]、群团组织[⑥]、企业、事业单位、社会组织等。另外，在很多场合，人民群众也可直接成为领导对象。

（二）领导法规关系客体

领导法规关系的客体是指领导法规关系主体的意志和行为所指向并作用的标的，是领导法规关系主体发生权利义务联系的中介。从大体上看，领导

① 《江泽民文选》（第一卷），人民出版社 2006 年版，第 92 页。

② 我国的民主党派是：中国国民党革命委员会、中国民主同盟、中国民主建国会、中国民主促进会、中国农工民主党、中国致公党、九三学社和台湾民主自治同盟。这 8 个民主党派于 1949 年参加中国人民政治协商会议。《中国共产党统一战线工作条例》规定，民主党派是接受中国共产党领导、同中国共产党通力合作的亲密友党，是中国共产党的好参谋、好帮手、好同事，是中国特色社会主义参政党，基本职能是参政议政、民主监督，参加中国共产党领导的政治协商。

③ 《中国共产党统一战线工作条例》规定，无党派人士是指没有参加任何政党、有参政议政愿望和能力、对社会有积极贡献和一定影响的人士，其主体是知识分子。无党派人士可以参照民主党派履行职能。

④ 我国宪法规定，中国人民政治协商会议是有广泛代表性的统一战线组织。《中国人民政治协商会议章程》规定，中国人民政治协商会议是中国人民爱国统一战线的组织，是中国共产党领导的多党合作和政治协商的重要机构，是我国政治生活中发扬社会主义民主的重要形式，是国家治理体系的重要组成部分，是具有中国特色的制度安排。政协设全国委员会和地方委员会。政协全国委员会由中国共产党、各民主党派、无党派人士、人民团体、各少数民族和各界的代表，香港特别行政区同胞、澳门特别行政区同胞、台湾同胞和归国侨胞的代表以及特别邀请的人士组成，设若干界别。政协地方委员会的组成，根据当地情况，参照全国委员会的组成决定。

⑤ 根据我国宪法和城市居民委员会组织法、村民委员会组织法的规定，城市、农村按群众居住地区设立的居民委员会、村民委员会是居民、村民自我管理、自我教育、自我服务的基层群众性自治组织。居民委员会由主任、副主任和委员共五至九人组成。村民委员会由主任、副主任和委员共三至七人组成。

⑥ 群团组织包括人民团体和群众团体，是党直接领导的群众自己的组织，是党和政府联系人民群众的桥梁和纽带。人民团体是指中华全国总工会、中国共产主义青年团、中华全国妇女联合会、中国科学技术协会、中华全国归国华侨联合会、中华全国台湾同胞联谊会、中华全国青年联合会、中华全国工商业联合会这 8 个政协参加单位，它们与中国共产党、8 个民主党派一样直接作为政协的界别，在政协中拥有议政席位。群众团体一般是指 14 个经国务院批准可以免予登记的全国性社会团体：中国文学艺术界联合会、中国作家协会、中华全国新闻工作者协会、中国人民对外友好协会、中国人民外交学会、中国国际贸易促进会、中国残疾人联合会、宋庆龄基金会、中国法学会、中国红十字总会、中国职工思想政治工作研究会、欧美同学会、黄埔军校同学会、中华职业教育社。

法规关系的客体主要包括以下几类。

1. 权力

权力包括国家机关拥有的职权（称为国家权力）和社会主体拥有的公权力（称为社会权力）。在党对国家政权、社会力量实施领导的过程中，党组织行使领导权所指向的标的就是国家机关的职权、社会主体的公权力，即党组织意图让国家机关、社会主体按照党的意志和主张来行使国家权力、社会权力。例如，根据《中国共产党党组工作条例》，党组讨论和决定本单位业务工作中的重大问题，并推动本单位领导班子依法依章程将党的主张和重大决策转化为法律法规、政策政令；根据《中国共产党国有企业基层组织工作条例（试行）》，国有企业党委（党组）讨论和决定企业经营管理等重大事项，并推动企业董事会、经理层依照公司法和本公司章程将党的主张和重大决策转化为企业的决定。

2. 智力成果

智力成果又称精神产品，是人的脑力劳动的创造物。作为领导法规关系客体的智力成果主要有党的基本理论、基本路线、基本方略，社会意识形态，信息，具体政策主张。党的基本路线、基本方略、具体政策主张是党的政治领导所指向的标的，例如，《中国共产党统一战线工作条例》规定“中国共产党同各民主党派实行长期共存、互相监督、肝胆相照、荣辱与共的基本方针”；根据《中共中央关于加强党领导立法工作的意见》规定，党确定立法方针、审定立法规划，讨论决定具体立法中的重大问题；《中国共产党政法工作条例》规定政法单位党组（党委）有权对影响国家政治安全和社会稳定的重大事项或者重大案件进行研究，制定依法处理的原则、政策和措施。党的基本理论、社会意识形态、信息，是党的思想领导所指向的标的，《中国共产党宣传工作条例》《关于培育和践行社会主义核心价值观的意见》等作出了相关规定。

3. 行为

作为领导法规关系客体的行为主要是指为实现党的领导所要求开展的具体工作行为。例如，《社会主义学院工作条例》规定的教学工作行为、科研工作行为、对外交流工作行为；《党政主要负责人履行推进法治建设第一责任人职责规定》指向的县级以上地方党委和政府主要负责人推进法治建设的履职行为;《领导干部干预司法活动、插手具体案件处理的记录、通报和责任追究规定》指向的领导干部干预、插手行为，司法人员全面如实记录行为。

4. 特定利益

作为领导法规关系客体的特定利益是指为实现党的领导所需要调配和处理的利益。例如,《中国共产党机构编制工作条例》指向的是党和国家机构、人员编制;《党政领导干部选拔任用工作条例》指向的是国家机关、政协、参照公务员法管理的群团机关、县级以上党委政府直属事业单位等的领导职务。

另需说明的是，有体物（如党费、办公用房、公务用车），人身权益（如党员身份、荣誉称号、领导干部个人隐私）这两类常见的客体，可以是党的组织法规关系的客体、自身建设法规关系的客体或者监督保障法规关系的客体，而一般不成为领导法规关系的客体，这是党的领导法规的一个特征。

（三）领导法规关系内容

领导法规关系的内容是指领导关系主体围绕领导活动所享有的权利和承担的义务。领导主体的权利义务是一体的，即职权职责，如制定大政方针，提出立法建议，推荐重要干部，进行思想宣传等。就被领导主体一方而言，其权利主要是领导活动参与权、领导活动受益权等，其义务主要是拥护领导地位、通过法治方式贯彻领导意图等。领导关系的运行，是以领导者的职权为枢纽的，所以，领导法规关系内容的核心是党组织的领导权。

对于党的领导和领导权，首先必须从无产阶级政党在革命、建设、改革事业中的领导地位出发来把握。

历史地看，无产阶级政党领导地位起源于民主、民族革命中以政党为主要代表的政治力量对革命领导权的争夺。马克思、恩格斯率先在《共产党宣言》中提出了共产党要掌握革命领导权的思想。[①] 列宁在俄国革命中牢牢把握布尔什维克党的领导地位，并将党领导人民取得革命胜利之后掌握治国理

① 参见《马克思恩格斯选集》（第一卷），人民出版社 2012 年版，第 434—435 页。

政领导权作为无产阶级专政的核心要素，认为这是区分马克思主义与工团主义、无政府主义的重要标志。[①]

以马列主义为指导思想的中国共产党在实践中坚持和发展了党的领导权思想，毛泽东在《中国革命战争的战略问题》《中国革命和中国共产党》《新民主主义论》《论人民民主专政》等著述中作了详尽论述。1954 年 9 月 5 日，毛泽东在第一届全国人大第一次会议开幕词中提出了“领导我们事业的核心力量是中国共产党”这一著名论断。[②] 改革开放之初，邓小平及时提出坚持四项基本原则，并强调：“坚持四项基本原则的核心，是坚持共产党的领导。”[③] 中国特色社会主义进入新时代之后，习近平总书记深刻指出，党政军民学、东西南北中，党是领导一切的，是最高政治领导力量；中国特色社会主义最本质的特征是中国共产党领导，中国特色社会主义制度的最大优势是中国共产党领导。

在典章制度层面，1945 年党的七大通过的党章在总纲中规定了党的革命领导权。1956 年党的八大通过的党章总纲指出“党在国家和社会生活中的领导地位”，从革命领导权转变为治国领导权。1982 年党的十二大将坚持四项基本原则写入党章总纲。更重要的是，党的领导载入了宪法。1954 年宪法序言主要以叙述历史的方式强调了党领导人民建立了新中国。1982 年通过的现行宪法在序言中综合运用叙述历史和表达意志两种形式确认了党的领导地位。2018 年宪法修正案明确将党的领导载入正文，结束了党的领导是否具有最高法律效力的争议，也更加充分地提供了构建“党的领导权”这一重要法学范畴的根本法依据。

党的领导权是中国特色社会主义宪法理论的一个重要概念，[④] 也是党规理论的一个重要概念。中国共产党是作为最高政治领导力量的宪法机关，党的

---

① 参见《列宁选集》(第四卷)，人民出版社 1972 年版，第 483 页。

② 《毛泽东文集》(第六卷)，人民出版社 1999 年版，第 350 页。紧接着下一句话是“指导我们思想的理论基础是马克思列宁主义”。

③ 《邓小平文选》(第二卷)，人民出版社 1994 年版，第 391 页。

④ 参见陈云良、蒋清华：《中国共产党领导权法理分析论纲》，载《法制与社会发展》2015 年第 3 期，第 46—48 页。

领导权在属性上，不是西方政治制度中的政党权利，不是我国宪法上的国家机构的职权（国家权力），也不是普通的社会权力，而应定位为一种独立的公权力类型，即宪法确立的党对各项国家权力和社会权力的全面主导权，以及对公民的深度引领权，在我国公权力体系中居于枢纽地位，应受宪法精神的约束。[①] 现行党章明确规定了党的领导、人民当家作主和依法治国有机统一，党章和宪法高度统一，二者共同构成党的领导制度化法治化的起点，党的领导法规在中国特色社会主义法治体系中实际上起着宪法相关法的作用。

党的领导权作为一种独立的公权力，在根本上是因为它产生影响力的特殊机制。

首先，党的领导权是一种宏观上、体制上的权力，其首要任务是组织、协调国家权力的不同分支之间、国家权力与社会权力之间，以及公权力与私权利之间的关系。这其实是现代政党的一个重要职能。早在20世纪初，著名的美国政治学、行政学和行政法学家古德诺（Frank Johnson Goodnow）以美国、法国、意大利的政治体制为例指出，如果国家行政机关没有实现相当程度的集权，而是最终处于有效的立法控制之下，那么就必然要靠政党来协调政治与行政的关系；即使行政机关实现了集中和集权，存在一个相当强大的政党体制往往也是民治政府和高效行政的必要前提。[②] 我国著名宪法学家龚祥瑞先生也指出，“没有政党，就不能把独当一面的机关（部门）在方针政策上统一起来，以实现整个国家的目标”。[③]

其次，党的领导权中的执政权在原则上须通过党内的领导关系以及特定的组织体系来对党外的被领导主体发生作用，不能把党对国家机关、社会组织的领导行为等同于单个具体组织内部上级对下级的领导（管理）行为。党的领导权中的社会领导权也是通过党组织和党员对社会力量进行宣传、教

---

① 蒋清华:《现行宪法中党的领导之法教义学阐释》，载《中南大学学报（社会科学版）》2019年第6期，第92页。关于领导权作为独立公权力类型的详细讨论，可参见蒋清华:《中国共产党党的领导法规制度基础理论研究》，人民出版社2019年版，第三章第三节。

② 参见［美］弗兰克·古德诺:《政治与行政——政府之研究》，丰俊功译，北京大学出版社2012年版，第107、109页。

③ 龚祥瑞:《比较宪法与行政法》，法律出版社2012年版，第285页。

育、示范、引导等工作来发生作用，而不能直接要求社会上的党外组织和个人必须做什么、不能做什么。（对此问题，后文在讨论领导法规的对象效力时还将具体展开。）

最后，出于特定历史阶段和任务的需要，党的机关与国家机关通过合署办公或合并设立的方式来实现党对某些事关全局的重大事务的管理，这也是党的领导的重要内涵。不过，这种情况仅用于少数工作领域，而且，党对具体工作的领导（管理）权和国家机关职权具有重合性，其是根据国家法律法规而非党内法规来行使；或者是以对外保留或加挂的国家行政机关牌子名义作出外部管理行为，党的工作机关的领导权便体现为制定规则的权力。

党的领导权作为一个重要的法治概念，不能被“执政权”所取代。如前所述，党的领导包含但不限于执政。所以，党的执政权是党的领导权的一个权能，是领导权的一个下位概念。那种将执政（权）从领导（权）中割裂出来，偏颇地认为领导（权）只是政治学概念、执政（权）才是法学概念，从而主张用执政（权）概念消解、替代领导（权）概念的观点是不妥当的。①

如果说，领导概念是领导学的逻辑起点，那么，领导权概念就是领导法规学的逻辑起点。领导权这一基础范畴反映了党的领导活动作为一种特殊的权力行为需要受到制度规范的基本立场，体现了党的领导法规通过规范领导权以更好保证党发挥领导核心作用的基本追求，构成党的领导法规学区别于领导政治学、领导管理学的理论标记。所以，应当把党的领导权作为领导法规学的基石范畴。②

四、党的领导法规的基本原则

一个部门法的基本原则是指该部门法的基础性原理、准则或者出发点，

① 参见蒋清华：《党的领导权与执政权之辨——“执政权”之歧义和误用》，载《政治与法律》2016年第8期。

② 基石范畴是指对事物现象总体的普遍联系、一般规律的最高抽象，规定着普通范畴和基本范畴的实质内涵和相互联系，是事物概念之网的总纽结，体现出一门学问的理论基石，是一种理论体系（学派）区别于其他理论体系（学派）的标记。参见张文显：《论法学的范畴意识、范畴体系与基石范畴》，载《法学研究》1991年第3期，第5页。

具有抽象性、综合性和稳定性。法的原则具有法的规则所不能替代的三个重要作用：一是原则为规则和概念提供出发点，对立法具有指导意义；二是原则对法解释也具有指导意义，并可以直接作为法适用的依据；三是在处理疑难案件时，以法的原则作为依据可以纠正机械适用法的规则可能带来的不公。[①] 制定一部法律、法规，首先必须明确该法的基本原则。部门法学基础理论研究必须回答该部门法有哪些基本原则。作为党内法规体系中的一个部门，党的领导法规的基本原则与党的组织法规等部门党规的基本原则必有不同。本书尝试把党的领导法规的基本原则概括为党的全面领导原则、总揽全局协调各方原则、科学民主依法决策原则等几项，这些原则反映了我国社会主义初级阶段的基本党情国情，体现了中华人民共和国成立以来党的领导实践的基本经验，是制定、实施和完善领导法规的基本遵循。

（一）党的全面领导原则

党的全面领导原则是党的领导法规制度的根本出发点。坚持党对一切工作的领导是由我们党的性质决定的，是历史和人民的选择，是实现中华民族伟大复兴的根本保证。[②]

党对一切工作的领导，是以毛泽东同志为核心的党的第一代中央领导集体从革命战争时期就开始探索确立起来的重大政治原则。1942 年 9 月《中共中央关于统一抗日根据地党的领导及调整各组织间关系的决定》指出："党是无产阶级先锋队和无产阶级组织的最高形式，他应该领导一切其他组织，如军队、政府与民众团体。"[③] 在中华人民共和国成立后召开的第一个全国党代会即党的八大上，刘少奇同志在政治报告中指出："在社会主义建设的工作中，也有极少数同志曾经企图削弱党的领导作用……我们批判了这种错误的

---

① 张文显主编：《法理学》（第五版），高等教育出版社 2018 年版，第 120 页。

② 参见中共中央宣传部编：《习近平新时代中国特色社会主义思想三十讲》，学习出版社 2018 年版，第 74—76 页。

③ 中央档案馆编：《中共中央文件选集》（第十三册），中共中央党校出版社 1991 年版，第 427 页。有学者指出，这是党的正式文件中第一次出现党领导一切的规定。参见赵刚印：《"党领导一切"是怎么来的》，载《解放日报》2017 年 11 月 14 日，第 13 版。

观点。党应当而且可以在思想上、政治上、方针政策上对于一切工作起领导作用。当然，这不是说，党应当把一切都包办起来，对一切都进行干涉；也不是说，对于自己所不懂的事情，可以安于做外行。”[①]1962 年 1 月，毛泽东在扩大的中央工作会议（即著名的“七千人大会”）上讲话指出：“工、农、商、学、兵、政、党这七个方面，党是领导一切的。党要领导工业、农业、商业、文化教育、军队和政府。”[②]

党的十八大以来，以习近平同志为核心的党中央把坚持和加强党的全面领导作为做好党和国家各项工作的根本保证，习近平总书记明确提出、多次强调必须坚持党对一切工作的领导。党的十九大修改后的党章总纲明确规定：“党政军民学，东西南北中，党是领导一切的。”2018 年 2 月 28 日，习近平总书记在党的十九届三中全会第二次全体会议上讲话指出：“党的领导必须是全面的、系统的、整体的，必须体现到经济建设、政治建设、文化建设、社会建设、生态文明建设和国防军队、祖国统一、外交工作、党的建设等各方面。哪个领域、哪个方面、哪个环节缺失了弱化了，都会削弱党的力量，损害党和国家事业。”[③]

党的全面领导不是抽象的，而是具体的，必须体现到治国理政的方方面面，体现到国家政权和社会组织的机构、体制、制度等的设计、安排、运行之中，确保党的领导全覆盖，确保党的领导更加坚强有力。[④]正是要贯彻党的全面领导原则，党的十九大之后，《中央党内法规制定工作第二个五年规划（2018—2022 年）》提出了制定党中央全面深化改革工作、经济工作、法治工作、农村工作、宣传工作、政法工作、机构编制工作、群团工作、外事工作、人才工作等各方面法规的任务。党的全面领导原则开始明确写入领导法规之中（当然也写入了其他部门党规之中）。例如，《中国共产党农村工作

① 《刘少奇选集》（下卷），人民出版社 1985 年版，第 264 页。

② 《毛泽东文集》（第八卷），人民出版社 1999 年版，第 305 页。

③ 习近平：《论坚持党对一切工作的领导》，中央文献出版社 2019 年版，第 229 页。

④ 中共中央宣传部编：《习近平新时代中国特色社会主义思想三十讲》，学习出版社 2018 年版，第 79 页。

条例》第一条中规定“坚持和加强党对农村工作的全面领导”;《中国共产党党组工作条例》第十六条规定党组“全面履行领导责任,加强对本单位业务工作和党的建设的领导”;《中国共产党机构编制工作条例》第二条规定,机构编制工作必须“以坚持和加强党的全面领导为统领”,第十六条规定,“党委(党组)、机构编制委员会应当主要就以下内容对机构编制议题进行审议:(一)是否有利于坚持和加强党的全面领导……”

党的二十大之后,《中央党内法规制定工作规划纲要(2023—2027年)》提出完善党领导各项事业的制度,要健全党领导全面深化改革工作、全面依法治国工作、外事工作、民族工作、宗教工作、教育工作、科技工作、社会主义精神文明建设工作、网络安全和信息化工作、生态文明建设等方面的制度。

(二)总揽全局、协调各方原则

党领导一切不是包办一切。[①] 改革开放以来,我们党在探索正确处理党的全面领导和国家政权、社会力量充分发挥作用之间关系的过程中,总结出了党总揽全局、协调各方的重要原则。“总揽全局、协调各方”源于1987年党的十三大报告提出的改革党的领导制度,“使党驾驭矛盾,总揽全局,真正发挥协调各方的作用”。党的十三大报告关于“总揽全局、协调各方”的理念对于加强和改善党的领导仍然具有重要意义。1997年党的十五大报告首次提出“保证党始终发挥总揽全局、协调各方的领导核心作用”。2001年党的十五届五中全会通过的《中共中央关于加强和改进党的作风建设的决定》指出:“总揽全局、协调各方,是中央和地方各级党委在同级各种组织中发挥核心领导作用的基本原则,必须始终坚持。”2002年党的十六大报告在第五部分“政治建设和政治体制改革”第三节“改革和完善党的领导方式和执政方式”中指出,“党委在同级各种组织中发挥领导核心作用,集中精力抓

① 全国干部培训教材编审指导委员会组织编写:《全面加强党的领导和党的建设》,本册主编何毅亭,党建读物出版社、人民出版社2019年版,第8页。

好大事，支持各方独立负责、步调一致地开展工作。进一步改革和完善党的工作机构和工作机制。按照党总揽全局、协调各方的原则，规范党委与人大、政府、政协以及人民团体的关系”，支持人大、政府、政协等履行职能。党的十六大修改党章，在总纲最后一段新增规定：“党必须按照总揽全局、协调各方的原则，在同级各种组织中发挥领导核心作用。”党章的这一规定延续至今。

2012 年 11 月 17 日，习近平总书记主持党的十八届中央政治局第一次集中学习时强调：“中国共产党是中国特色社会主义事业的领导核心，所以必须加强和改善党的领导，充分发挥党总揽全局、协调各方的领导核心作用。”①2015 年 2 月 2 日，习近平总书记在省部级主要领导干部学习贯彻党的十八届四中全会精神全面推进依法治国专题研讨班上讲话指出：“我国社会主义政治制度优越性的一个突出特点是党总揽全局、协调各方的领导核心作用，形象地说是‘众星捧月’，这个‘月’就是中国共产党。在国家治理体系的大棋局中，党中央是坐镇中军帐的‘帅’，车马炮各展其长，一盘棋大局分明。”②2017 年党的十九大报告和 2022 年党的二十大报告均是两次讲到党总揽全局、协调各方。

具体而言，党总揽全局是指各级党委要坚持把主要精力放在抓方向、议大事、管全局上，集中精力抓好带有全局性、战略性、根本性和前瞻性的重大问题，把握政治方向，决定重大事项，安排重要人事任免，抓好思想政治工作，维护社会政治稳定，有效地实施党在各个领域的政治、思想、组织的领导。③从领域上讲，党总揽全局就是说党的领导是全方位的，包括对国家

① 习近平：《论坚持党对一切工作的领导》，中央文献出版社 2019 年版，第 5 页。中共中央党史和文献研究院汇编这部重要著作时添加了标题，全书第一个标题是“确保党始终成为中国特色社会主义事业的坚强领导核心（二〇一二年十一月十七日）”，第二个标题是“发挥党总揽全局、协调各方的领导核心作用（二〇一二年十一月—二〇一八年四月）”。

② 习近平：《论坚持党对一切工作的领导》，中央文献出版社 2019 年版，第 9 页。

③ 何毅亭：《新世纪的行动纲领——学习江泽民同志“七一”讲话》，载《前线》2001 年第 7 期；何毅亭：《坚持民主集中制　健全领导体制》，载《党建研究》2001 年第 8 期；何毅亭：《新世纪新阶段全面推进党的建设的行动纲领》，载《党建研究》2003 年第 1 期。

生活和国家各方面工作的领导，也包括对社会生活的领导。从层次上讲，党总揽全局就是说无论是在全国范围内，还是在各地方，党的领导都要体现在各自范围内带有根本性、全局性、关键性的问题上。党委确定大政方针之后，各方面的工作应由各国家机关、社会组织去承担，这些组织中的党组织和党员干部必须坚决贯彻落实。① 正如2019年7月习近平总书记在深化党和国家机构改革总结会议上所指出的，健全党对重大工作的领导体制，在一些重要领域设立了党中央决策议事协调机构，谋大事、议大事、抓大事，“对重大工作的领导是总揽，不是事无巨细都抓在手上”。②

党协调各方是指各级党委要坚持从推进全局整体工作的要求出发，统筹协调好党委、人大、政府、政协的关系，统筹安排好纪检、组织、宣传、统战、政法、武装以及群众团体等方面的工作，使各方面都能各司其职，各尽其责，相互配合，形成合力。③ 党协调各方具有强烈的功能意义，即党的领导的一个重大任务是必须协调好各个方面的关系，既包括各方面相互之间的关系，也包括党委与各方面之间的关系，要解决好这些关系中带全局性、战略性的问题。④ 党委职能部门具体承担本系统本领域重要工作的统筹协调职责。在党和国家机构改革中，加强党政机构职能统筹，把政府有关机构职能划入党委职能部门，或明确政府有关部门由党委职能部门归口领导，以更好发挥党委职能部门统一归口协调管理职能。习近平总书记强调：“归口协调管理首先是政治领导，要把重点放在把方向、谋全局、抓大事上，调动被归口部门的积极性、主动性、创造性，形成职责明确、协同高效的运行机制。被归口的部门要立足职能定位，自觉接受领导、做好请示汇报。”⑤

---

① 本书编写组：《党的十六届四中全会〈决定〉学习辅导百问》，党建读物出版社、学习出版社2004年版，第147—148页。

② 习近平：《论坚持党对一切工作的领导》，中央文献出版社2019年版，第299—300页。

③ 何毅亭：《新世纪的行动纲领——学习江泽民同志“七一”讲话》，载《前线》2001年第7期；何毅亭：《坚持民主集中制　健全领导体制》，载《党建研究》2001年第8期；何毅亭：《新世纪新阶段全面推进党的建设的行动纲领》，载《党建研究》2003年第1期。

④ 参见本书编写组：《党的十六届四中全会〈决定〉学习辅导百问》，党建读物出版社、学习出版社2004年版，第149页。

⑤ 习近平：《论坚持党对一切工作的领导》，中央文献出版社2019年版，第301页。

党总揽全局、协调各方是处理好党的领导权与国家权力、社会权力关系的总纲，具有非常重要的宪制意义。党章总纲规定：“党必须在宪法和法律的范围内活动。党必须保证国家的立法、司法、行政、监察机关，经济、文化组织和人民团体积极主动地、独立负责地、协调一致地工作。”党总揽全局但不包办代替，而是在国家机关职权独立前提下的总揽；党协调各方但不取消各国家机关之间法定的监督或制约关系，而是在国家机关权力监督制约基础上的协调。[①] 国家政权、民主党派、社会组织等各个方面的作用是否充分发挥出来，各个方面的关系是否协调得好，是检验各级党委领导核心作用发挥得怎样的一个重要标准。从法治视角来看，党总揽全局、协调各方原则包含一个重要的具体要求即依法执政原则。

党的十六大报告首次提出党的领导要坚持依法执政。党的十六届四中全会通过的《中共中央关于加强党的执政能力建设的决定》将坚持依法执政同科学执政、民主执政一道确立为党执政的主要经验之一。党的十七大修改党章，在总纲最后一段中增写“依法执政”。党的十八届四中全会通过的《中共中央关于全面推进依法治国若干重大问题的决定》强调依法治国是党领导人民治理国家的基本方略，依法执政是党治国理政的基本方式，并深刻地指出：“依法执政，既要求党依据宪法法律治国理政，也要求党依据党内法规管党治党。必须坚持党领导立法、保证执法、支持司法、带头守法，把依法治国基本方略同依法执政基本方式统一起来，把党总揽全局、协调各方同人大、政府、政协、审判机关、检察机关依法依章程履行职能、开展工作统一起来，把党领导人民制定和实施宪法法律同党坚持在宪法法律范围内活动统一起来，善于使党的主张通过法定程序成为国家意志，善于使党组织推荐的人选通过法定程序成为国家政权机关的领导人员，善于通过国家政权机关实施党对国家和社会的领导，善于运用民主集中制原则维护中央权威、维护全党全国团结统一。”

① 蒋清华：《现行宪法中党的领导之法教义学阐释》，载《中南大学学报（社会科学版）》2019年第6期，第91页。

依法执政要求党组织不直接行使国家机关的职权，党的决定、决议不是当然具有法律上的效力，不直接规范公民和组织的行为，党要善于使自己的主张通过法定程序成为国家意志，从制度上、法律上保证党的路线方针政策得以贯彻实施；要使全体党员尤其是领导干部坚持在宪法和法律范围内活动，带头维护宪法法律的权威，要督促、支持和保证国家机关依法行使职权，在法治轨道上推动各项工作的开展。[①] 从政治学原理上分析，一方面，在后发国家中，由一个强大的政党来主导推进国家现代化是最佳选择，所以，社会主义法治必须坚持党的领导；另一方面，正如林尚立教授所指出的，政党主导本身并不是目的，“政党承担的使命再多，都不意味着政党要替代国家本身，……政党只有真正推进现代国家体系的成长，其主导才有价值和意义”。“从党的领导所要解决的具体问题来说，相关领域的具体制度往往是真正解决问题的制度，一旦这个制度的逻辑被党的领导制度逻辑‘矫正’或者‘替代’，那么相关制度解决问题的能力和应有功效的发挥就会大大降低，这种情况最后影响的还是党的领导本身。”[②] 所以，党的领导必须依靠社会主义法治。

总揽全局、协调各方原则已明确写入一些领导法规。例如，《中国共产党中央委员会工作条例》第二十一条：“党中央总揽全局、协调各方，确保全党全军全国各族人民统一意志、统一行动、步调一致向前进。统揽各项工作，整体推进党和国家各方面事业。统揽各方力量，领导各级各类组织和广大党员、干部、群众一体行动。统揽国家治理，坚持和完善中国特色社会主义制度、推进国家治理体系和治理能力现代化。”《中国共产党地方委员会工作条例》第三条规定：“党的地方委员会在本地区发挥总揽全局、协调各方的领导核心作用……”《中国共产党重大事项请示报告条例》第二条规定：“重大事项请示报告工作以习近平新时代中国特色社会主义思想为指导，……确保党始终总揽全局、协调各方。”《中共中央关于深化人才发展体制机制改革的意

---

① 本书编写组：《党的十六届四中全会〈决定〉学习辅导百问》，党建读物出版社、学习出版社 2004 年版，第 148—149 页。

② 林尚立：《当代中国政治：基础与发展》，中国大百科全书出版社 2017 年版，第 113—114、165 页。

见》第二十八条规定："……发挥党委（党组）总揽全局、协调各方的领导核心作用，加强党对人才工作统一领导，切实履行管宏观、管政策、管协调、管服务职责……"《关于加强人民政协协商民主建设的实施意见》第二十四条规定："……按照党总揽全局、协调各方的原则，支持人民政协依照宪法法律和政协章程独立负责、协调一致地开展工作……"

坚持依法执政，也明确写入了一些领导法规。例如，中共中央转发的《中共全国人大常委会党组关于加强县乡人大工作和建设的若干意见》第五部分规定"县乡党委要增强依法执政观念，善于把重大决策部署通过人大法定程序转化为国家意志"。《党政主要负责人履行推进法治建设第一责任人职责规定》第三条规定"坚持统筹协调，做到依法治国、依法执政、依法行政共同推进，法治国家、法治政府、法治社会一体建设"。有的法规虽然没有直接使用"依法执政"概念，但相关的领导规范体现了依法执政的内涵。例如，《中国共产党地方委员会工作条例》第四条："党的地方委员会工作必须遵循以下原则：……（六）坚持在宪法和法律范围内活动，依据党章和其他党内法规履职尽责"，第五条第二项"通过法定程序使党组织的主张成为地方性法规、地方政府规章或者其他政令"，以及第五项"支持和保证人大、政府、政协、法院、检察院、人民团体等依法依章程独立负责、协调一致地开展工作，发挥这些组织中党组的领导核心作用"。《中国共产党党组工作条例》第四条："党组工作应当遵循以下原则：……（四）坚持依据党章党规开展工作，在宪法法律范围内活动；（五）坚持正确领导方式，实现党组发挥领导作用与本单位领导班子依法依章程履行职责相统一。"

（三）科学民主依法决策原则

关于"领导"的一种解释是：一个人或几个人劝使某个集团采取一种特定政策方针的力量。[①] 毛泽东曾强调："只有党的政策和策略全部走上正轨，

① ［英］韦农·波格丹诺主编、邓正来中译本主编：《布莱克维尔政治制度百科全书》（新修订版），中国政法大学出版社 2011 年版，第 342 页。

中国革命才有胜利的可能。政策和策略是党的生命，各级领导同志务必充分注意，万万不可粗心大意。”[①] 决策重大问题是党作为最高政治领导力量的重要职责，“离开决策，所谓领导就是虚的、空的”。[②] 可见，决策是党的领导的基本内涵，正确的决策是实现党的领导任务的基本前提，是党始终成为坚强领导核心的关键所在。因此，关于党的决策行为的基本准则应当是党的领导法规的基本原则之一。

党的十三大报告首次提出“党的决策的民主化和科学化”。党的十四大报告指出：“决策的科学化、民主化是实行民主集中制的重要环节，是社会主义民主政治建设的重要任务”，领导机关要“加速建立一套民主的科学的决策制度”。党的十四大修改的党章总纲规定“党必须实行民主的科学的决策，制定和执行正确的路线、方针、政策”。之后的历次全国党代会报告中都对科学决策、民主决策问题作出强调和部署。在党的十五大提出“依法治国”、十六大提出“依法执政”的基础上，党的十八大报告正式提出了“依法决策”。党的十八大报告指出：“坚持科学决策、民主决策、依法决策，健全决策机制和程序，发挥思想库作用，建立健全决策问责和纠错制度。”党的十八届三中全会决定要求“完善规范性文件、重大决策合法性审查机制”。党的十八届四中全会决定要求“完善党委依法决策机制，发挥政策和法律的各自优势，促进党的政策和国家法律互联互动”。党的十九大报告强调“健全依法决策机制”。党的二十大报告重申：“坚持科学决策、民主决策、依法决策，全面落实重大决策程序制度。”

科学决策侧重于决策的专业性，强调尊重规律，依靠专家学者，按照科学的思想、理论、方法来决策，认真分析成本收益，充分预判风险，既不可好高骛远、不切实际，也不能缩手缩脚、不敢越池一步。民主决策侧重于决策的人民性，强调以人为本，为人民决策，靠人民决策，把人民利益放在首位，开放决策过程，广泛听取意见和建议，重视不同声音，不可闭目塞听、

---

① 《毛泽东选集》（第四卷），人民出版社 1991 年版，第 1298 页。

② 何毅亭：《中国共产党是最高政治领导力量》，载《学习时报》2019 年 5 月 17 日，第 1 版。

独断专行。科学与民主之间，有时候具有互补性，有时候又存在张力。单纯的科学决策，或者单纯的民主决策，都难以达致正确决策，所以要将二者有机统一起来。有时候，科学问题一时难以验证，民主程序并不能消除争议，唯有合法性是普遍而明确的标准。在法治国家中，合法性往往就是正确性。进一步说，决策所依之法应为良善之法，而良法恰好是体现规律性和人民性的法律制度。在健全决策制度的语境下，科学决策、民主决策都需要法律制度来予以保障，依法决策原则对于科学决策、民主决策具有统合性。[①]“党中央审议重大决策时都要求报告征求意见的情况，同意的要报告，不同意的也要报告。这些制度化、规范化的程序，党中央严格遵守。”[②]这就体现出决策法治化对科学、民主决策的吸纳和保障作用。

科学民主依法决策原则已明确写入了一些领导法规。例如，《关于新形势下党内政治生活的若干准则》第七部分中规定：“中央委员会、中央政治局、中央政治局常务委员会和党的各级委员会作出重大决策部署，必须深入开展调查研究，广泛听取各方面意见和建议，凝聚智慧和力量，做到科学决策、民主决策、依法决策。”《中国共产党中央委员会工作条例》第二十三条、《中国共产党地方委员会工作条例》第二十条、《中国共产党党组工作条例》第三十条，以及《关于加强和改进人民政协民主监督工作的意见》《关于坚持和完善普通高等学校党委领导下的校长负责制的实施意见》《关于加强公立医院党的建设工作的意见》等都明确规定了“科学决策、民主决策、依法决策”。为落实科学决策，要不断完善调查研究、专家论证、风险评估等具体制度。为落实民主决策，要健全信息公开、公众参与、集体讨论决定等具体制度。为落实依法决策，要健全法律顾问、合法合规性审查等具体制度。例如，《中国共产党地方委员会工作条例》第二十一条规定：“党的地方委员会及其常委会应当健全决策咨询机制，重大决策一般应当在调查研究基础上提出方案，充分听取各方面意见，进行风险评估和合法合规性审查，经过全

① 蒋清华：《完善党委决策制度的法学思考》，载《当代世界与社会主义》2017 年第 1 期，第 42 页。

② 习近平：《论坚持党对一切工作的领导》，中央文献出版社 2019 年版，第 229 页。

会或者常委会会议讨论和决定。”按照《关于推行法律顾问制度和公职律师公司律师制度的意见》，党中央各部门、县级以上地方各级党委普遍设立法律顾问；依照有关规定应当听取法律顾问的法律意见而未听取的事项，或者法律顾问认为不合法不合规的事项，不得提交讨论、作出决定。

五、党的领导法规的效力、作用和地位

党的领导法规的效力是指领导规范对领导法规关系主体的约束力。党的领导法规的作用是其效力的结果，是党的领导权影响国家和社会生活的外在表现。党的领导法规的自身作用决定了其在党内法规体系和中国特色社会主义法治体系中具有十分重要的地位。

（一）党的领导法规的效力

在法理学上，法的效力是指法规范对人的行为的约束力，由时间效力、空间效力、对象效力三个要素构成。法的对象效力是指法规范对哪些人产生效力，有属人主义、属地主义、保护主义、综合主义等不同的确定原则。法的空间效力是指法规范在什么地域范围内产生效力。法的时间效力则是讨论法规范何时生效，何时废止或失效，以及有无溯及力的问题。[①]

1. 时间效力

党的领导法规在时间效力方面没有什么特殊性。从生效时间来看，要么自发布之日起生效，如《中国共产党统一战线工作条例》第六十一条：“本条例自发布之日起施行。”要么指定具体的生效日期，如《中国共产党农村工作条例》第三十六条：“本条例自 2019 年 8 月 19 日起施行。”从理论上讲，无论是国法还是党规，应在公布时间和生效时间之间设置一定的期间，以便于人们学习掌握从而更好地执行遵守。从废止或失效时间来看，包括三种情况：一是在新的党规中明确规定废止旧的党规，如《社会主义学院工作条例》第六十三条：“本条例自 2018 年 12 月 22 日起施行。2003 年 11 月 27 日中央

---

① 参见张文显主编:《法理学》(第五版)，高等教育出版社 2018 年版，第 93—96 页。

统战部印发的《社会主义学院工作暂行条例》同时废止。”二是在新的党规中概括地让相关的旧规定失效（但这些旧规定所在的党规文件并不一定被整体废止），如《中国共产党政法工作条例》第三十九条：“本条例自 2019 年 1 月 13 日起施行。此前发布的党内有关政法工作的规定，凡与本条例不一致的，按照本条例执行。”三是在党内法规制度集中清理结果中批量地宣布有关领导法规废止或者失效，如 2013 年《中共中央关于废止和宣布失效一批党内法规和规范性文件的决定》、2014 年《中共中央关于再废止和宣布失效一批党内法规和规范性文件的决定》、2018 年《中共中央关于涉党和国家机构改革党内法规和相关文件专项清理的决定》。在溯及力方面，按照法治的一般原则，党的领导法规对其生效之前的事件或者行为没有溯及力，但如果新的规定对被领导主体更加有利，则可以考虑溯及既往。

2. 空间效力

党的领导法规的空间效力分为国（境）内、外两个方面。在国（境）内，领导法规的空间效力是由其制定机关的管辖范围来确定的。党的中央组织，中央纪律检查委员会以及党中央工作机关制定的领导法规对全国范围内的党组织和党员都有约束力。省、自治区、直辖市党委制定的领导法规只对本行政区域内的党组织和党员有约束力，如《湖南省贯彻落实〈党政主要负责人履行推进法治建设第一责任人职责规定〉实施办法》只在湖南省范围内适用。在国（境）外，领导法规也可以发挥效力。例如，《中国共产党统一战线工作条例》第五条规定的统一战线工作范围中，就包括境外的香港同胞、澳门同胞、台湾同胞，以及国（境）外的出国留学人员、华侨（定居在国外的中国公民）；第九章专门规定港澳台统一战线工作。

3. 对象效力

一般来说，党内法规的对象效力采取属人主义原则，即主要限于中国共产党的党组织和党员。[①] 在此，需要特别讨论一些学者提出的党内法规“溢出效力”或曰“效力外溢”问题。

① 宋功德、张文显主编：《党内法规学》，高等教育出版社 2020 年版，第 34 页。

一些学者对党内法规的溢出效力的理解是指党规对党外组织和个人的“影响（力）”。例如，宋功德教授指出，党规针对党外采用非强制性的调整方式，从而党规的调整范围就从党内拓展至党外、从管理拓展为领导、从权力拓展为权威、从直接作用拓展为间接影响。较之党规效力，党规影响力是一个更宽泛的概念，它强调的是一种事实上的来自党规实施的支配力，影响着党员干部群众的行为选择，会造成特定范围社会关系的重塑。党规影响力的范围可能大于、等于或小于党规效力的范围。由于间接的因果关系作用，党规影响力范围会超出其效力范围之外，产生“溢出效应”，并形成一圈一圈向外扩散的“涟漪效应”。[①] 在增订后的著作中，宋功德教授进一步指出：“党内法规的溢出效应只能是‘效果’而非‘效力’，不能简单地认为党内法规效力的溢出总是有益无害，更不能听任党内法规效力的越界挤占国法的效力空间。在实践中，存在一些泛化党内法规效力的问题，比如，有的行政机关、司法机关直接援引党内法规或者规范性文件作出处分当事人权益的决定或者裁判，此属党内法规适用错误，不适当地扩张了党内法规适用范围。”[②] 王振民教授把这种现象称为“溢出效力”或者“边际影响”。他指出，在我国的政治体制下，党内法规对党外组织和个人产生影响是难以避免的。这种影响是政治影响，并非严格意义上的法律影响。[③] 本书认同在影响力意义上讲党内法规具有溢出效应（不用“溢出效力”一词）。

还有一些学者把党内法规的溢出效力理解为党规的约束力及于党外组织和个人。例如，欧爱民教授把党内法规溢出效力解释为对事的溢出和对人的溢出两个方面。对事的溢出是指党内法规的调整范围从党内事务扩张到国家事务和社会事务，所举的例子是《中国共产党地方委员会工作条例》规定地方党委讨论和决定本地区经济社会发展等方面的重大问题。对人的溢出是指党内法规的调整对象从党组织和党员扩张到党外组织和个人，所举的例子是《中国共产党纪律检查机关案件检查工作条例》规定“凡是知道案件情况的

① 详见宋功德：《党规之治》，法律出版社2015年版，第106—112页。

② 宋功德：《党规之治：党内法规一般原理》，法律出版社2021年版，第571页。

③ 王振民、施新州等：《中国共产党党内法规研究》，人民出版社2016年版，第14页。

组织和个人都有提供证据的义务”，《党政领导干部选拔任用工作条例》也适用于党外组织对领导干部的选拔行为，适用于非中共党员的领导干部。并认为，具有溢出效力的既有党建法规，也有领导法规；既有纯粹党内法规，也有党政联合制定的党内法规。[①] 本书认为这类观点是可以商榷的。

第一，这类观点讲的“调整范围”，在法理上并不是效力的作用对象。法的效力的作用对象是法律关系的主体（的行为），而不是主体的行为所指向的目标、标的、对象。党的领导法规规定领导主体对国家和社会的重大事务作出决策，这是在讲党的领导工作，但我们不能说这些工作（不管是党内事务还是党外事务）本身是领导法规的效力对象。这就好比我们不能说水法的效力对象是水资源，环境保护法的效力对象是环境，野生动物保护法的效力对象是野生动物一样，否则，就等于是说法律调整的不仅是人类社会关系，而且还调整“自然关系”了。水法、环境保护法、野生动物保护法是通过调整人的行为来做好保护水资源、保护自然环境和人居环境、保护野生动物的事业/工作。同理，党的领导法规的目的就在于做好党的自身建设之外的国家事务和社会事务，但它是通过调整党内主体的行为来实现这一目的的。

第二，这类观点认为在某些党内法规中，党外组织和个人成了党规的调整对象。对此现象进行仔细观察可以发现：（1）有的党规确实对党外组织和个人规定了权利或义务，但是这些规定并不属于领导规范，而属于自身建设规范、监督保障规范等。例如，上述观点所举的《中国共产党纪律检查机关案件检查工作条例》规定凡是知道案件情况的组织和个人（无论其是否为党组织和党员）都有提供证据的义务；《党政领导干部选拔任用工作条例》规定了如何开展领导干部选任的分析研判和动议、民主推荐、考察等工作要求，国家机关等的人事部门和党的组织部门一样都要执行。又如，《纪检监察机关处理检举控告工作规则》规定“任何组织和个人有权向纪检监察机关检举控告党组织、党员违反党纪的行为”。（2）有的规定属于领导规范，但它是对党外人员设定某种标准，而非直接对党外人员设定义务。例如，《党政领

① 详见欧爱民：《中国共产党党内法规总论》，人民出版社 2019 年版，第 170—174 页。

导干部选拔任用工作条例》规定的选拔任用条件也适用于非中共党员领导干部。中国共产党是执政党，民主党派是亲密友党和参政党，实行中国共产党领导的多党合作和政治协商制度。我们党有权对国家机关、政协、参照公务员法管理的群团机关等单位的领导干部需要具备的基本条件和资格提出要求，民主党派可以按照我们党提出的这些标准来教育培养自己的党员，以输送他们进入国家政权和社会团体中去担任领导职务。但是，对党外人员设定的标准并不等于义务，这是给拥有干部任免讨论决定权的党委（党组）设定的义务。（3）至于上述观点所举的统一战线工作条例，这属于领导法规，但把“统一战线工作对象为党外人士”这一规定解读为调整对象为党外人士，是混淆了工作对象和法规范效力对象。

如前所述，党外组织和个人是领导对象，是领导法规想要最终影响的主体，但并不是领导法规关系的直接主体。因为领导法规直接约束的是设立在领导对象中的党组织和党员，而不是领导对象本身，领导法规并不对党外组织或者个人设定具体的必为性义务或者禁止性义务，也不赋予党外组织或者个人以具体的权利（指主观请求权），领导法规是通过规范党组织和党员的行为来实现党对党外组织和个人的影响力的。

习近平总书记指出：“党中央作出的决策部署，党的组织、宣传、统战、政法等部门要贯彻落实，人大、政府、政协、法院、检察院的党组织要贯彻落实，事业单位、人民团体等的党组织也要贯彻落实，党组织要发挥作用。”[①]这一重要论述之所以在国家机关、事业单位等党外组织后面加上“党组织”，是因为我们党坚持依法执政原则，并不把国家机关、事业单位等与党的组织、宣传等部门等同起来从而直接对国家机关、事业单位等下达命令，而是通过设在党外组织中的党组织发挥领导作用，以及通过担任党外组织的领导成员与各级管理人员的党员执行党中央和上级党委的决策部署，从而使得党外组织对社会作出的政策、法律、措施贯彻党的主张。

例如，《中国共产党政法工作条例》明确了党中央、地方党委、党委政

① 《习近平关于社会主义政治建设论述摘编》，中央文献出版社 2017 年版，第 27 页。

法委员会、政法单位党组（党委）各自对政法工作的领导职责，但对于被领导的审判机关、检察机关、公安机关、国家安全机关、司法行政机关等国家机关（条例中称为政法单位）并未规定什么义务，而是规定“政法单位党组（党委）应当坚决贯彻执行党中央以及上级党组织决定、决策部署、指示等事项，确保工作落实”（第三十条）。又如，《中国共产党统一战线工作条例》具体列举了 11 项统战工作对象，并未规定这些民主党派成员、党外知识分子、宗教界人士、非公有制经济人士等人员有什么具体义务。《中国共产党中央委员会工作条例》一方面在第二章“领导地位”中明确指出“党中央重大决策部署，是全党全军全国各族人民统一思想、统一意志、统一行动的依据”（第五条第二款）；另一方面，第三章“领导体制”、第四章“领导职权”所规定的内容是党内领导事项，而不是党外领导。条例第七条规定各级国家机关、政协、各民主党派和无党派人士、企事业单位、社会组织等“都必须自觉接受党中央领导”。第八条规定：“全党各个组织和全体党员必须自觉服从党中央，向党中央看齐，坚决维护党中央权威和集中统一领导，自觉在思想上政治上行动上同党中央保持高度一致。”所谓“接受”，其有两个基本义项是“收取（给予的东西）；对事物容纳而不拒绝”。“服从”一词的基本义项是“遵照；听从。”[①]“接受”具有心理上的认同性，包括承受、采纳。“服从”则无论是否认同都必须顺从、照办。可见，中央党内法规对于党外领导与党内领导分别使用“接受”与“服从”等不同的措辞，反映了它们在约束力、强制力上存在区别。

从理论上讲，正如刘松山教授曾言，“党在取得领导权，确立了强制性的领导地位后，应当尽快实现由主要地依靠强制性领导方式向主要地依靠非强制性领导方式的转变”。这是因为，“改善党的领导关键是要改善党的强制性领导方式，而不是要改变党的领导地位，其目的恰恰是要巩固党的领导地位”。[②] 党的十八届四中全会后，施之鸿同志也谈道，党的领导地位是由宪法

① 中国社会科学院语言研究所词典编辑室编：《现代汉语词典》（第 7 版），商务印书馆 2016 年版，第 662、400 页。

② 刘松山：《党领导人民民主的双重属性》，载《中国法学》2005 年第 3 期，第 20 页。

规定的，“这是具有强制性的”。“但这种强制性规定，是以中国近现代以来历史的和人民的非强制性选择为前提的”，同时也是以党对国家政权机关的“非强制性领导方式来实现的”。[①] 林尚立教授指出：“党通过领导制度所实现的领导，不完全是权力直接作用领导对象的过程，而是领导制度与相关制度联通互动的过程。”“与其说党的领导制度是一种权力制度，不如说是一种工作制度与组织制度。工作制度是相对于党领导其组织之外的事务而言的，组织制度则是对于党领导自身而言的。”[②]

第三，党政联合制定的党内法规具有党规和国法的双重属性，这类规范对党外组织和个人设定了权利义务、具有约束力，但这不同于党独自制定的党内法规可以直接对党外组织和个人产生约束力。宋功德教授指出，就党的组织单独制定的法规文件而言，规范的主要是党组织的工作活动和党员行为，一般不会成为党外主体的直接行为依据；但党政联合制定的法规文件，属于党的文件范畴，既体现了党组织的意志，也体现了其他参与制定主体的意志，故一般是具有一定法律效力的，可以在党外成为个人和组织实施相关活动的直接依据。[③] 例如，1985 年《中共中央、国务院关于禁止领导干部的子女、配偶经商的决定》的适用对象未必就是中共党员。又如，2013 年中共中央、国务院印发的《党政机关厉行节约反对浪费条例》直接适用于党的机关之外的国家机关、政协机关、人民团体和参照公务员法管理的事业单位。以上情况在法理上的正当性在于这种非纯粹党规的制定主体之一是国务院。根据宪法规定，国务院有权根据宪法和法律，规定行政措施，制定行政法规，发布决定和命令。实际上，欧爱民教授在另一部著作中也提到，从理论与逻辑上讲，纯粹党内法规的溢出效力只能是例外，不能成为常态，通过党政联合制定的党内法规来调整党外组织和个人是一种最佳途径。[④]

---

① 本刊记者：《把我们党治国理政的全部工作转到法治化轨道上来的又一次伟大历史转折——全国政协社会和法制委员会副主任施芝鸿谈十八届四中全会》，载《秘书工作》2014 年第 12 期，第 8 页。

② 林尚立：《当代中国政治：基础与发展》，中国大百科全书出版社 2017 年版，第 165、167 页。

③ 宋功德：《党规之治：党内法规一般原理》，法律出版社 2021 年版，第 855—857 页。

④ 欧爱民：《党内法规与国家法律关系论》，社会科学文献出版社 2018 年版，第 10 页。

总之，党的领导权在本质上是通过各级各类党组织以及党员干部忠实有效履行自身领导职责，从而来实现党对党外组织和个人的引领力、号召力、组织力和影响力，是通过其在党内的“硬权力”强制性作用而达致其在党外的“软权力”影响性作用。极少数的党的自身建设法规、监督保障法规对党外组织和个人设定权利义务，是为了引入党外力量来助力党的先进性和纯洁性建设，以支撑和保障党在人民群众中的领导力。但党的领导法规恰恰就不应直接规定党外组织和个人有服从党的领导的强制性义务。如果党的领导作用依靠直接的强制力来推行，则党的建设就会失去内生动力，党的先进性和纯洁性就可能丧失，从而在根本上危害党的领导地位及执政地位的巩固。

因此，讲党的领导法规的对象效力具有溢出性，是不确切的。准确的说法是党的领导法规（也包括其他部门党规）对党外事务具有影响力。一个政党越是具有卓著的威望，它的党内法规对党外的影响就越大。一个政党如果掌握了国家政权，乃至长期执政，它的党内法规就必然对党外产生重要的影响。

此外，法的效力问题还包括法规范的效力等级规则（即不同机关制定的规范之间的效力高低规则）和效力冲突规则（即同一机关制定的不同规范之间不一致的适用规则）。党的领导法规的效力等级规则和冲突规则没有自己的特殊性，按照《中国共产党党内法规制定条例》第三十一条和第三十三条办理。

（二）党的领导法规的作用

党的领导法规作为一种法治规范，对党的政治生活和国家、社会生活产生重要的影响。在此，主要分析党的领导法规的规范作用，表现为告知作用、指引作用、评价作用、预测作用、教育作用、惩处和矫正作用以及保障作用。

领导法规具有告知作用，这是指全党乃至全社会通过领导法规可以清楚地了解党为什么要领导、领导谁、领导什么、具体由谁来实施领导、按照什么原则来领导等问题。

领导法规具有指引作用，这是指领导法规为具有领导主体地位的党组织，以及这些党组织中的党员干部提供明确的行为指引，使其明白自己在开展具体的领导工作时应当做什么、可以做什么、不能做什么。

领导法规具有评价作用，这是指领导法规将科学、民主、法治的领导体制机制途径方式以规范的形式确定下来，从而为党组织和党员干部履行领导职责的行为树立了评价标准和尺度。

领导法规具有预测作用，这是指被领导主体乃至社会公众能够根据领导法规的规定，事先对领导主体将作出什么样的领导行为进行准确的估计和判断，从而对自己的行为选择作出恰当安排。

领导法规具有教育作用，这是指领导法规的制定和实施都反映了党对领导工作的意志和主张，能够对党组织和党员起到正面的或者反面的教育作用，对其今后的行为产生重要影响。

领导法规具有惩处和矫正作用，这是指领导法规不仅是行为规范，也是裁判规范，明确规定了违规责任。因而，违反领导法规的党组织和党员干部要受到问责乃至党纪处分，被破坏了的领导关系要及时修复或者重新进行。惩处和矫正作用是以党内法规的强制力为基础和保障的。

领导法规具有保障作用，这是指通过领导法规的制定和实施，不断增强党的政治领导力、思想引领力、群众组织力、社会号召力，确保中国共产党始终成为中国特色社会主义事业总揽全局、协调各方的坚强领导核心。一方面，领导法规巩固党的领导地位，强化党的领导职权，把党的全面领导落实到改革发展稳定、内政外交国防、治党治国治军等各领域各环节，为坚持党对一切工作的领导提供制度依据。另一方面，“党内法规的功能是对党的权力的自我约束”。[①] 领导法规规范党的领导行为、明确党的领导责任，把党的执政行为和社会领导行为的目标、原则、途径、手段、程序和边界等规定下来，以法治思维和法治方式推动完善党的领导体制机制，改进领导方式，增强依法执政、科学领导的本领。

我们应充分认识党的领导法规的重大作用，坚决克服轻视甚至忽视领导法规的法治虚无主义观念，继续推进党的领导制度化、法治化。当然，也不

① 王振民、施新州等:《中国共产党党内法规研究》，人民出版社 2016 年版，第 91 页。

能倒向法治万能主义的另一极端，要清醒地认识到领导法规在调整领导关系的范围、方式、效果等方面不可避免地存在一定的局限性，从而注意把法规调整机制和其他调整机制有机结合起来，特别是把依规治党和以德治党紧密结合起来，共同助力于形成良善的领导秩序，实现党的领导使命。

（三）党的领导法规在法治体系中的地位

在自成一体的党内法规制度体系中，党的领导法规居于目标性、引领性的地位，党的组织法规、自身建设法规以及监督保障法规是党的领导法规的支撑和保障。党的自身建设法规等部门党规具有重要的地位和作用，同时，它们对党的组织体系的建构，对党组织和党员行为的规范等，在根本上都是为了服务于巩固党在国家和社会生活中的领导和执政地位，在立规原则、制度设计、贯彻执行的过程中，都要围绕着如何有利于加强和改进党的全面领导，充分发挥党总揽全局、协调各方领导核心作用这个目标来展开。

进一步，从中国特色社会主义法治体系这个更大的规范系统来看，党的领导法规具有独特的功能和重要的地位。

1. 党的领导法规的正当性

如前所述，广义的领导规范除了指党内法规中的领导规范之外，还包括国家法律和社会组织规章制度中的领导规范。这其中，主体内容是作为党内法规的党的领导法规。在作为国家和社会生活基本依据的国法体系中，法律法规一般只是抽象确认党的领导地位，对于党的领导职责、方式、责任等问题极少作出规定。[①]一些学者建议用宪法、法律来对党如何实施领导作出具体明确的规定。[②]从实践来看，领导主体具体化、职责任务清单化、工作运行机制化、保障措施制度化的立法任务主要由党规而非国法来承担，这就提

① 目前，仅有高等教育法是个例外，其第三十九条对公立高校党委的领导职责作了列举式的基本规定。

② 可参见宋树涛：《更好地实施党对国家和社会的领导》，载《求是》2004年第2期；叶海波：《政党立宪研究》，厦门大学出版社2009年版，第190、221页；葛海彦：《中国共产党执政方式研究》，中央编译出版社2012年版，第168页；蒋劲松：《代议法导论》，法律出版社2016年版，第117页；柯华庆：《党导立宪制及其合理性》，载《治理研究》2018年第3期；等等。

出了党的领导法规的正当性问题。本书认为，党的领导法规的产生和发展，具有如下法理依据。[①]

第一，党务自理。党具体如何实施领导，这属于党务事项，而非国务事项。党务事项由党根据党章规定和宪法精神来自主决定。宋功德教授指出，不应由法律来规定党应当如何领导，这首先是因为党如何领导国家政权机关，是属于党组织工作和活动的重要内容。[②] 主张由国家法律来具体规定党如何领导的观点，往往是自觉或不自觉地把党务当作国务，把党的领导权当作国家权力来处理。

第二，下不定上。由国家法律直接具体规范党的领导不符合我国政治体制。宋功德教授指出，宪法确立了党对国家政权机关的领导地位，如果由身为领导对象的国家政权机关来立法规定党应当如何去领导它，这既不合法也不合理。[③] 党的十九大报告明确指出“党是最高政治领导力量”。中国共产党不是西方那种被本质定性为社会团体的内生型政党、利益型政党，而是领导人民建立新的国家政权的外生型政党、使命型政党。党的领导制度发源于党领导人民夺取全国政权的革命过程中，是创建新的国家政权及其法律制度的主导力量，不属于国家政权法律制度的内容。在长期执政的条件下，领导制度需要继续保持相对于国法制度的总体独立性。

第三，宪法授权。党制定领导法规以具体规范领导行为，可视为是我国宪法的默示授权。宋功德教授指出，宪法一揽子授予党以领导权，并未就党如何领导作出具体规定，这种刻意“留白”可以视作授权党通过制定党规等方式去规范党的领导活动。[④] 张立伟教授认为，宪法通过默示的方式同意

---

① 参见蒋清华:《党的领导法规之法理证成》，载《上海政法学院学报（法治论丛）》2020 年第 2 期。

② 参见宋功德:《党规之治：党内法规一般原理》，法律出版社 2021 年版，第 128 页。这一观点最早见于宋功德:《党规之治》，法律出版社 2015 年版，第 78 页。

③ 参见宋功德:《党规之治：党内法规一般原理》，法律出版社 2021 年版，第 613 页。这一观点最早见于宋功德:《党规之治》，法律出版社 2015 年版，第 78 页。

④ 参见宋功德:《党规之治：党内法规一般原理》，法律出版社 2021 年版，第 555—556 页。这一观点最早见于宋功德:《党规之治》，法律出版社 2015 年版，第 474—475 页。

由党自己来阐明其领导地位的实质内涵，并以党内法规来规范其领导权的行使。[①] 那么，所谓默示授权，是否成立呢？对此，可从共产党是人民主权的政治代表、人大是人民主权的法律代表之“双重代表制”来理解。1949 年起临时宪法作用的《中国人民政治协商会议共同纲领》和 1954 年宪法确立了工人阶级领导的国体。根据马克思列宁主义，工人阶级的领导是经过其先锋队组织——共产党的领导来实现的。当年在宪法草案讨论会上有人解说道，属于人民的主权是法律主权，工人阶级的领导权是政治主权，二者并不矛盾。[②]1982 年宪法进一步在序言中以规范语句确定了党的领导地位；2004 年宪法修正案写入“三个代表”重要思想，从而扩大了党作为主权的政治代表的群众基础（“三个代表”重要思想强调中国共产党不仅是中国工人阶级的先锋和代表，也是中国人民和中华民族的先锋和代表）；2018 年宪法修正案将“中国共产党领导是中国特色社会主义最本质的特征”写入正文国体条款之后，强化了党的政治主权代表身份和权威。宪法授权的本质是人民授权。既然党是人民主权的一个代表，那么党对自身如何发挥政治主权代表的作用——如何实施领导权进行创制性立法，就是具有根本法依据的。

2. 党的领导法规具有宪法相关法的功能

由上可见，党的领导法规是宪法规定的党的领导的具体化，是党对宪法进行政治性实施的重要成果。

宪法是全面依法治国的根本依据，是国家法律法规和各种制度的总依据，要“用科学有效、系统完备的制度体系来保证宪法实施”。[③] 根据《中共中央关于全面推进依法治国若干重大问题的决定》把“形成完善的党内法规体系”纳入全面依法治国总目标的重要部署，推动我国宪法实施的制度体系就不仅是国家法律体系，也包括中国共产党党内法规体系。在当代中国，中国共产党作为使命型政党，为人民谋幸福、为民族谋复兴，领导人民建立了

---

① 张立伟：《中国共产党党内法规的正当性论证》，载《中国法律评论》2018 年第 1 期。

② 韩大元：《1954 年宪法制定过程》，法律出版社 2014 年版，第 132 页。

③ 栗战书：《在第五个国家宪法日座谈会上的讲话》（2018 年 12 月 4 日），载《中国人大》2018 年第 23 期，第 9 页。

中华人民共和国，人民选择了中国共产党长期执政、全面领导，并通过宪法授权中国共产党去制定规范自身对国家和社会实施领导活动的法规制度。党的领导法规对党的执政行为和社会领导行为进行规范，调整的是国家政治生活中的重要关系，是政治法体系的重要组成部分，在中国特色社会主义法治体系中发挥着宪法相关法的功能。以党的执政为例，党的执政活动要经历党委作出决策、党委向国家机关表明主张、国家机关党组将党委决策转化为国家机关决策意向、国家机关作出决定并付诸实施等环节，对于这前三个环节的党的领导行为，都要靠党的领导法规来进行规范和保障。

总之，以党规来调整党的领导关系、规范党的领导权，是推进党的领导制度化、法治化的基础性工程，是建设中国特色社会主义法治体系的关键环节。制定实施党的领导法规要坚持宪法为上、党章为本，与国家机构组织法、选举法等相关法律相互衔接，加强党规与国法备案审查协作联动，确保人民主权的政治代表和法律代表的活动一体纳入法治体系，相互协调、相互促进、相互保障，实现依法治国与依规治党有机统一，实现党的领导、人民当家作主和依法治国有机统一，既保证党发挥总揽全局、协调各方的领导核心作用，又保证国家机关、政协、人民团体、企事业单位等依法依章程积极履职尽责，保证人民依照法律规定，通过各种途径和形式，管理国家事务，管理经济和文化事业，管理社会事务，为建设富强民主文明和谐美丽的社会主义现代化强国，实现中华民族伟大复兴的中国梦而共同奋斗。

第二章

党的领导地位的历史演进

坚持党的领导是对党领导革命、建设和改革经验的深刻总结，也是对时代发展要求的现实回应，对于党始终成为中国特色社会主义事业的坚强领导核心，对于团结带领全国各族人民全面建成社会主义现代化强国、实现第二个百年奋斗目标都具有深远的历史意义。党的二十大报告明确指出，“中国特色社会主义最本质的特征是中国共产党领导，中国特色社会主义制度的最大优势是中国共产党领导，中国共产党是最高政治领导力量，坚持党中央集中统一领导是最高政治原则”。[①] 因此，研究党的领导法规必须系统了解建党百年来党的领导地位的演进历程，为深入推进党的领导法规理论研究和实务发展奠定基础。

一、艰难起步阶段

中国共产党的领导地位，是在长期艰苦卓绝的斗争中确立起来的。近代以来，中国逐步沦为半殖民地半封建社会，一步步陷入民族危机的灾难中。中国人民面临争取民族独立、人民解放和实现国家富强、人民幸福的两大历史任务。无数仁人志士奋起寻求救亡图存、振兴中华的道路，但都壮志未酬。谁能够带领中国人民完成前一个历史任务并不断实现后一个历史任务，谁就能够成为决定中国社会发展方向的领导力量。在马克思列宁主义同中国工人

---

① 习近平：《高举中国特色社会主义伟大旗帜 为全面建设社会主义现代化国家而团结奋斗——在中国共产党第二十次全国代表大会上的报告》，载《求是》2022 年第 21 期。

运动相结合的进程中，中国共产党应运而生。自从有了中国共产党，中国革命就有了正确的前进方向。中国共产党领导团结各族人民打败日本帝国主义，推翻国民党反动统治，取得新民主主义革命的胜利，建立了中华人民共和国，彻底结束了旧中国半殖民地半封建社会的历史，实现了中国从几千年封建专制向人民民主的伟大飞跃。总体而言，在局部执政的历史时期，党的领导处于艰难起步阶段，主要围绕对军事工作的领导展开。

（一）建党之初和大革命时期

1917 年，俄国的布尔什维克党领导十月革命，建立了世界上第一个无产阶级的苏维埃政府，十月革命对全世界无产阶级运动产生了深远影响。《新青年》杂志成为宣传马克思列宁主义、宣传反帝反封建思想的阵地。通过一次又一次的论战，马克思主义的影响不断扩大。陈独秀、李大钊等人在积极传播马克思主义的同时，坚定地认为中国革命必须走俄国十月革命的道路，必须坚持马克思主义的指导思想。①

五四运动的爆发让工人阶级开始觉醒，这场大规模的罢工从经济斗争迅速转变为政治斗争，工人阶级作为中国革命的主要力量开始登上历史舞台，工人阶级队伍的发展壮大也为中国共产党成立奠定了坚实的阶级基础。五四运动激发了一大批爱国先进知识分子的觉醒，他们从思想上开始接受马克思主义。在这场近代中国历史上第一次由学生、工人和其他群众参与的反对帝国主义侵略与军阀政府卖国的大规模革命运动中，先进知识分子积极探索救国救民的道路，运用马克思主义理论分析中国的社会状况。在学生运动、工人罢工的同时，各种新思潮不断兴起，以陈独秀和李大钊为代表的爱国领袖和一批先进知识分子在运动中起到了至关重要的作用，这些人日后都为中国共产党的成立作出了贡献。

随着马克思主义的进一步传播，一些具有初步共产主义思想的知识分子

① 程维荣主编：《新民主主义革命时期中国共产党党内法规》，上海三联书店 2018 年版，第 33—34 页。

在与工人群众相结合的过程中，出于客观斗争的需要，产生了建立新型政党——工人阶级政党的要求和愿望，并开始进行酝酿和准备工作。从 1920 年起，在共产国际的帮助下，上海、北京、武汉、广州、长沙等地先后出现了一批共产党早期组织，在海外也建立了旅日、旅法的共产党早期组织，各早期组织开展了各种形式的革命斗争和建党活动。中国共产党诞生于国难当头、中华民族生死存亡的动荡年代，这就决定了中国共产党成立之初的目的就是带领中国人民摆脱困境，实现民族独立与民族解放。

1921 年 7 月 23 日，中国共产党第一次全国代表大会在上海正式召开，一大召开时，中国共产党还处于秘密状态，开会期间又经历了法租界巡捕房密探的搜查，于是最后一天的会议转移到嘉兴南湖进行，并通过了《中国共产党第一个纲领》和《中国共产党第一个决议》等。党的一大纲领明确了中国共产党的阶级性质，对于在当时无政府主义泛滥的情况下保持党的团结统一，把党建设成为一个有严密组织纪律的、战斗力很强的无产阶级先锋队组织，具有重要意义。党的一大纲领虽然不是党的正式章程，但已经具有党章的初步体例，实际上起到了党章的作用。①

党的一大之后，中国共产党经历了一年的发展，在党的二大召开的时候，已经逐渐成长，对于中国社会和中国革命的定位也有了新的认识。党的二大正确分析了中国社会的特征，中国革命的性质、对象、动力和前途，指出了中国革命要分两步走，在中国近代史上第一次明确地提出了彻底的反帝反封建的民主革命纲领。②

在第一次国共合作之初，中国共产党主动放弃了领导权而明确了对国民党领导地位的支持和拥护。③作为中国共产党党员则“加入国民党各种机关内，以扶助督促其党务之进行，自为应尽之职务”，而且“以后一切宣传，出版，人民组织，及其他实际运动，凡关于国民革命的，均应用国民党名义，

① 黄黎:《党章的历程》，人民出版社 2013 年版，第 26—30 页。

② 程维荣主编:《新民主主义革命时期中国共产党党内法规》，上海三联书店 2018 年版，第 58 页。

③ 中央档案馆编:《中共中央文件选集》(第 1 册)，中共中央党校出版社 1989 年版，第 222 页。

归为国民党的工作”。[①] 同时在发展党员上也采取了慎重的态度，以避免国民党产生误会。1927 年 3 月，北伐战争节节胜利之际，以蒋介石为代表的国民党右派紧锣密鼓地开展反革命叛变的阴谋活动。由于共产国际与陈独秀右倾机会主义错误的妥协退让，蒋介石在帝国主义和封建买办势力的策动和支持下，在上海发动四一二反革命政变，随后汪精卫在武汉发动七一五反革命政变，轰轰烈烈的大革命失败了。

在革命危急关头，党的五大召开。党的五大除了较为全面地批评了陈独秀的右倾机会主义错误，明确肯定了无产阶级必须与资产阶级争夺领导权的方针，党的五大第一次明确提出“集体领导”和“民主集中制”原则。在党的五大之前，党的领导制度都是“委员制”。理论上讲，理想的“委员制”是“一人一票”，符合民主原则。但实际中，囿于历史条件的限制与革命斗争的需要，委员们经常处于流动状态。结果便是，党内权力集中于少数人手中。党的五大期间，与会人员纷纷指出“委员制”给党的发展和革命斗争带来的严重损害。与会者的意见包括“领导未能同党的成长壮大齐头并进”，“集体领导实际上从来没有过”，以及“在革命的下一阶段中，无产阶级在民族解放斗争中要行使领导权。因此，无产阶级政党需要有明确的政治路线和坚强的有经验的领导”。[②]

为了贯彻党的集体领导与民主集中制，党的五大取消了之前对“总书记”职权的规定；第一次提出设立党的中央政治局常务委员会。同时，将“中央执行委员会”改为“中央委员会”：“中央委员会，选举正式中央委员一人为总书记及中央正式委员若干人组织中央政治局，指导全国一切政治工作，并选正式中央执行委员若干人为中央政治局候补委员。候补政治局委员参加政治局会议时，只有发言权而无表决权，正式政治局委员离职时候补政治局委员依次递补。全体中央委员会议得改组中央政治局；中央政治局互推若干人

① 中央档案馆编：《中共中央文件选集》（第 1 册），中共中央党校出版社 1989 年版，第 225 页。
② 程维荣主编：《新民主主义革命时期中国共产党党内法规》，上海三联书店 2018 年版，第 125—126 页。

组织中央常务委员会处理党的日常事务。”[①] 与此同时，党的五大党章第二章“党的建设”第十二条首次写明“党部的指导原则为民主集中制”；第三章“党的中央机关”明确了党的中央组织的领导事项，即党的中央机关“得组织党的各种机关并指导其行动”“得分配党的人才及支配党的经费”（第二十四条），同时第二十七条还规定中央委员会除选举正式中央委员一人为总书记外须选举“中央正式委员若干人组织中央政治局，指导全国一切政治工作”。[②] 总而言之，尽管党的五大作出了一定的历史贡献，却没有承担起挽救革命的任务。更为重要的是，党的五大没有认真讨论如何实现和发展党直接领导革命军队的问题。

（二）土地革命战争时期

大革命失败后，国民党用法律、行政、特务、军事等手段残酷地镇压革命活动，集中一切反革命势力向共产党人和革命群众进攻。在这种情况下，中国共产党的许多优秀干部，群众运动的领袖，成千上万的共产党员、共青团员，革命的工人、农民、知识分子以及党外革命人士倒在血泊中，党的活动被迫转入地下。

在革命遭受严重失败的极为严峻的形势下，要不要坚持革命？如何坚持革命？这是摆在中国共产党面前的两个根本性问题。党以武装起义的实际行动，对此作出了初步而又明确的回答。其实，党的领导权问题早在1925年党的四大上就有提及，只不过该领导权指的是对群众的领导问题，而完全忽略了对政权和武装力量的领导。[③]1927年8月1日凌晨，在以周恩来为首的前委领导下，贺龙、叶挺、朱德、刘伯承等率领在党直接掌握和影响下的军队2万余人，举行南昌起义。南昌起义打响了武装反抗国民党反动派的第一枪，用血与火的语言，宣告了中国共产党人不畏强暴、坚持革命的坚强决心。

---

① 程维荣主编：《新民主主义革命时期中国共产党党内法规》，上海三联书店2018年版，第127页。

② 中央档案馆编：《中共中央文件选集》（第3册），中共中央党校出版社1989年版，第146页。

③ 周长鲜、韩强：《党的领导制度体系建设的百年探索》，载《理论与改革》2020年第6期。

它在全党和全国人民面前树立起一面革命武装斗争的旗帜，标志着中国共产党独立地领导革命战争、创建人民军队和武装夺取政权的开始，因而具有重大的历史意义。

为了审查和纠正党在大革命后期的严重错误，决定新的路线和政策，中共中央于1927年8月7日在湖北汉口召开紧急会议（即八七会议）。会议通过了《党的组织问题议决案》，规定在党的第六次全国代表大会以前，由中央临时政治局执行中央委员会的一切职权。在中国革命处于严重危机的情况下，八七会议及时召开，并制定出继续进行革命斗争的正确方针，使全党没有为极其严重的白色恐怖而惊慌失措，重新鼓起同国民党反动派斗争的勇气，从而为挽救党和革命作出了巨大贡献。中国革命从此开始由大革命失败到土地革命战争兴起的历史性转变。但是，由于受共产国际及其代表的“左”倾思想及党内“左”倾情绪的影响，八七会议在反对右倾错误时没有注意防止和纠正“左”的错误。

八七会议前，中共中央临时政治局常委会在决定举行南昌起义的同时，还决定在工农运动基础较好的湘、鄂、粤、赣四省发动秋收起义。在攻打中心城市长沙受挫后，毛泽东果断改变计划，率部队退到浏阳文家市集中，主持召开前委会议，决定到敌人统治力量薄弱的农村山区寻找落脚点。起义军在向南转移途中，处境十分困难。许多人情绪低落，不少人离队。1927年9月29日，起义部队到达江西省永新县三湾村时，前委决定对保留下来的不足千人的队伍进行改编：由原来的一个师缩编为一个团；建立党的各级组织和党代表制度，党的支部建在连上，班、排有小组，连以上设党代表，营、团建立党委；在连以上建立各级士兵委员会，实行民主制度，在政治上官兵平等。[①] 三湾改编从组织上确立了党对军队的领导，是把工农革命军建设成为无产阶级领导的新型人民军队的重要开端。

在全党为挽救革命、寻找革命新道路而进行的艰苦斗争中，以毛泽东为代表的一大批共产党人，经过创建、发展红军和农村革命根据地的实践，逐

① 中共中央党史研究室：《中国共产党历史第一卷》，中共党史出版社2011年版，第243页。

步找到了一条推动中国革命走向复兴和胜利的道路。正如毛泽东所指出的："边界红旗子始终不倒，不但表示了共产党的力量，而且表示了统治阶级的破产，在全国政治上有重大的意义。"[①]实行工农武装割据，就是在中国共产党领导之下，把武装斗争、土地革命、建立革命政权三者结合起来。

大革命失败后，在如何认识这时的社会性质，以及革命的性质、对象、动力前途等关系革命成败的重大问题上，中国共产党党内存在认识上的分歧和争论。这就迫切需要召开一次党的全国代表大会认真加以解决。因此，尽快召开党的第六次全国代表大会，已刻不容缓。

党的六大认真地总结大革命失败以来的经验教训，对有关中国革命的一系列存在严重争论的根本问题，作出了基本正确的回答。一方面，党的六大正确地指明了中国的社会性质，规定了中国革命的任务、动力和前途；另一方面，党的六大正确地分析了大革命失败后中国的政治形势，认为当时的革命正处在低潮与高潮之间。党的六大通过的《中国共产党组织决议案草案》针对过去党的组织"缺少了正确的路线与系统性"和"没有建立全党由上至下的明确的，坚定的组织路线"等状况，明确提出"党内有集体的指导与党员群众作有系统的报告，是预防和很快的纠正错误之最好方法"，因此"地方党委应当根据新党章相当条文之规定，实行集体工作"。[②]党的六大党章明确了党组织系统的组织原则，即"中国共产党与共产国际的其他支部一样，其组织原则为民主集中制"[③]。其中还对民主集中制的根本原则进行了明确规定，包括各级党部产生的选举原则、向党员定期报告制度和严守党纪原则。然而，党的六大也存在一些缺点，如对中国社会的阶级关系缺乏正确认识，把党的工作重心仍然放在城市，对中国革命的长期性估计不足，以及在组织上片面强调党员成分无产阶级化和指导机关之工人化。[④]

---

① 《毛泽东选集》(第一卷)，人民出版社 1991 年版，第 81 页。

② 中央档案馆编:《中共中央文件选集》(第 4 册)，中共中央党校出版社 1989 年版，第 442—447 页。

③ 中央档案馆编:《中共中央文件选集》(第 4 册)，中共中央党校出版社 1989 年版，第 470 页。

④ 参见中共中央党史研究室:《中国共产党历史第一卷》，中共党史出版社 2011 年版，第 263—265 页。

从南昌起义打响反对国民党反动派的第一枪开始，中国共产党就开始形成自己的独立的武装力量，但党与军队的关系始终处于不明确阶段。汇集各方面力量而形成的军队，存在许多非无产阶级思想和旧军队的陋习，难以担负起革命重任。秋收起义以后，毛泽东率领起义部队到达三湾时进行了改编，在井冈山会师后又成立了红四军。红四军是由南昌起义的余部、秋收起义的一部，及其他军队合而组成，各种思想混杂其间，军事挂帅、轻视政治教育、极端民主等现象非常严重。为了统一思想形成合力，红四军召开了数次党的代表大会，都没能彻底解决问题。[①] 在 1929 年 12 月召开的古田会议上，毛泽东对红四军党内存在的单纯军事观点提出批评并强调，“红军是一个执行革命的政治任务的武装集团”，“一切工作，在党的讨论和决议之后，再经过群众去执行”。[②] 古田会议的重要意义之一，就是成功地解决了党与军队的关系，明确了人民军队必须处于党的绝对领导下，这在确立“党领导一切”原则方面迈出了极为重要的一步。在以武装斗争为主要形式的革命时期，确立党对军队的领导是保证党对其他工作领导的前提与基础，各个革命根据地的建立事实上确立了党对根据地一切工作的领导。[③]

1931 年，正当国民党统治集团调动兵力大规模“围剿”红军的时候，日本帝国主义发动九一八事变，侵占我国东北，中日民族矛盾逐渐超越国内阶级矛盾上升为主要矛盾。中国共产党本应根据新的情况制定出正确的战略策略，以团结一切可能团结的力量，推动以抗日战争为中心的中国革命事业的发展。但是，党的六届四中全会以后的中央未能适应形势发展的需要，继续推行“左”倾教条主义，使党在国民党统治区和革命根据地的工作都遭到程度不同的严重损失。1934 年 10 月，第五次反“围剿”在“左”倾错误的指挥下最终失败，红军被迫长征。

① 程维荣主编：《新民主主义革命时期中国共产党党内法规》，上海三联书店 2018 年版，第 218 页。

② 《毛泽东选集》（第一卷），人民出版社 1991 年版，第 86—88 页。

③ 罗平汉：《从中国革命和建设实践看“党领导一切”原则》，载《中国党政干部论坛》2020 年第 12 期。

在红军第五次反“围剿”失败和长征初期严重受挫的情况下，1935年1月，党中央在遵义召开了政治局扩大会议。遵义会议改变了中央的领导特别是军事领导，解决了党内所面临的最迫切的组织问题和军事问题，结束了“左”倾教条主义错误在中央的统治，确立了毛泽东在中共中央和红军的领导地位，在极端危急的历史关头，挽救了党，挽救了红军，挽救了中国革命。从此，中国共产党能够在以毛泽东为代表的马克思主义正确路线领导下，克服重重困难，一步步地引导中国革命走向胜利。遵义会议是党的历史上一个生死攸关的转折点，标志着中国共产党在政治上开始走向成熟。

随着抗日救亡运动新高潮的到来，中国共产党面临从土地革命战争向民族革命战争转变的新形势。1935年12月17日至25日，中共中央在瓦窑堡召开政治局会议（即瓦窑堡会议）。瓦窑堡会议所提出的关于建立抗日民族统一战线的理论和策略，既说明在抗日前提下，有必要和可能与民族资产阶级以至地主买办阶级中的一部分力量重新建立统一战线，也着重说明无产阶级在统一战线中能够和必须掌握领导权；既着重批判“左”倾教条主义在政治策略上的错误，也提醒全党警惕1927年无产阶级放弃领导权而导致革命遭受失败的教训。这说明中国共产党已经善于总结过去革命成败的经验，学会从中国实际出发，把共产国际七大提出的关于建立反法西斯统一战线的总方针，创造性地运用来指导中国的革命运动。

（三）抗日战争时期

1937年7月7日，日本帝国主义以制造卢沟桥事变为起点，发动了全面侵华战争。次日，中国共产党向全国发出通电，指出只有实行全民族抗战，才是中国的出路，号召全国人民、军队和政府团结起来，筑成民族统一战线的坚固长城，抵抗日本的侵略。同年8月，为了制定领导人民争取抗战胜利的路线、方针、策略，中共中央政治局在陕北洛川县召开扩大会议（即洛川会议）。洛川会议通过了《中央关于目前形势与党的任务的决定》和《中国共产党抗日救国十大纲领》。其中，《中央关于目前形势与党的任务的决定》制定了党的全面抗战路线，把实行全民族抗战与争取人民民主、改善人民生活结合起来，把反对外敌入侵与推进社会进步统一起来，正确处理了民族矛盾与阶级矛盾的关系；《中国共产党抗日救国十大纲领》阐明了党在抗日战争时期的基本政治主张，指明了坚持长期抗战、争取最后胜利的具体道路，这是同国民党领导集团所实行的片面抗战路线不同的正确的抗战路线。①

为了早日实现国共两党合作抗日，红军改编为国民革命军，八路军、新四军在共产党领导下同国民党军队合作，共同进行抗日战争。1937 年 9 月 22 日，国民党中央通讯社发表《中共中央为公布国共合作宣言》，次日，蒋介石发表谈话，指出团结御侮的必要，事实上承认了中国共产党在全国的合法地位。国共合作宣言和蒋介石谈话的发表，标志着国共两党第二次合作的正式形成。中国共产党领导下的人民抗日武装，根据洛川会议所决定的方针，先后开赴华北、华中前线，密切协同地方党组织，广泛发动、组织和武装人民群众，独立自主地开展敌后游击战争。首先，所谓独立自主，即在政治上坚持党对军队的绝对领导，也包含人民军队在作战中根据实际情况灵活行动与自主指挥；其次，抗日游击战争是广大民众的革命战争。分散的作战形式，便于广泛发动群众，动员群众参加战争，这是任何集中作战很难办到的；最后，抗日游击战争有利于在党的统一领导下，实行军民结合、军政统一，创建抗日根据地，壮大革命力量，实现有根据地、有后方的持久作战。②抗日战争的实践进程也表明，独立自主的游击战争是中国共产党领导的人民军队坚持抗日民族统一战线，坚持持久抗战并取得最终胜利的唯一正确方针。

1938 年 9 月至 11 月，党的六届六中全会召开。毛泽东号召每个党员都要时刻准备武装上战场，全党都要注重战争，学习军事，并指出："在中国，主要的斗争形式是战争，而主要的组织形式是军队。共产党员不争个人的兵权，但要争党的兵权和人民的兵权。我们的原则是党指挥枪，而决不容许枪

① 参见中央档案馆编：《中共中央文件选集》（第 11 册），中共中央党校出版社 1989 年版，第 321—322 页。

② 中共中央党史研究室：《中国共产党历史第一卷》，中共党史出版社 2011 年版，第 480 页。

指挥党。”[①] 党的六届六中全会正确地分析了抗日战争的形势，规定了党在抗战新阶段的任务，为实现党对抗日战争的领导进行了全面的战略规划，基本上克服了党内以王明为代表的右倾投降主义错误，进一步确定了毛泽东在全党的领导地位，统一了全党的步调，推动了各项工作的迅速发展。

抗日战争进入相持阶段后，以蒋介石为代表的国民党亲英、美派集团，表现出很大的妥协倒退倾向。由于日本的诱降和英美对日本的侵略采取绥靖主义政策，也由于国民党对共产党领导的人民武装力量的发展壮大的畏惧，蒋介石集团的反共倾向明显增长。1939 年冬至 1940 年春，国民党顽固派的反共活动迅速增加。毛泽东在 1940 年间先后撰写了《目前抗日统一战线中的策略问题》《放手发展抗日力量，抵抗反共顽固派的进攻》《论政策》等重要文件。为了巩固和扩大抗日民族统一战线，中共中央还相应地制定和重申了各方面的具体政策。譬如在政权组织上，提出必须坚决贯彻“三三制”（即共产党员、党外进步人士、中间派各占三分之一），切忌党包办一切，只破坏大地主大资产阶级的专政，并不代之以一党专政。简言之，中共中央制定的抗日民族统一战线的策略和各项具体政策，正确处理了民族斗争和阶级斗争的关系，把争取民族解放的斗争和争取人民民主的斗争有机地联系起来，最大限度地孤立了极少数反共顽固派，广泛地团结了一切可能团结的抗日力量，使全国团结抗战的局面得以坚持和发展。可以说，抗日战争时期是党的统一战线实践取得丰硕成果并在理论和政策方面获得空前发展的重要阶段。这不仅对争取抗日战争和新民主主义革命的胜利具有重要意义，而且对以后党领导的革命和建设事业同样具有重要意义。

为了适应残酷的战争环境，解决抗日根据地党政军民关系中某些不协调的现象，加强党的集中统一领导，1942 年 9 月 1 日，中共中央政治局会议通过《中共中央关于统一抗日根据地党的领导及调整各组织间关系的决定》（以下简称“九一决定”），明确指出：“党是无产阶级的先锋队和无产阶级组织的最高形式，他应该领导一切其他组织，如军队、政府与民众团体。根据

① 《毛泽东选集》（第一卷），人民出版社 1991 年版，第 543 页。

地领导的统一与一元化，应当表现在每个根据地有一个统一的领导一切的党的委员会（中央局、分局、区党委、地委），因此，确定中央代表机关（中央局、分局）及各级党委（区党委、地委）为各地区的最高领导机关，统一各地区的党政军民工作的领导。”① 这里所说的统一领导，是指党从政治上对政权、军队、民众团体等一切其他组织的领导，是指大政方针的领导，而不是领导一切具体事务，更不是包办代替一切工作。②“九一决定”第一次在党的文件中明确提出“党领导一切”的概念，在当时不仅凝聚了党内共识，解决了党政军关系中权威分散、各自为政的问题，也为争取抗日战争胜利提供了组织保障。③

在中国抗日战争接近最后胜利的前夜，为了系统地总结中国革命的基本经验，为彻底打败日本侵略者、建设新中国做准备，中国共产党举行了第七次全国代表大会。党的七大提出党的政治路线是：“放手发动群众，壮大人民力量，在我党的领导下，打败日本侵略者，解放全国人民，建立一个新民主主义的中国。”④ 党的七大深刻揭示了新民主主义革命发展的规律，克服了党内的错误思想，对党领导中国革命的三项基本经验，即武装斗争、统一战线、党的建设问题进行了系统总结，以“团结的大会，胜利的大会”而载入史册。

（四）解放战争时期

抗日战争胜利后，中国人民渴望和平、民主、独立，但是蒋介石集团在美国支持下抢夺抗战胜利果实，加紧内战部署。面对国民党统治集团企图挑起全面内战的种种举措，中共中央在强调各解放区认真贯彻《减租和生产是保卫解放区的两件大事》《1946 年解放区工作的方针》等指示的基础上，又于 1946 年 3 月和 5 月发出《中央关于目前时局及对策的指示》和《中央关

① 中共中央文献研究室、中央档案馆：《建党以来重要文献选编（1921—1949）》（第 19 册），中央文献出版社 2011 年版，第 423 页。

② 中共中央党史研究室：《中国共产党历史第一卷》，中共党史出版社 2011 年版，第 594 页。

③ 周长鲜、韩强：《党的领导制度体系建设的百年探索》，载《理论与改革》2020 年第 6 期。

④ 《毛泽东选集》（第三卷），人民出版社 1991 年版，第 1101 页。

于练兵的指示》，采取一系列重大措施，加强人民军队和解放区的建设。同年5月4日，中共中央发布《关于土地问题的指示》（即《五四指示》），决定将抗日战争以来实行的减租减息政策，改变为实现“耕者有其田”。6月，国民党悍然发动对解放区的全面进攻。

在解放战争第一年里，人民解放军能够以劣势装备战胜优势装备的国民党军队的进攻，除了有中共中央、中央军委的正确领导和广大指战员的浴血奋战外，还依赖于在战争环境中加强各解放区的建设，组织和依靠解放区人民群众在人力、物力、财力等方面对前线的支援。加强解放区建设的中心问题是贯彻党的《五四指示》，即根据广大农民群众强烈要求得到土地的愿望，领导农民废除阻碍农村生产力发展的封建土地制度，实行土地制度改革，把地主占有的大量土地分配给无地、少地的农民，使农民在政治上、经济上摆脱几千年来的封建压迫。解放战争进行一年后，战争形势发生了有利于革命力量的变化。人民解放军各路大军按照中共中央的部署，于1947年7月至9月间相继由内线转向外线，由战略防御转入战略进攻。

人民解放军转入战略进攻的新形势，要求解放区更加普遍深入地开展土地制度的改革运动，以充分地调动广大农民革命和生产的积极性，使正在胜利发展的解放战争获得源源不断的人力、物力的支持。1947年7月17日，中国共产党全国土地会议在河北省建屏县（今属平山县）西柏坡村召开，会议研究了土地制度的情况，总结了中央《五四指示》以来土地改革运动的经验教训，着重讨论土改和整党两大问题并通过了《中国土地法大纲》。《中国土地法大纲》是抗日战争胜利后，中国共产党公开颁布的第一个关于土地制度改革的纲领性文件。它向全中国和全世界人民表明：中国共产党高举反封建的战斗旗帜，为在全国消灭封建剥削的土地制度提供了一个基本纲领。它对于推动新老解放区的土地改革运动起到了巨大的推动作用，并在国民党统治区产生了广泛的政治影响。[①]

---

① 参见中共中央党史研究室：《中国共产党历史第一卷》，中共党史出版社2011年版，第755—756页。

各解放区党组织在开展土地改革的同时，根据全国土地会议关于整党工作的部署，开展了整党工作。刘少奇《在全国土地会议上的结论》一文中指出，党内不纯包括：“党内小资产阶级自发性的弥漫，自由主义，宗派主义，组织上混乱等”，如果“党内不纯的情况不改变，即便政策彻底也不行，不只是不能完成土地改革任务，也不能进行战争，还会使党走向灭亡”。“改造党，是从两方面来看的：第一是形势转变了需要改造；第二是党内不纯需要改造。”在会议尾声，刘少奇补充说：“实行这样的彻底平分土地的政策，整顿党，整顿作风，直接的目的是为了广大农民的利益，为了把土地改革这一基本任务完成。”[①] 在各解放区开展整党工作的同时，从 1947 年冬至 1948 年秋，人民解放军也利用战斗间隙，从阶级教育入手，运用诉苦（诉旧社会和反动派给予劳动人民之苦）、“三查”（查阶级、查工作、查斗志）、“三整”（整顿组织、整顿思想、整顿作风）等方法，在全军普遍地开展了新式整军运动。通过这一运动，提高了广大干部、战士的阶级觉悟，激发了他们的革命斗志；教育改造了大约 80 万从国民党军队中俘虏过来的士兵；充分发扬了人民军队政治、经济、军事三大民主，从而进一步密切了官兵关系，提高了部队的战斗力，从政治上、思想上、组织上为夺取解放战争在全国的胜利做了准备。[②]

随着解放战争的不断胜利发展，中国共产党的组织日益发展壮大。到 1948 年，党已拥有 300 万名党员，在政治上更加成熟，威信进一步提高。过去在被敌人分割的战争环境下，党曾经允许各地保有一定的地方自主权，这是完全必要的，但是随之也产生了某些无纪律、无政府状态和地方主义、游击主义倾向。这些都成为革命前进的障碍，而且不能适应即将领导新的国家政权的需要。1948 年以后，中共中央连续发出指示，要求在全党各级组织中建立请示报告制度，并且具体规定：“各中央局和中央分局，由书记负责（自己动手，不要秘书代劳），每两个月，向中央和中央主席作一次综合报告。报告内容包括该区军事、政治、土地改革、整党、经济、宣传和文化等

① 《刘少奇选集》（上卷），人民出版社 1981 年版，第 384—395 页。

② 参见中共中央党史研究室：《中国共产党历史》（第一卷），中共党史出版社 2011 年版，第 760 页。

各项活动的动态，活动中发生的问题和倾向，对于这些问题和倾向的解决方法。”[①]1948 年 8 月，中央又发出《关于严格执行报告制度的指示》；9 月，中共中央还专门作出《关于各中央局、分局、军区、军委分会以及前委会向中央请示报告制度的决议》，对各项工作中的决定权和请示备案等制度均作了详细的规定。请示报告制度的建立，对于加强党的集中统一领导，进一步统一党的意志和纪律，活跃党内民主生活，保证党的路线、方针、政策的正确贯彻执行，起了重大作用，为党夺取和掌握全国政权做了重要的政治、思想和组织准备。

1948 年 9 月以后，通过辽沈、淮海、平津三大战役，人民解放军消灭了国民党军主要军事力量，随即强渡长江，解放南京，宣告国民党统治的覆灭。在中国革命战争迅速取得胜利的形势下，各民主党派和许多无党派人士逐渐走上接受共产党领导的道路。1949 年 9 月 21 日至 30 日，中国人民政治协商会议第一届全体会议在北平召开。1949 年 10 月 1 日，中华人民共和国成立，标志着中国新民主主义革命已经取得伟大胜利。

不难发现，党的正确领导是全国解放战争迅速取得胜利的根本条件。其一，中国共产党根据革命发展的进程，适时地提出为建立新中国而斗争的基本政治纲领和各个发展阶段的动员口号，为中国人民的团结奋斗指明方向。从“和平、民主、团结”到“武装自卫”，从“打倒蒋介石，解放全中国”到“将革命进行到底”，党的这些口号将中国人民团结凝聚成为无坚不摧、所向披靡的强大力量。其二，党制定和实施关于农村工作、城市工作、在国民党统治区和国民党军队中的工作等一系列正确的方针、政策，并善于把方针、政策变为群众行动，同时照顾各革命阶级、阶层的利益，从而广泛地动员和组织了人民群众特别是农民群众的力量，建立起最广泛的人民民主统一战线。其三，党根据形势的变化和敌我力量的消长，准确把握战争的进程，适时进行战略转变。从战略防御到战略进攻，从战略决战到战略追击，充分显示出

① 《毛泽东选集》（第四卷），人民出版社 1991 年版，第 1264 页。

党领导革命战争的卓越能力和高超的军事指挥艺术。[①]

二、曲折探索阶段

在民主革命时期，中国共产党形成了一套领导革命根据地建设的制度。由于中国革命先在局部地区取得胜利，然后取得全国胜利的特点，在中华人民共和国成立的时候，党已经相当地发展了自己的组织领导系统，培养了一批初通理政理财的领导人员和管理人员。这就为领导一个全国性政权提供了主要的组织基础、领导方法和工作制度。随着中华人民共和国的成立，党从过去战争环境下在局部地区执政，转变为和平环境下在全国范围内执掌国家政权。如何在逐渐转向和平建设的执政条件下，主要依靠和采用民主与法制的方法，行之有效地领导和管理纷繁复杂的国家事务和社会生活，成为党面临的重大课题。[②]中华人民共和国成立至改革开放前，以毛泽东同志为核心的党的第一代中央领导集体进行了艰难曲折的探索，形成了鲜明的党的一元化领导的格局。

1949年中华人民共和国成立的时候还来不及制定宪法，但有一个起着临时宪法作用的重要文件，即《中国人民政治协商会议共同纲领》，其中规定：中华人民共和国为新民主主义即人民民主主义的国家，实行工人阶级领导的、以工农联盟为基础的、团结各民主阶级和国内各民族的人民民主专政。实际上，党的领导地位在这里以临时宪法的形式确立下来。中华人民共和国成立之初，各级政权机构尚处于初创阶段，而党的领导机关和各级组织则比较严密、健全，对党政军民各项工作的具体领导有着丰富的经验。同时，肃清残余敌人、镇压反革命和抗美援朝的政治和军事斗争，需要一个权力集中的指挥中心；经济恢复和民主改革的繁重任务也需要强有力的组织领导。因此，党在抗日战争时期形成的一元化领导方式继续延续下来。

中国共产党虽然坚持一元化领导，但已认识到党政分开的重要性，试图

---

① 参见中共中央党史研究室：《中国共产党历史第一卷》，中共党史出版社2011年版，第815页。

② 中共中央党史研究室：《中国共产党历史第二卷》，中共党史出版社2011年版，第173页。

避免党政不分和以党代政。1949年10月30日，根据党中央的要求，中央宣传部和新华总社发出《关于中央人民政府成立后宣传工作中应注意事项的指示》，明确指出“在中央人民政府成立后，凡属政府职权范围者应由中央人民政府讨论决定，由政府明令颁布实施。其属于全国范围者应由中央政府颁布，其属于地方范围者由地方政府颁布，不要再如过去那样有时以中国共产党名义向人民发布行政性质的决定、决议或通知”。①

1949年11月，中共中央作出《关于在中央人民政府内组织中国共产党党委会的决定》和《关于在中央人民政府内建立中国共产党党组的决定》。上述决定，在中央和地方各级政府部门均予以实行。各级政府机关党委的职能，主要是依据中央人民政府的政策决议，保证政府部门各项行政任务的完成。② 与此同时，党以“党组”的形式嵌入政府部门实现领导，“以便统一并贯彻党中央的政治路线和政策的执行”③。其实，党组制度可以追溯到革命战争年代。早在1942年9月，中共中央政治局通过的《中共中央关于统一抗日根据地党的领导及调整各组织间关系的决定》明确规定：“党是无产阶级的先锋队和无产阶级组织的最高形式，应该领导一切其他组织，如军队、政府与民众团体。”④ 中华人民共和国成立初期，各国家机关的领导人员中包括许多非党民主人士，通过党组在政府部门实现党的政策和决定，并加强党员干部和非党干部的团结，起了很好的作用。党组制度由中央国家机关推及地方各级政府部门，包括各级政协组织、人民团体等。关于党对国家政权机关的领导，时任政务院政法委员会主任董必武将其概括为三条：一是对政权机关工作的性质和方向给予确定的指示；二是通过政权机关及其工作部门实施党的政策，并对它们的活动实施监督；三是挑选和提拔忠诚而有能力的干部

① 中共中央宣传部办公厅、中央档案馆编研部：《中国共产党宣传工作文献选编（1949—1956）》，学习出版社1996年版，第10页。

② 参见中共中央党史研究室：《中国共产党历史第二卷》，中共党史出版社2011年版，第174页。

③ 中共中央组织部、中共中央党史研究室、中央档案馆编：《中国共产党组织史资料：第9卷》（下），中共党史出版社2000年版，第9页。

④ 中共中央文献研究室、中央档案馆：《建党以来重要文献选编（1921—1949）》（第19册），中央文献出版社2011年版，第423页。

（党与非党的）到政权机关去工作。[①]

为克服一些部门和地区存在的分散主义倾向，中共中央多次强调必须坚持党中央的集中统一领导。1953 年 3 月 10 日，中共中央作出《关于加强中央人民政府系统各部门向中央请示报告制度及加强中央对于政府工作领导的决定（草案）》，规定："今后政府工作中一切主要的和重要的方针、政策、计划和重大事项，均须事先请示中央，并经过中央讨论和决定或批准以后，始得执行。政府各部门对于中央的决议和指示的执行情况及工作中的重大问题，均须定期地和及时地向中央报告或请示，以便能取得中央经常的、直接的领导。"[②] 如果说"九一决定"只是原则性地规定了各级党委"讨论与检查党政军民各方面的工作"的职责[③]，那么 1953 年的这一文件更加具体地强化了"九一决定"中党政军民各组织相互关系中党对政的领导关系，不但政府各部门中的党组要加强并直接接受党中央的领导，而且中央人民政府各部门在政策制定和执行的全过程都需要通过请示报告制度直接接受党中央的领导。

在向社会主义过渡时期，围绕社会主义工业化建设和社会主义改造的总任务，党还领导进行了政治、文化、国防等多方面的建设。在政治建设方面，1954 年一届全国人大一次会议的召开和第一部宪法（也称"五四宪法"）的颁布尤为瞩目。毛泽东在一届全国人大一次会议的开幕词中指出："领导我们事业的核心力量是中国共产党，指导我们思想的理论基础是马克思列宁主义。"[④]"五四宪法"序言也指出："中国人民经过一百多年的英勇奋斗，终于在中国共产党领导下，在 1949 年取得了反对帝国主义、封建主义和官僚资本主义的人民革命的伟大胜利，因而结束了长时期被压迫、被奴役的历史，建立了人民民主专政的中华人民共和国。我国人民在建立中华人民共和国的

---

① 《董必武选集》，人民出版社 1985 年版，第 307—309 页。

② 中共中央文献研究室、中央档案馆：《建国以来重要文献选编》（第 4 册），中央文献出版社 1993 年版，第 67 页。

③ 中共中央文献研究室、中央档案馆：《建党以来重要文献选编（1921—1949）》（第 19 册），中央文献出版社 2011 年版，第 423 页。

④ 《毛泽东文集》（第六卷），人民出版社 1999 年版，第 350 页。

伟大斗争中已经结成以中国共产党为领导的各民主阶级、各民主党派、各人民团体的广泛的人民民主统一战线。”可见，“五四宪法”以最高法律的形式将党的领导地位载入其中，强调了党的领导至关重要的作用。在关于宪法草案的报告中，刘少奇代表中共中央郑重承诺：“中国共产党是我们国家的领导核心。党的这种地位，决不应当使党员在国家生活中享有任何特殊的权利，只是使他们必须担负更大的责任。中国共产党的党员必须在遵守宪法和一切其他法律中起模范作用。”①

为了适应领导大规模经济建设和社会主义改造的新形势、新要求，在准备和召开一届全国人大一次会议期间，党中央经过慎重研究，对包括央地组织层次、党中央领导制度、国家行政体制、军事领导制度、党的地方领导机构和干部管理制度等在内的党和国家的领导制度进行了若干调整。党和国家领导制度的上述调整，进一步加强了执政党对政府工作、中央对地方工作的集中统一领导，对实现党和国家在过渡时期的总任务，对顺利完成第一个五年计划的重点建设和其他各方面的工作任务，起了重要保证作用。由此，也基本上形成了中国共产党在国家生活中的一元化领导格局。②关于在党的一元化领导下，党中央及各级党委如何履行对政府、对财经工作、对工业建设等各工作的领导责任，毛泽东曾提出过具体意见：“（一）一切主要的和重要的方针、政策、计划都必须统一由党中央规定，制定党的决议、指示，或对各有关机关负责同志及党组的建议予以审查批准；各中央代表机关及各级党委则应坚决保证党中央及中央人民政府一切决议、指示和法令的执行，并于不抵触中央决议、指示和法令的范围内，制定自己的决议或指示，保证中央和上级所给任务的完成。（二）检查党的决议和指示的执行情况。”③

1956年9月召开的中国共产党第八次全国代表大会，是党取得全国执政地位后召开的第一次全国代表大会。此时，全国党员人数比七大时增加

---

①《刘少奇选集》（下册），人民出版社1985年版，第168页。

② 参见中共中央党史研究室：《中国共产党历史第二卷》，中共党史出版社2011年版，第257—260页。

③《毛泽东文集》（第六卷），人民出版社1999年版，第252页。

八倍多，比中华人民共和国成立时增加两倍，党的组织分布到全国各个地区。这种变化使党面临着新的考验。刘少奇在党的八大上的政治报告中亦指出："党应当而且可以在思想上、政治上、方针政策上对于一切工作起领导作用。" 1957 年 5 月 25 日，毛泽东在接见中国新民主主义青年团第三次全国代表大会全体代表时的讲话中特别指出："中国共产党是全中国人民的领导核心。没有这样一个核心，社会主义事业就不能胜利。"[①] 1958 年 1 月，毛泽东在《工作方法六十条》（草案）中，提出了党委领导原则 32 字方针，即"大权独揽，小权分散。党委决定，各方去办。办也有决，不离原则。工作检查，党委有责"。其中，"大权独揽"是指主要权力应集中于中央和地方党委的集体；"各方去办"不是由党员径直去办，而是一定要经过党员在国家机关中、在企业中、在合作社中、在人民团体中、在文化教育机关中，同非党员接触、研究，对不妥当的部分加以修改，然后大家通过，方才去办；"不离原则"的"原则"是指党是无产阶级组织的最高形式，民主集中制，集体领导和个人作用的统一，中央和上级的决议等。

1958 年 6 月 10 日，中共中央发出关于成立财经、政法、外事、科学、文教各小组的通知。毛泽东在通知稿中，加写了这样一段话："这些小组是党中央的，直隶中央政治局和书记处，向他们直接作报告。大政方针在政治局，具体部署在书记处。只有一个'政治设计院'，没有两个'政治设计院'。大政方针和具体部署，都是一元化，党政不分。具体执行和细节决策属政府机构及其党组。对大政方针和具体部署，政府机构及其党组有建议之权，但决定权在党中央。政府机构及其党组和党中央一同有检查之权。"[②] 1962 年 1 月，中共中央召开扩大的中央工作会议（即七千人大会）。毛泽东在大会的讲话中再次强调："工、农、商、学、兵、政、党这七个方面，党是领导一切的。党要领导工业、农业、商业、文化教育、军队和政府。"[③] 需要注意的是，此

---

① 《毛泽东文集》（第七卷），人民出版社 1999 年版，第 303 页。

② 中共中央文献研究室：《毛泽东年谱（1949—1976）》（第 3 卷），中央文献出版社 2013 年版，第 368 页。

③ 《毛泽东文集》（第八卷），人民出版社 1999 年版，第 305 页。

时所提出的“党领导一切”并不意味着党包办一切、干预一切，周恩来曾对此作出简明扼要的阐释：“我们说党领导一切，是说党要管大政方针、政策、计划，是说党对各部门都可以领导，不是说一切事情都要党去管。至于具体业务，党不要干涉。”①

进入20世纪60年代，在党中央的领导下，经过全党和全国人民团结一致的共同奋斗，我国克服了国民经济的严重困难，胜利完成了调整经济的任务，从1966年开始执行发展国民经济的第三个五年计划。正当广大党员干部和人民群众满怀信心，为完成四个现代化任务而努力工作的时候，“文化大革命”发生了。

“文化大革命”是一场由领导者错误发动，被反革命集团利用，给党、国家和各族人民带来严重灾难的内乱，②使党、国家和人民遭到中华人民共和国成立以来最严重的挫折和损失。

“文化大革命”的历史启示我们，必须不断完善党和国家的领导制度，健全民主集中制和集体领导原则。全面分析“文化大革命”的十年，科学总结“文化大革命”的教训，不仅可以为继续坚持建设社会主义的正确道路提供历史借鉴，而且有利于在全面建设社会主义现代化国家的新起点上进一步优化党的领导。

三、恢复调整阶段

党的一元化领导体制是在长期革命战争年代形成的，这种体制对于保证党的坚强领导、发挥党的组织优势、夺取革命胜利发挥了极其重要的作用。但随着党夺取全国政权，这种体制的弊端进一步表现出来，特别是权力的过分集中酿成了“文化大革命”十年内乱，给党和人民的事业造成了巨大损失。如何使党和国家避免重犯这样的历史性错误，成为改革开放之初党必须加以解决的重大课题。党的十一届三中全会后，中国共产党及时总结经验教训，

① 《周恩来选集》（下卷），人民出版社1984年版，第365页。

② 中共中央文献研究室编：《三中全会以来重要文献选编》（下），人民出版社1982年版，第811页。

推进政治体制改革，打破权力过分集中的痼疾，探寻党政关系的合理定位。

（一）十一届三中全会后：打破权力过分集中

粉碎“四人帮”的胜利，虽然结束了“文化大革命”的内乱，但持续十年的“文化大革命”积累下许多严重的问题，给党和国家造成的严重后果和影响仍然存在。1977 年 2 月 7 日，《人民日报》《红旗》《解放军报》发表题为《学好文件抓住纲》的社论。这篇社论在强调揭批“四人帮”是“当前的纲”，要“抓纲治国”的同时，公开提出“凡是毛主席作出的决策，我们都坚决维护，凡是毛主席的指示，我们都始终不渝地遵循”（后被称为“两个凡是”）的方针。在揭批“四人帮”的斗争中，各条战线努力进行思想上、政治上、组织上的拨乱反正。但由于“两个凡是”方针的推行，以及“文化大革命”和长期“左”倾错误造成的影响，拨乱反正的开展遇到了严重的思想阻碍，这种状况越来越引起党内外多数人的不满。人们开始感到，要彻底澄清思想混乱，不得不首先解决判定历史是非的标准问题以及如何对待毛泽东思想的问题。

1978 年 5 月，一批干部和理论工作者挣脱“两个凡是”的束缚，就真理标准问题展开了讨论。在邓小平等一批老一辈革命家的引导和支持下，这场讨论迅速冲破层层阻力，形成一股要求解放思想、实事求是的历史潮流，从而推动了拨乱反正的进程，为实现党和国家的历史性转折奠定了思想基础。[①]1978 年 12 月 13 日，邓小平在中央工作会议闭幕会上作了题为《解放思想，实事求是，团结一致向前看》的讲话，指出首先是解放思想，只有思想解放了，我们才能正确地以马克思列宁主义、毛泽东思想为指导，解决过去遗留的问题，解决新出现的一系列问题。“一个党，一个国家，一个民族，如果一切从本本出发，思想僵化，迷信盛行，那它就不能前进，它的生机就停止了，就要亡党亡国。”[②]

---

① 中共中央党史研究室：《中国共产党历史第二卷》，中共党史出版社 2011 年版，第 1009 页。
② 《邓小平文选》（第二卷），人民出版社 1994 年版，第 143 页。

在邓小平的领导和其他老一辈革命家的支持下，党的十一届三中全会开始全面认真纠正“文化大革命”及其以前的“左”倾错误，彻底否定“两个凡是”的方针；充分肯定了必须完整、准确地掌握毛泽东思想的科学体系，高度评价了关于真理标准问题的讨论；重新确立解放思想、实事求是的指导思想，实现了思想路线的拨乱反正；停止使用“以阶级斗争为纲”的口号，作出工作重点转移的决策，实现了政治路线的拨乱反正；形成以邓小平为核心的党中央领导集体，取得了组织路线拨乱反正的最重要成果；恢复党的民主集中制的优良传统，提出使民主制度化、法律化的重要任务；审查和解决历史上遗留的一批重大问题和一些重要领导人的功过是非问题，开始了系统清理重大历史是非的拨乱反正；结束了粉碎“四人帮”两年来党的工作在徘徊中前进的局面，实现了中华人民共和国成立以来党的历史的伟大转折。

1978 年，邓小平曾对中华人民共和国成立后党政合一、以党代政的领导制度作出过精辟的概括和总结，即“加强党的领导，变成了党去包办一切、干预一切；实行一元化领导，变成了党政不分、以党代政；坚持中央的统一领导，变成了‘一切统一口径’”。[①] 同年年底，党的十一届三中全会决定重新设立中央纪律检查委员会，在中央委员会领导下进行工作，每届任期五年，并选举产生了以陈云为第一书记的中央纪律检查委员会。随后，第五次全国人大第二次会议通过的《关于修改〈中华人民共和国宪法〉若干规定的决议》，把各级革命委员会改为各级人民政府，标志着“革委会”彻底终结。在邓小平等人的大力倡导下，在经济体制改革和对外开放大潮的有力推动下，从 1980 年开始，全国自上而下开始了政治体制改革的实践。

1980 年 8 月，中共中央政治局召开扩大会议，集中讨论党和国家领导制度改革问题。邓小平在会上发表了《党和国家领导制度的改革》的讲话，第一次对我国的政治体制改革进行了全面的、深刻的论述，提出了一系列重要的思想原则和方针，这成为指导我国政治体制改革的纲领性文件。讲话特别强调，党和国家现行的一些具体制度中，还存在不少的弊端，妨碍甚至严重

① 《邓小平文选》（第二卷），人民出版社 1994 年版，第 142 页。

妨碍社会主义优越性的发挥。如不认真改革，就很难适应现代化建设的迫切需要，我们就要严重地脱离广大群众。从党和国家的领导制度、干部制度方面来说，主要的弊端就是官僚主义现象、权力过分集中现象、家长制现象、干部领导职务终身制现象和形形色色的特权现象。讲话吹响了政治体制改革的号角，尤其是明确指出了党的一元化领导带来的诸多问题，进一步强调要推进党政分开，开启了党的领导制度改革新征程。

1982 年党的十二大对什么是党的领导作出了新的概括，提出党的领导主要是思想政治和方针政策的领导，是对于干部的选拔、分配、考核和监督，不应当等同于政府和企业的行政工作和生产指挥。党不应当包办代替它们的工作。[①] 这一规定为党的领导的正确定位提供了依据。与之相适应，党的十二大党章比十一大党章更加全面、更加具体、更加深刻地规定了民主集中制的六条基本原则，其中包括“党的各级委员会实行集体领导和个人分工负责相结合的制度。凡属重大问题都要由党的委员民主讨论，作出决定”，“党禁止任何形式的个人崇拜，要保证党的领导人的活动处于党和人民的监督之下，同时维护一切代表党和人民利益的领导人的威信”等新内容。党的十二大党章在中央组织制度里面有一个重要的改变，党中央只设总书记，不再设主席、副主席。这样，党中央过分集权和个人专断的现象就很难再发生。此外，根据党的十二大党章，党中央设立中央顾问委员会，作为中央委员会政治上的助手和参谋，其任务是：“对党的方针、政策的制定和执行提出建议，接受咨询；协助中央委员会调查处理某些重要问题；在党内宣传党的重大方针、政策；承担中央委员会委托的其他任务。”中央顾问委员会和省、自治区、直辖市顾问委员会的成立，标志着党和国家在废除领导职务终身制问题上，迈出了非常关键的一步。

从党的十一届三中全会到党的十三大召开的九年，是中华人民共和国成立以来国家经济实力增长最快的时期。如何对这九年的实践进行总结，以使改革开放继续下去，并且搞得更快、更深入一些，成为党的十三大所要解决

① 夏利彪：《中国共产党党章及历次修正案文本汇编》，法律出版社 2016 年版，第 242 页。

的中心议题。正如邓小平指出的："从理论上阐述改革和开放的重要性、必要性，这是十三大的主题。"[①] 他进一步指出，党的十三大具有两个特点："一个是阐述了中国社会主义初级阶段的理论，在这个理论指导下，坚定地贯彻党的十一届三中全会以来的路线、方针和政策；另一个是更新了中央领导班子，保证我们的改革开放政策能够连续贯彻下去，并且加快步伐。"[②] 党的十三大的另一个重要决策是加快政治体制改革。党的十三大召开前，邓小平曾在会见外国友人时指出："十三大总的路线方针政策没有什么变动，如果说有新的内容，就是把政治体制改革提到议事日程。政治体制改革要符合中国的实际，不能照搬外国的东西。"[③] 在此基础上，1987 年 10 月党的十三大召开，第一次系统阐释了社会主义初级阶段基本路线，着重围绕政治体制改革问题，就党的领导制度提出了诸多创新方案。[④] 大会报告指出，政治体制改革的长远目标是建立高度民主、法制完备、富有效率、充满活力的社会主义政治体制。政治体制改革的近期目标是建立有利于提高效率，增强活力和调动各方面积极性的领导体制。报告还就实行党政分开、进一步下放权力、改革政府工作机构、改革干部人事制度、建立社会协商对话制度、完善社会主义民主政治若干制度、加强社会主义法制建设等一系列重大问题进行了阐述。

面对经济体制改革对政治体制改革带来的影响，党政分开的重要性日益突出。1986 年邓小平再次强调："改革的内容，首先是党政要分开，解决党如何善于领导的问题。这是关键，要放在第一位。"[⑤] 党的十三大正式确立了处理党政关系的基本内容和基本原则，并把之前相对笼统的党政分开具体明确为"党政职能分开"，但因为种种历史原因，这一设想并没有得到顺

① 中共中央文献研究室编：《邓小平年谱（一九七五——一九九七）》（下），中央文献出版社 2004 年版，第 1168 页。

② 《邓小平文选》（第三卷），人民出版社 1993 年版，第 258 页。

③ 中共中央文献研究室编：《邓小平年谱（一九七五——一九九七）》（下），中央文献出版社 2004 年版，第 1193 页。

④ 参见李君如：《中国共产党历次代表大会研究》，东方出版中心 2007 年版，第 315 页。

⑤ 《邓小平文选》（第三卷），人民出版社 1993 年版，第 177 页。

利推进。[1]

（二）十三届四中全会后：纠正片面的党政分开

20世纪80年代末90年代初，苏东发生剧变，许多社会主义国家的共产党纷纷失去执政地位。在这样的特殊历史背景下，如何坚持、加强和改进党的领导，成为当时中国共产党必须面对和思考的重大问题。然而，在改革实践中，由于“没有前提地搞党政分开，结果弱化了党的领导”[2]，特别是对思想领导、组织领导的忽视，又反过来使党的政治领导落空，使改革开放以来出现的否定四项基本原则的自由化思潮逐渐泛滥起来，“党领导一切”的原则受到冲击。

十三届四中全会后，以江泽民为主要代表的中国共产党人吸取教训，纠正片面推行党政分开、弱化党的领导的错误做法，强调要把党的政治领导、思想领导和组织领导统一起来，实行依法治国这个党领导人民治理国家的基本方略，完善和改进党的领导方式，提高领导干部政治素质，始终做到“三个代表”，推进党的领导科学化、规范化和制度化，进一步巩固了“党领导一切”。[3] 从党的十三届四中全会到五中全会，以邓小平同志为核心的党的第二代中央领导集体和以江泽民同志为核心的党的第三代中央领导集体实现了顺利交替，保证了党的政策的稳定性、连续性和国家的稳定，使社会主义改革开放和现代化建设能够继续前进。这是党在政治上高度成熟、组织上坚强有力的明证。在抓党的自身建设的同时，党中央第三代领导集体还把发挥群众团体和民主党派的作用，密切党和人民群众的联系摆在十分突出的位置。1990年3月，党的十三届六中全会通过了《中共中央关于加强党同人民群众联系的决定》，总结了党在历史上正反两个方面的经验，既有非常丰富的历

① 参见郭定平、梁君思：《坚持和完善中国共产党领导制度体系的四重逻辑》，载《探索》2020年第6期。

② 王岐山：《开启新时代　踏上新征程》，载《人民日报》2017年11月7日，第1版。

③ 方涛：《新中国成立70年来“党领导一切”的历史逻辑与实践启示》，载《经济社会体制比较》2019年第6期。

史内涵，又有极鲜明的现实针对性，是党的群众路线的新概括和新发展。

四、发展提升阶段

1992年，党的十四大重申了党的“一个中心、两个基本点”的基本路线，把取得改革开放胜利的根本原因，归结为坚持把马克思主义基本原理同中国具体实际相结合，逐步形成和发展了建设有中国特色社会主义的理论。对于加强和改善党的领导问题，党的十四大党章指出“党要适应改革开放和社会主义现代化建设的要求，加强和改善党的领导”，并提出了加强和改善党的领导的五点要求：一是增强贯彻执行党的基本路线的自觉性和坚定性；二是加强领导班子建设，培养社会主义事业接班人；三是必须密切党同群众的联系，坚决克服消极腐败现象；四是积极发挥党员的先锋模范作用；五是必须坚持和健全民主集中制，维护党的团结和统一。[①]1997年，党的十五大第一次提出依法治国是党领导人民治理国家的基本方略，要求把坚持党的领导、发扬人民民主和严格依法办事统一起来，从制度和法律上保证党的基本路线和基本方针的贯彻实施，保证党始终发挥总揽全局、协调各方的领导核心作用。

随着21世纪的到来，我国进入全面建设小康社会、加快推进社会主义现代化的新的发展阶段。在新的国内外条件下，在充满挑战的21世纪，如何使我们的党能够始终站在时代发展的前列，不断增强创造力、凝聚力和战斗力，顺利实现社会主义现代化建设第三步战略目标，把中国特色社会主义事业推向前进，成为摆在中国共产党人面前的新课题。2002年，党的十六大明确把党的领导定义为主要是政治、思想和组织领导，即通过制定大政方针，提出立法建议，推荐重要干部，进行思想宣传，发挥党组织和党员的作用，坚持依法执政，实施党对国家和社会的领导。这一定义一直沿用下来。同时，党的十六大明确要求党委在同级各种组织中发挥领导核心作用，集中精力抓好大事，支持各方独立负责、步调一致地开展工作；按

① 李君如：《中国共产党历次代表大会研究》，东方出版中心2007年版，第330页。

照党总揽全局、协调各方的原则，规范党委与人大、政府、政协以及人民团体的关系，支持人大依法履行国家权力机关的职能，经过法定程序，使党的主张成为国家意志，使党组织推荐的人选成为国家政权机关的领导人员，并对他们进行监督等。

党的十六大后，以胡锦涛为主要代表的中国共产党人大力提高党的建设科学化水平，在加强党的执政能力建设中改善党的领导，并强调："坚持和改善党的领导，是我们事业胜利前进的根本保证。要把十几亿人的思想和力量统一和凝聚起来，齐心协力发展中国特色社会主义，没有中国共产党的坚强领导是不可设想的。"[①]2004年9月，党的十六届四中全会通过的《中共中央关于加强党的执政能力建设的决定》指出，必须以建设高素质干部队伍为关键，以改革和完善党的领导体制和工作机制为重点，按照总揽全局、协调各方的原则，改革和完善党的领导方式，发挥党的领导核心作用。

2007年，党的十七大科学总结了党在领导改革开放30年来历史进程中的宝贵经验，并得出了一条重要结论："改革开放以来我们取得一切成绩和进步的根本原因，归结起来就是：开辟了中国特色社会主义道路，形成了中国特色社会主义理论体系。高举中国特色社会主义伟大旗帜，最根本的就是要坚持这条道路和这个理论体系。"[②]党的十七大党章总纲对加强和改善党的领导提出了一系列新要求，强调要加强党的执政能力建设和先进性建设，以改革创新精神全面推进党的建设新的伟大工程，坚持立党为公、执政为民。"党的领导"的部分增写了坚持科学执政、民主执政、依法执政的内容，明确提出了促进经济社会全面发展的要求。此外，党的十七大提出要完善党的地方各级全委会、常委会工作机制，发挥全委会对重大问题的决策作用，并且建立健全中央政治局向中央委员会全体会议、地方各级党委常委会向委员会全体会议定期报告工作并接受监督的制度等。

---

① 《胡锦涛文选》（第三卷），人民出版社2016年版，第168—169页。

② 胡锦涛：《高举中国特色社会主义伟大旗帜　为夺取全面建设小康社会新胜利而奋斗》，人民出版社2007年版，第11页。

五、完善成熟阶段

中国特色社会主义进入新时代，我国社会主要矛盾已经转化为人民日益增长的美好生活需要和不平衡不充分的发展之间的矛盾。党的十八大以来，以习近平同志为核心的党中央在国内外复杂的形势下，正确应对新时代各种挑战和机遇，领导中国人民不断推进中华民族伟大复兴和中国特色社会主义建设事业。在这样的背景下，整个国家更需要坚强集中的领导，党的领导任务更加繁重。针对部分地区、单位党的领导弱化、虚化的问题，以习近平同志为核心的党中央理直气壮、旗帜鲜明地坚持和加强党的全面领导，把党的政治建设摆在首位并以其统领党的其他各项建设，把“坚持党对一切工作的领导”确立为新时代坚持和发展中国特色社会主义的首个基本方略，加强和维护党中央集中统一领导，使党的全面领导得到进一步强化和规范。

2013 年 11 月，党的十八届三中全会通过的《中共中央关于全面深化改革若干重大问题的决定》明确提出，全面深化改革的总目标是完善和发展中国特色社会主义制度，推进国家治理体系和治理能力现代化。同时，提出全面深化改革必须加强和改善党的领导，充分发挥党总揽全局、协调各方的领导核心作用。以此为标志，党的领导制度全面改革正式启动。2016 年 10 月，党的十八届六中全会通过的《关于新形势下党内政治生活的若干准则》，第一次明确规定：全国人大常委会、国务院、全国政协，中央纪律检查委员会，最高人民法院、最高人民检察院，中央和国家机关各部门，各人民团体，各省、自治区、直辖市，其党组织要定期向党中央报告工作。这是保证党中央集中统一领导的制度性安排，意义十分重大，对全党具有重要的示范意义。2017 年 10 月，党的十九大召开，十九大党章修正案在党的领导方面进行了充实，将总纲原第二十八自然段第一句修改为：“中国共产党的领导是中国特色社会主义最本质的特征，是中国特色社会主义制度的最大优势。党政军民学，东西南北中，党是领导一切的。”作这样的修改，更加明确了党在中国特色社会主义各项事业中的领导地位，有利于强化党的领导，确保党的事业始终沿着正确方向前进。

2019年10月，党的十九届四中全会指出党的领导是全面的，党的领导制度体系建设是一个涉及方方面面的系统工程。不仅需要健全各级党委（党组）工作制度，进一步完善党领导各项事业的具体制度，把党的领导落实到统筹推进“五位一体”总体布局、协调推进“四个全面”战略布局各方面，更要完善党和国家机构职能体系，把党的领导贯彻到党和国家所有机构履行职责全过程。[①] 2020年11月，党的十九届五中全会站在“两个一百年”奋斗目标的交汇点上，回首一路艰辛跋涉，更加深刻感受到党的领导在应对和战胜一切风险挑战中的“定海神针”作用。应对错综复杂的国内外环境带来的新挑战，破解社会主要矛盾发展变化带来的新难题，更加需要毫不动摇地坚持党的全面领导，充分发挥党总揽全局、协调各方的领导核心作用。

2022年10月，党的二十大强调指出，在全面建设社会主义现代化国家新征程上，必须坚持和加强党的全面领导。坚决维护党中央权威和集中统一领导，把党的领导落实到党和国家事业各领域各方面各环节，使党始终成为风雨来袭时全体人民最可靠的主心骨，确保我国社会主义现代化建设正确方向，确保拥有团结奋斗的强大政治凝聚力、发展自信心，集聚起万众一心、共克时艰的磅礴力量。

实现“十四五”规划和2035年远景目标，无论在哪个领域、哪个方面、哪个环节，党的全面领导都只能加强，把党的全面领导落实到科学把握新发展阶段、深入贯彻新发展理念、加快构建新发展格局的方方面面，才能确保社会主义现代化建设始终保持正确政治方向。为进一步阐释新发展阶段党的领导的“全面性”，笔者选取党的领导的几大重点领域进行例示和剖析。

（一）党对经济工作的全面领导

中华人民共和国成立70多年来，党领导人民创造了世所罕见的经济快

① 参见本书编写组编著：《党的十九届四中全会〈决定〉学习辅导百问》，党建读物出版社、学习出版社2019年版，第25—27页。

速发展奇迹和社会长期稳定奇迹，中华民族迎来了从站起来、富起来到强起来的伟大飞跃。丁薛祥对党在革命、建设和改革不同时期关于领导经济工作的重点内容和主要成就作出过较为精炼的总结：新民主主义革命时期，党在领导武装斗争的同时，十分重视在根据地和解放区“进行各项必要和可能的经济建设事业”，为赢得革命战争胜利创造了物质条件；中华人民共和国成立后，党团结带领人民确立社会主义基本制度，在一穷二白基础上初步建立起门类较为齐全的工业体系和国民经济体系，发展了社会主义的经济、政治和文化；改革开放后，党排除各种干扰，鲜明提出并坚持“一个中心、两个基本点”，坚持和完善党对经济社会发展的领导，成功开创和发展中国特色社会主义，取得举世瞩目的经济社会发展成就，使中国大踏步赶上了时代；党的十八大以来，以习近平同志为核心的党中央科学把握世界发展大势，不断深化对经济社会发展规律的认识，作出我国经济发展进入新常态的重大判断，坚持稳中求进工作总基调，形成以新发展理念为指导、以供给侧结构性改革为主线的政策框架，优化宏观调控，实施一系列重大战略，推动我国经济社会发展取得历史性成就、发生历史性变革。① 不同历史时期党领导经济工作的实践表明，党的领导是我国经济社会持续健康发展的根本保证。

中国式现代化是人口规模巨大的现代化，是全体人民共同富裕的现代化，是物质文明和精神文明相协调的现代化，是人与自然和谐共生的现代化，是走和平发展道路的现代化。党的二十大概括提出并深入阐述中国式现代化理论，体现了我们党对现代化发展规律的新认识。推进中国式现代化必须加强党对经济工作的全面领导，坚持以习近平经济思想为指导，着力推动经济高质量发展。与此同时，加强党对经济工作的全面领导，必须坚持以制度建设和机制创新为支撑保障：要健全总揽全局、协调各方的党的领导制度体系，完善党中央重大决策部署落实机制，提高政治执行力、制度执行力、政策执

---

① 丁薛祥：《坚持和完善党领导经济社会发展的体制机制》，载《人民日报》2020 年 11 月 20 日，第 6 版。

行力，形成攻坚克难、集中力量办大事的强大合力；要正确处理政府和市场关系，健全体制机制，推动有效市场和有为政府更好结合；要以深化“放管服”改革、营造市场化法治化国际化营商环境等为抓手，破除体制机制障碍，确保党对经济工作的领导落到实处。[①]

（二）党对法治工作的全面领导

把党的领导贯彻到依法治国全过程和各方面，是我国社会主义法治建设的一条基本经验。首先是从党的十一届三中全会开始，党和国家按照历史发展的客观规律，把工作重点转移到以经济建设为中心的社会主义现代化建设上来，将发展社会主义民主、健全社会主义法制作为一项关系国家百年大计、千年大计的历史性根本任务。其次是党的十三届四中全会以来，党和国家在坚持四项基本原则的前提下，继续推进政治体制改革，进一步扩大社会主义民主，健全社会主义法制，依法治国，建设社会主义法治国家。广大人民群众在党的领导下，依照宪法和法律规定，通过各种途径和形式管理国家事务、管理经济文化事业、管理社会事务，保证国家各项工作都依法进行，逐步实现社会主义民主的制度化、法律化。1998 年第九届全国人大一次会议通过宪法修正案的形式，将“依法治国，建设社会主义法治国家”的治国基本方略和奋斗目标规定在我国的宪法中。“法制国家”和“法治国家”虽然是一字之变，却反映了党在法制建设方面认识的再次深化。最后是在 2020 年中央全面依法治国工作会议上，习近平总书记强调要坚持党对全面依法治国的领导，深刻指出国际国内环境越是复杂，改革开放和社会主义现代化建设任务越是繁重，越要运用法治思维和法治手段巩固执政地位、改善执政方式、提高执政能力，保证党和国家长治久安。

我国宪法第一条明确规定，中国共产党领导是中国特色社会主义最本质的特征，从而以国家根本法的形式明确了中国共产党的领导地位。依法

① 桑学成、刘伟：《加强党对经济工作的全面领导》，载《经济日报》2022 年 10 月 24 日，第 10 版。

治国、建设社会主义法治国家是我们党提出来的，把依法治国上升为党领导人民治国理政的基本方略也是我们党提出来的。全面推进依法治国，有利于加强和改善党的领导，有利于巩固党的执政地位、完成党的执政使命。始终坚持党的领导是中国特色社会主义法治之魂，是全面推进依法治国的题中应有之义。习近平总书记指出："全面依法治国是要加强和改善党的领导，健全党领导全面依法治国的制度和工作机制，推进党的领导制度化、法治化，通过法治保障党的路线方针政策有效实施。"党的领导和社会主义法治建设是一致的，社会主义法治必须坚持党的领导，党的领导必须依靠社会主义法治。①

一方面，明确把党的领导贯彻到依法治国的全过程和各方面，是我国社会主义法治建设的一条基本经验。诚如学者所言，在西方国家，法治国家是基于政党政治的孕育与勃兴自发生成的，蕴含在法治国家中的法治政府也是自然生长的逻辑延伸，并无专门的"法治政府"命题，也并无专门的国家主导并推动的建构过程。②而在我国的法治建设领导权问题上，中国共产党以强大的政治权威来推动和保障法治中国建设，坚持依法治国、依法执政、依法行政共同推进，坚持法治国家、法治政府、法治社会一体建设。另一方面，坚持党的领导制度化、规范化、法治化，善于用法治思维和法治方式巩固执政地位、提高执政能力和水平。依法执政既要求党依据宪法法律治国理政，也要求党依据党内法规管党治党，必须将党领导立法、保证执法、支持司法、带头守法落到实处，使科学立法、严格执法、公正司法、全民守法得到系统谋划和整体推进。

（三）党对思想工作的全面领导

党的十八大以来，以习近平同志为核心的党中央把宣传思想工作摆在全局工作的重要位置，作出一系列重大决策，实施一系列重大举措，党的理论

① 张文显：《治国理政的法治理念和法治思维》，载《中国社会科学》2017年第4期。

② 林华：《通过依法执政实现依法行政的制度逻辑》，载《政法论坛》2020年第6期。

创新全面推进，中国特色社会主义和“中国梦”深入人心，社会主义核心价值观和中华优秀传统文化广泛弘扬，主流思想舆论不断巩固壮大，文化自信得到彰显，国家文化软实力和中华文化影响力大幅提升，全党全社会思想上的团结统一更加巩固。①

不忘初心、牢记使命，必须用马克思主义中国化最新成果统一思想、统一意志、统一行动。马克思主义政党的先进性，首先体现为思想理论上的先进性。注重思想建党、理论强党，是我们党的鲜明特色和光荣传统。习近平总书记指出：“中国共产党人的初心和使命，就是为中国人民谋幸福，为中华民族谋复兴。这个初心和使命是激励中国共产党人不断前进的根本动力。”②只有坚持思想建党、理论强党，不忘初心才能更加自觉，担当使命才能更加坚定。此外，党对思想工作的全面领导也体现在意识形态领域，从文艺工作的“时代号角”，到新闻舆论工作的“前沿阵地”，以及包括哲学社会科学工作和高校思想政治工作的重要支柱，还有网络意识形态的“新前沿阵地”，做到了无一遗漏。③

（四）党对组织工作的全面领导

习近平总书记指出：“党的全面领导、党的全部工作要靠党的坚强组织体系去实现”，“在国家治理体系的大棋局中，党中央是坐镇中军帐的‘帅’，车马炮各展其长，一盘棋大局分明”。④加强党对组织工作的全面领导，充分发挥各级党委（党组）、各领域基层党组织的政治功能和组织功能，把9804.1万名党员、506.5万个基层党组织有效组织起来，把14亿人民广泛凝聚起来，就能形成战胜一切艰难险阻、夺取新时代中国特色社会主义新胜利的强大力量。

---

① 习近平：《论党的宣传思想工作》，中央文献出版社2020年版，第1页。

② 习近平：《决胜全面建成小康社会　夺取新时代中国特色社会主义伟大胜利——在中国共产党第十九次全国代表大会上的报告》，人民出版社2017年版，第1页。

③ 曾峻等：《坚持和加强党的全面领导研究》，人民出版社2019年版，第119页。

④ 2015年2月2日，习近平在省部级主要领导干部学习贯彻党的十八届四中全会精神全面推进依法治国专题研讨班上的讲话。

一方面，党中央有权威，党的组织体系才有力量。党在对组织工作的全面领导中，坚定维护党中央权威和集中统一领导，坚持把做到“两个维护”作为最高原则，以严密的组织体系保证“两个维护”落实落地，用践行“两个维护”的效果检验组织体系建设的成效，确保把党的领导贯彻落实到各领域各方面。

另一方面，基层是党的领导的重要细胞，如何提升基层党组织的领导力与组织力，也是党加强对组织工作全面领导的关键议题。近年来，党牢固树立大抓基层的鲜明导向，以提升组织力为重点，加强企业、农村、机关、学校、医院、科研院所、街道社区、社会组织等基层党组织建设，持续整顿软弱涣散基层党组织，抓紧补齐基层党组织领导基层治理的短板，努力把各领域基层党组织建设成为实现党的领导的坚强战斗堡垒。

综上所述，党的十八大以来，以习近平同志为核心的党中央把保证全党服从中央、维护党中央权威和集中统一领导作为党的政治建设的首要任务，改革和完善坚持党的领导的体制机制，严明党的政治纪律和政治规矩，陆续制定或修订了《关于新形势下党内政治生活的若干准则》《中国共产党党内监督条例》《中国共产党重大事项请示报告条例》《中国共产党党组工作条例》《中国共产党农村工作条例》《中国共产党统一战线工作条例》等党内法规，从制度上保证党的领导全覆盖，保证党中央集中统一领导更加坚强有力。党的领导法规就是要以制度规范的形式保障党的性质、宗旨和任务的实现，它不仅是党内法规制度体系的重要组成部分之一，还关乎党和国家工作的核心方面，是坚持依法治国和依规治党有机统一的前提。[①]实践证明，党的领导体制和领导方式的不断改革和完善，顺应了党的领导地位的确立和领导制度的时代变迁，提高了党的执政能力和领导水平，使党更好地担负起夺取全面建设社会主义现代化国家伟大胜利的历史使命。

① 施新州：《党的领导法规制度建设基本规律研究》，载《党内法规理论研究》2019年第1期。

第三章

党的领导体制规范化

党的十九大修改的党章，将党的领导主要是政治、思想和组织领导上升为坚持和加强党的全面领导，这是新时代党的建设重大理论创新。2018 年宪法修正案将“中国共产党领导是中国特色社会主义最本质的特征”写入宪法正文，为进一步坚持和加强党的全面领导提供了根本性制度保障。领导体制是党实施领导活动的组织结构、运行规则、领导方式以及具体制度的总称，包括两个方面：一是指党组织自身内部的领导体制；二是指党对国家政权和社会生活实施领导的体制。[①]就前者而言，主要是指上下级党组织之间的领导组织结构、运行方式、具体制度等，比如党中央和地方党委内部的领导体制，即党代会、全委会、常委会之间的领导体制；关于党的中央组织对地方组织的领导体制等。党内的领导体制与党的组织法规联系更为密切，本书仅就党对国家政权和社会生活的领导体制展开讨论。党的十九大首次将“中国共产党的领导是中国特色社会主义最本质的特征，是中国特色社会主义制度的最大优势”写入党章修正案，党的二十大通过的党章修正案进一步明确“党是最高政治领导力量”。党的领导体制和领导方式最核心的问题就是解决党和国家、社会的关系。

一、党和国家、社会的关系

党的十六大报告在改革和完善党的领导方式和执政方式中提出，实施

① 李华:《中国共产党执政体制研究》，人民出版社 2008 年版，第 8 页。

“党对国家和社会的领导”，“规范党委与人大、政府、政协以及人民团体的关系”；党的十八届四中全会强调，“善于通过国家政权机关实施党对国家和社会的领导”。根据党中央的重要文件，党的领导可以分为党对国家政权的领导和党对社会的领导，而党对国家政权的领导指的是党“执掌和运用国家权力”，党对社会的领导指的是党的示范引领作用。

（一）以党领政

在党和国家政权机关的关系中，领导和执政总是相伴随出现的，这并非混淆领导与执政的概念，而是党对国家政权机关的领导，往往通过党的执政来体现。政治学界与法学界诸多学者均从不同角度对领导与执政的概念进行了区分，比如张恒山从领导和执政的主体、领导地位和执政地位获得的途径、领导和执政行为所依赖的手段、法律效力以及处理事务的内容五个方面，区别党的领导和执政两种执政职能的观念，并指出从广义上党的领导可以包括党的执政。[①] 蒋清华通过对“执政权”用法的分析，借用民法上的“权能”概念，认为“执政权”实际上是领导权的一个权能，是领导权的一个下位概念。[②] 江泽民同志曾对执政与党对国家政权机关的领导作出如下经典论述：“我们党是执政的党，党的执政地位是通过党对国家政权机关的领导来实现的。如果放弃了这种领导，就谈不上执政地位。”[③] 因此，党对国家机关的领导行为与执政是相统一的，党政关系的探讨亦可以党的执政方式为研究轨迹。

中华人民共和国成立初期，在党和国家政权机关的关系上，中国共产党的认知是较为清晰的，即党和政府是两个不同性质的系统，职权范围不一，不可相互替代。中国共产党通过在政协、法院、检察院等部门建立党委和党组，来实现对这些部门的领导。董必武同志在 1940 年论边区党和国家政府关系时，就对党和国家机构之间的关系进行过思考。中华人民共和

① 张恒山等：《依法执政：中国共产党执政方式研究》，法律出版社 2012 年版，第 149 页。

② 蒋清华：《党的领导权与执政权之辨——“执政权”之歧义和误用》，载《政治与法律》2016 年第 8 期。

③ 《江泽民文选》（第一卷），人民出版社 2006 年版，第 112 页。

国成立后，董必武同志继续强调党不能代替、包办国家机关的工作，并且从三个方面阐述党对国家机关的关系："一是对政权机关工作的性质和方向给于确定的指示；二是通过政权机关及其工作部门实施党的政策，并对他们的活动实施监督；三是挑选和提拔忠诚而有能力的干部（党与非党的）到政权机关中去工作。"①

党的十三大报告指出："应当改革党的领导制度，划清党组织和国家职权的职能，理顺党组织与人民代表大会、政府、司法机关、群众团体、企事业单位和其他各种社会组织之间的关系，做到各司其职，并且逐步走向制度化。"随后，党进一步从实践中总结出"党要坚持总揽全局、协调各方的领导核心地位"这一科学命题，习近平总书记更是在此基础上强调"党的全面领导"地位。②2018 年 3 月 5 日，十二届全国人大常委会副委员长兼秘书长王晨向十三届全国人大一次会议做关于《中华人民共和国宪法修正案（草案）》的说明："宪法从社会主义的本质属性角度对坚持和加强党的全面领导进行规定，有利于在全体人民中强化党的领导意识，有效把党的领导落实到国家工作全过程和各方面，确保党和国家事业始终沿着正确方向前进。"③

根据切入视角不同，党政关系存在多种界定方式，比如从党政机构的设置来看，新型党政关系是一种"党政融合"的模式；从党的机关和国家政权机关的协调配合来看，是一种"党政统筹"的模式；而从中国共产党在依法执政中发挥的作用来看，是一种"以党领政"的模式。"以党领政"需要从以下两个方面加以界定：

一方面，坚持中国共产党的领导。"党"是领导主体，"领"表示领导动作，"政"是领导对象。首先，中国共产党是中国最高政治领导力量，对国家和社会实行全面领导。党章规定，"党政军民学，东西南北中，党是领导一切的。"我国宪法序言亦多处规定了党的领导，并且在 2018 年 3 月通过的

---

① 《董必武选集》，人民出版社 1985 年版，第 309 页。

② 郝铁川：《中国改革开放以来法治现代化的范式转型》，载《法学》2019 年第 5 期。

③ 王晨：《关于〈中华人民共和国宪法修正案（草案）〉的说明（摘要）》，载《人民日报》2018 年 3 月 7 日，第 6 版。

宪法修正案正文第一条再次进行确认，从而使党的领导从之前序言存在形态转变为正文状态。其次，党的领导需要通过政治领导、思想领导、组织领导的途径来实现。党的十八届四中全会决定在对坚持中国共产党的领导作出重要论述时，就党的领导方式进行了明确，一是使党的主张通过法定程序成为国家意志；二是使党组织推荐的人选通过法定程序成为国家政权机关的领导人员。而前者需要通过党领导立法、重大事项的决策、重要制度安排等来实现，更为准确地说，是通过国家政权机关中党组织的职责职权来实现党的领导。后者是通过在国家政权机关中工作的党员来掌握和运用国家权力，以实现党的领导。最后，对于“政”采取广义的理解，即国家政权机关，而非仅仅指政府。“通过国家政权机关实施党对国家和社会的领导”，国家政权机关是从组织的角度认识党政关系，而党对国家事务的领导，仍是通过这一组织载体实现的。

另一方面，国家政权机关独立行使职权。党领导一切并不代表党要包办一切工作、干预一切工作，而是要把党总揽全局、协调各方同人大、政府、政协、审判机关、检察机关依法依章程履行职能、开展工作统一起来，既保证这些机关和组织执行党的指示，又支持其依法开展工作。早在1980年8月，邓小平就在《党和国家领导制度的改革》重要讲话中指出：“凡属政府职权范围内的工作，都由国务院和地方各级政府讨论、决定和发布文件，不再由党中央和地方党委发指示、作决定。”①2018年8月，习近平总书记在中央全面依法治国委员会第一次会议上指出，中央全面依法治国委员会要管宏观、谋全局、抓大事，把主要精力放在顶层设计上，而不是代替各政权机关的法定职责，做到包揽不包办、统筹不代替、到位不越位。②党发挥“总揽全局、协调各方”的作用主要是通过管方向、管政策、管原则、管干部等事项实现的。从依法执政的全过程来看，在决策的形成环节，党组织发挥领导与主导作用，对执政决策享有决定权，而执政决策向国家决策的转化过程需要国家

① 《邓小平文选》(第二卷)，人民出版社1994年版，第339页。

② 蒋清华:《中国共产党党的领导法规制度基础理论研究》，人民出版社2019年版，第367页。

政权机关的积极参与，保证其独立行使职权。“在保持共产党在决策结构中领导地位的前提下，注重决策权力的横向划分，按照执政党与国家政权机关的不同职能，对公权力进行合理分工并使之法律化、制度化。”[①]

（二）带头示范

“带头”表明党与人民之间是一种领导与跟进的关系，是中国共产党走在前列带动人民跟进，不具有强制性。“示范”表明的是党对于人民的榜样的力量，是党的先进性的体现。

党与社会的关系，首先是党同社会的基本成员，即党与人民群众的关系。在党章总纲中，多次明确党对人民（全国各族人民、全国人民）的领导，并且强调“走中国人民自愿选择的适合中国国情的道路”。谢觉哉同志指出：“所谓党的领导，就是把党的主张经过党员在群众中的活动变成群众的主张，去变成群众的实际，也就变成政权上的主张，去年毛主席在‘五四’的讲演中指出：‘领导的意思就是带路’。人家是否愿意跟着你来，是不能强迫的，而是靠着党的政策的正确和党员的模范，只要你的政策合乎群众的利益，群众就跟着你来；你是这样讲，是否这样做，就要靠党员的实际行动的模范。”[②]党章规定，党必须在“同级各种组织中发挥领导核心作用”，此处所指的“各种组织”既包含国家政权机关，也包括社会的各类组织。党对国家政权机关的领导有明显的“间接领导”的色彩，但党对社会的领导则是直接以党的组织及其领导干部来实施的，是一种“直接领导”。[③]领导的本质是“影响”，不具有强制性，一种影响和被影响的关系，在这种影响关系之中，领导者具有主导性，以自身的价值追求、理想信念和客观行为影响被领导者，被领导者则改变自己的信仰和行为，与领导者自觉地保持一致或基本一致。[④]

因此，“带头示范”主要是通过以下两个方面实现：一是通过党的政策、

① 周光辉：《当代中国决策体制的形成与变革》，载《中国社会科学》2011年第3期。

② 王定国、王萍、吉世霖编：《谢觉哉论民主与法治》，法律出版社1996年版，第108页。

③ 蒋清华：《中国共产党党的领导法规制度基础理论研究》，人民出版社2019年版，第363页。

④ 张明军：《领导与执政：依法治国需要厘清的两个概念》，载《政治学研究》2015年第3期。

方针，以吸引、凝聚人民群众自愿、自发的认可党的领导地位；二是通过党员、干部的模范行为向人民群众表明自己的可信赖性。一个政党要获得人民的信赖和拥护，仅仅依靠自己的路线、方针、政策的正确性还是不充分的，最终要依靠自己的党员、干部通过模范行为来实现。党章总纲在阐述中国共产党的领导时明确，“发挥全体党员的先锋模范作用”，同时规定了党员“在生产、工作、学习和社会生活中起先锋模范作用”以及“模范遵守国家的法律法规”的义务。《中央党内法规制定工作五年规划纲要（2013—2017年）》提出，要完善党员党性教育和分析制度，引导广大党员更好地发挥先锋模范作用，保持党员队伍的纯洁性；完善党员、干部道德建设制度，督促引导党员、干部做社会主义道德的示范者、诚信风尚的引领者、公平正义的维护者。《中国共产党国有企业基层组织工作条例（试行）》《中国共产党党和国家机关基层组织工作条例》《中国共产党农村工作条例》《中国共产党政法工作条例》等党的领导法规中均包含“党员先锋模范作用”“带头依法依规办事”“带头依法履职”等内容。

二、党的领导的组织体系

政治领导和思想领导，必须以组织领导为载体。为实现中国共产党的领导，主要形成了党组制、党委制等组织领导形式。基层党组织以及特殊形态下的党政机构统筹，均是在党委领导下的组织结构形式，属于党委制范畴。

（一）党组制

党组是党在中央和地方国家机关、人民团体、经济组织、文化组织和其他非党组织的领导机关中设立的领导机构，在本单位发挥领导作用，是党对非党组织实施领导的重要组织形式。在中国实际上存在两个体系，党的内部系统和更为广泛的非党系统，党要实现对国家的领导，必须构建起一种党政之间、党社之间的联系机制，党组制度为此提供了可能。[①] 因党

① 柯华庆：《党规学》，上海三联书店2018年版，第441页。

组是“镶嵌”于其他非党组织的党组织，有学者将其称为“嵌入性党组织”，并将其分为政权嵌入性党组织与社会嵌入性党组织。[①]

1. 党组制度的历史沿革

中国共产党党团是党组的前身，随着中国不断发展演进，实现了对国家和社会的整合。1921 年中国共产党成立至 1945 年党的七大召开前，党组均称为党团。

1925 年 1 月，党的四大通过的《对于组织问题之议决案》规定：“吾党在国民党及其他有政治性质的重要团体中，应组织党团，从中支配该党和该团体的活动。”[②]1926 年 7 月，中国共产党在上海召开中央执行委员会第三次扩大会议，在关于组织问题的决议案中，对党团的地位、作用和任务作了进一步的明确规定：“党团的作用是为实现党的政策，加重党的影响于各种非党的组织。党团和党的支部组织及作用不同，它不是一个独立的单位或自成一个系统，而是依随党的组织，在各级党的机关之下成立，并受其管理。”[③]1927 年 6 月，中央政治局会议通过的《中国共产党第三次修正章程决案》单列一章对党团工作进行了规定，党团制度以党章的形式确立下来。1928 年 7 月，党的六大通过了关于政治、军事等工作的十多个决议案，修订了党章，并且在党章的第四十八条至第五十二条详细规定了党团的建设发展问题。比如，党章第四十八条规定：“在非党组织（如职工会，农会，社会团体及文化组织等）之各种代表大会和会议，上级机关中凡有党员三人以上者，均成立党团，其任务在于非党的组织中，加强党的影响，实行党的政策，并监督党员在非党组织中之工作。”《农民运动决议案》《职工运动决议案》《妇女运动决议案》等文件对各自领域中共党团建设进行具体规定和要求，进一步巩固和强化了党团制度建设。1934 年 3 月，为总结苏区党团工作经验，指导党团工作，中央组织局制定了《苏区党团组织与工作条例》，这是党内第一部专门性党团制度条例。1945 年 4 月，党的七大通过的党章第九章“党外组织中的党组”

① 蒋清华：《中国共产党党的领导法规制度基础理论研究》，人民出版社 2019 年版，第 329 页。

② 《建党以来重要文献选编》（第 2 册），中央文献出版社 2011 年版，第 260 页。

③ 中央档案馆：《中共中央文件选集》（第 2 册），中共中央党校出版社 1989 年版，第 32 页。

规定了党组设立范围、党组任务、党组成员、党组与党委关系等内容，党组制度正式确立。

1949 年 10 月 1 日，中华人民共和国成立。对于刚刚取得全国执政地位的中国共产党而言，如何处理好共产党与民主党派的关系、党与国家政权之间的关系是需要妥善处理的重要问题。①党组作为一个重要的纽带和桥梁，能够将党的路线、方针、政策贯彻到国家治理中去，同时避免了党组织取代政府机构，以及直接向国家政权机构下达命令等情况。1949 年 11 月，中央政治局通过《关于在中央人民政府内组织中国共产党党委会的决定》，规定在中央人民政府党委会下，按照党员人数及工作部门的性质，暂分设六个分党委；并在中央人民政府所属各院、委、部、会、署、厅、司、局、处等组织党的总部和支部。11 月 9 日，中共中央又作出《关于在中央人民政府内建立中国共产党党组的决定》，要求在中央人民政府中担任负责工作的共产党员组成党组，以在政府工作中贯彻党的政治路线及各项政策。1951 年 11 月，中共中央作出《关于在人民政府内建立党组和组织党委会的决定》，将政府系统内的党委会和党组制度由中央扩大到地方。截至 1954 年年底，党组制度在中央政权、地方政权以及群团组织中得到全面实施。

“文化大革命”期间，以党代政和权力过分集中的现象逐渐加剧，地方党委和政府被“革委会”取代，部门权力机关被“核心小组”取代，党组功能发挥的空间越来越小。党的九大召开后，党章删除了党组的相关条款，党组从制度与实践上暂时退出政治生活舞台。1977 年党的十一大通过的党章重新将党组条款写入党章，恢复在国家机关和人民团体中设立党组。党的十二大党章专章规定了党组制度，将党组的设立范围扩大到中央和地方国家机关、人民团体、经济组织、文化组织或其他非党组织，并进一步明确了党组的任务、成员、领导体制等内容。党的十三大召开后，由于受到党和国家政治体制改革的影响，党中央决定撤销政府、法院、检察院、经济组织和文化组织中设立的党组，将党组设立范围修改为“中央和地方各

① 田桥：《中国共产党党组制度的沿革、结构与功能》，载《社会主义研究》2019 年第 6 期。

级人民代表大会、政治协商会议、人民团体和其他非党组织的经选举产生的领导机关”。[①]1989年以来，党组的作用再次受到重视，在国家机关和经济文化组织中纷纷恢复党组的设立。党的十六大对党组的性质作出调整，明确党组发挥领导核心地位。在党组制度历经撤销、恢复的曲折历程后，开始快速稳定的发展。

党的十八大以来，党组制度建设不断创新和发展，注重通过党内法规的形式建立健全党组制度。2015年5月中央政治局审议通过《中国共产党党组工作条例（试行）》，2018年12月中央办公厅印发《党组讨论和决定党员处分事项工作程序规定（试行）》。2019年3月，中央政治局审议修订了《中国共产党党组工作条例》，党组制度逐步纳入制度化、规范化、程序化轨道。

2. 党组制度的逻辑展开

如何通过党组实现党对非党组织的领导，在不同类型的组织中党组主要通过以下三种途径发挥作用。

第一，党的主张向国家法律的转化。党组发挥把方向、管大局、保落实的领导作用，通过推动党的主张和重大决策转化为法律法规、政策政令和社会共识，确保党的理论和路线方针政策的贯彻落实。此种途径表现为党组的政治领导途径，即通过立法程序把党的路线、方针、政策上升为法律、法规、规章等，这是国家政权机关党组实现政治领导的特有方式。党对国家政权机关的领导主要表现为党对县级以上人民代表大会、政府以及司法机关的领导，主要领导方式是在国家政权机关内设立党组（党委）并发挥其领导核心作用，以保证所在单位履行公务时体现党的意图。在国家政权机关中设立党组，是党领导国家政权的重要方式，也是党的组织领导权的重要内容。党执掌国家政权，依法治国、依法行政，首先是通过党对人大工作的领导实现的，具体而言是通过立法机关中的党组，对国家法律的制定和实施提出意见，以保障所制定和实施的国家法律能够体现党的意志。

第二，讨论和决定本单位重大问题。党组讨论和决定本单位的重大问

① 《十三大以来重要文献选编》（上册），中央文献出版社2011年版，第55—56页。

题，贯彻落实党的决策部署。党章规定党组的主要任务包括“讨论和决定本单位的重大问题”，并且新增“国有企业党委（党组）发挥领导作用，把方向、管大局、保落实，依照规定讨论和决定企业重大事项”，与国有企业基层党组织的职责相区分。《中国共产党党组工作条例》（以下简称《党组工作条例》）也对党组讨论和决定的重大问题进行了列举。以国有企业党组为例，《中国共产党国有企业基层组织工作条例（试行）》（以下简称《国有企业基层组织工作条例》）规定，国有企业党组“研究讨论企业重大经营管理事项，支持股东（大）会、董事会、监事会和经理层依法行使职权”，并且要求将“明确党组织研究讨论是董事会、经理层决策重大问题的前置程序”写入公司章程。这样的程序设计保障了国有企业的重大决策事项符合党的政治方向。当然，党组参与重大决策，主要是政治方针、路线、政策的把握，而不是决定企业具体经营等属于企业管理者的事项。[①] 习近平总书记明确指出：“要处理好党组织和其他治理主体的关系，明确权责边界，做到无缝衔接，形成各司其职、各负其责、协调运转、有效制衡的公司治理机制。”[②] 要实现党组发挥领导作用与本单位领导班子依法依章程履行职责相统一，而不是说要用党组取代其他治理主体。

第三，党组成员构成具有特定性。《党组工作条例》第十四条对党组成员的组成情况进行了明确，党组书记一般由本单位领导班子主要负责人担任，党组其他成员一般由本单位领导班子成员中的党员干部、派驻本单位的纪检监察组长担任，必要时也可以由本单位重要职能部门或者下属单位党员主要负责人担任。这一设计，保证了党组成员与本单位主要负责人员的重合，既是党的领导方式之一，又是实现党组讨论和决定本单位重大问题的重要保障。以国有企业党组为例，国有企业党组书记一般由董事长或者总经理担任，客观上实现了党的领导权与企业管理权的重叠性，党组成员作为党员必须执

① 强舸：《“国有企业党委（党组）发挥领导作用”如何改变国有企业公司治理结构？——从“个人嵌入”到“组织嵌入”》，载《经济社会体制比较》2019年第6期。

② 参见2016年10月，习近平总书记在全国国有企业党的建设工作会议上的讲话。

行党的决议，作为本单位领导班子负责人，必须履行管理企业的职责。[①] 通过非党组织中的党员，特别是担任领导职务的党员，成为党组成员，从而影响非党组织的行为，确保党的决定得以执行、党的意图得以贯彻。

党组作为嵌入性党组织，是联结党内与党外的重要桥梁。除上述三种领导途径外，党组制度还需把握两个方面的重要问题。一方面，《党组工作条例》虽然涉及非党组织，但始终是以规范党组的方式来实现党的领导的目的，而不直接对非党组织作出具体规定。另一方面，党组是所在组织中的领导核心，但并不意味着党组可以代替所在组织行使法定职权，要注意区分党组的领导职能和本单位领导班子的职能，实现二者和谐统一。

（二）基层党组织

党的基层组织，根据工作需要和党员人数，经上级党组织批准，分别设立党的基层委员会、总支部委员会、支部委员会。党组的成员，由批准成立党组的党组织决定，而基层党组织属于党委序列，基层委员会由党员大会或代表大会选举产生。企业、农村、机关、学校、医院、科研院所、街道社区、社会组织、人民解放军连队和其他基层单位，凡是有正式党员三人以上的，都应当成立党的基层组织。在不同单位中，基层党组织的领导作用与领导方式存在差异。

1. 保障和监督作用

发挥保障和监督作用的基层党组织主要包括机关基层党组织、国有企业和集体企业基层党组织、行政领导人负责制的事业单位基层党组织三类。

根据党章以及《中国共产党党和国家机关基层组织工作条例》的规定，机关基层党组织协助本单位负责人完成任务，改进工作，对包括本单位负责人在内的每个党员进行教育、管理、监督，不领导本单位业务工作。根据以上规定，需要厘清以下两个问题：一是各级党和国家机关中党的基层组织仅

---

① 根据民主集中制的原则，领导权的主体是党组织，而不是党员个人，党员个人只是代表党组织行使权力。但从微观来看，个人是领导行为的动作发出者。

不领导本单位的“业务”工作，业务工作主要指的是国家机关的行政管理活动。但是仍然领导机关工会、共青团、妇女组织等群团组织，支持这些组织依照各自的章程独立负责地开展工作。二是机关基层党组织在上级党的委员会或者党的机关工作委员会和本单位党组的领导下，协助党组开展工作。党组是本单位的领导机构，讨论和决定本单位重大问题。党组与机关基层党组织，前者侧重领导，后者侧重党员的教育、管理、监督，共同加强和改进党的领导与机关党的工作。

十九大通过的党章由过去的“国有企业和集体企业中党的基层组织，发挥政治核心作用，围绕企业生产经营开展工作”，修改为“国有企业党委（党组）发挥领导作用，把方向、管大局、保落实，依照规定讨论和决定企业重大事项。国有企业和集体企业中党的基层组织，围绕企业生产经营开展工作”。这样修改一是区分了国有企业和集体企业中的“党组”和“基层党组织”两类党组织；二是基层党组织不再发挥政治核心地位，而是由党组发挥领导作用。《国有企业基层组织工作条例》进一步细化了国有企业党组和国有企业基层党组织的职责，明确国有企业基层党组织“参与”决策、“支持”本单位负责人开展工作以及“监督”党员、干部、其他工作人员的守法情况。

实行行政领导人负责制的事业单位主要包括科研院所、中小学校等。行政领导人负责制事业单位中党的基层组织所发挥的作用，在 1982 年党章至 2017 年党的十九大修改的党章中的规定不尽相同。1982 年党章对企事业单位基层委员会进行概括性规定，并强调了其在本单位的领导作用。1987 年党章在第三十三条第一段前面，增加了“企业和实行行政首长负责制的事业单位中党的基层组织，对党和国家的方针政策在本单位的贯彻执行实行保证监督”，区分了党委领导下的行政首长负责制的事业单位和行政首长负责制的事业单位。1992 年党章进一步规定，“实行行政领导人负责制的事业单位中党的基层组织，发挥政治核心作用。实行党委领导下的行政领导人负责制的事业单位中党的基层组织，对重大问题进行讨论和作出决定，同时保证行政领导人充分行使自己的职权”。直到 2017 年党章，删除“政治核心作用”的表述，即实行行政领导人负责制的事业单位中党的基层组织，不再领导本单位工作，仅发挥战斗堡垒作用。

2. 引导和监督作用

非公有制经济组织中党的基层组织，贯彻党的方针政策，引导和监督企业遵守国家的法律法规，领导工会、共青团等群团组织，团结凝聚职工群众，维护各方的合法权益，促进企业健康发展。社会组织中党的基层组织，宣传和执行党的路线、方针、政策，领导工会、共青团等群团组织，教育管理党员，引领服务群众，推动事业发展。《中共中央关于加强和改进党的群团工作的意见》强调，群团组织实行分级管理、以同级党委领导为主的体制，工会、共青团、妇联受同级党委和各自上级组织双重领导；群团组织中的党组要充分发挥领导核心作用。工会、共青团、妇联作为中国共产党联系人民群众的“传动装置”，是中国社会中三个高度政治化和组织化的社会团体，具有鲜明的国家和社团的“双重属性”，属于中共党委序列，他们的根本任务是接受和服从中国共产党的领导。[①] 地方党委与党组在群团组织中发挥领导作用，比如，地方党委有关工作会议应该请工会、共青团、妇联等群团组织主要负责人参加或列席，基层组织仅是引导和监督党员、党员干部等遵守法律法规、服务群众。

3. 领导作用

在所在单位发挥领导作用的基层党组织包括在街道、乡、镇建立的党的基层组织，在农村、社区建立的党的基层组织，以及在实行党委领导下的行政领导人负责制的事业单位中建立的党的基层组织。基层党组织在本单位发挥领导作用时，需注意支持和保证村委会、居委会的自治，以及行政领导人独立行使职权。

街道、乡、镇党的基层委员会和村、社区党组织，领导本地区的工作和基层社会治理，支持和保证行政组织、经济组织和群众自治组织充分行使职权。根据《中国共产党农村基层组织工作条例》的相关规定，乡镇党的委

① 景跃进、陈明明、肖滨主编：《当代中国政府与政治》，中国人民大学出版社 2016 年版，第 32 页。

员会和村党组织全面领导乡镇、村的各类组织和各项工作。具体领导的内容包括乡镇和本村的经济建设、政治建设、文化建设、社会建设、生态文明建设和党的建设以及乡村振兴中的重要问题。乡镇党委以及村党组织通过以下途径发挥其领导作用：一是讨论前置，这是最为重要的领导途径。需由乡镇政权机关或者集体经济组织决定的重要事项，经乡镇党委研究讨论后，由乡镇政权机关或者集体经济组织依照法律和有关规定作出决定。需由村民委员会提请村民会议、村民代表会议决定的事情或者集体经济组织决定的重要事项，经村党组织研究讨论后，由村民会议、村民代表会议或者集体经济组织依照法律和有关规定作出决定。二是顶层设计。领导制定本地经济发展规划是党的基层组织领导农村经济工作的重要方式。三是教育培训，加强党的思想领导。通过群众学习、群众培训、宣传教育等活动，加强精神文明建设。四是村“两委”班子成员交叉任职。村党组织书记应当通过法定程序担任村民委员会主任和村级集体经济组织、合作经济组织负责人，这在一定程度上有利于党的政策在农村的贯彻落实。

实行党委领导下的行政领导人负责制的事业单位中党的基层组织，对重大问题进行讨论和作出决定，同时保证行政领导人充分行使自己的职权。党委领导下的行政领导人负责制的事业单位一般指公立高校、医院。顾名思义，“党委领导下”指的是党委在本单位的领导核心作用。党的十三届四中全会之后，党中央确定在国家举办的普通高等学校全面实行党委领导下的校长负责制，这是党对公立高校领导的根本制度，是中国特色现代大学制度的核心内容。[①] 中共中央印发的《中国共产党普通高等学校基层组织工作条例》第三条明确规定，高等学校实行党委领导下的校长负责制。2014 年 10 月中共中央办公厅印发《关于坚持和完善普通高等学校党委领导下的校长负责制的实施意见》，进一步将高等学校党的委员会统一领导的内容，以及校长按照《高等教育法》的规定独立负责的工作内容进行了规定。公立医院也实行同高等学校相同的领导体制。2018 年 6 月，中共中央办公厅印发的《关于加强

① 蒋清华：《中国共产党党的领导法规制度基础理论研究》，人民出版社 2019 年版，第 355 页。

公立医院党的建设工作的意见》规定，公立医院实行党委领导下的院长负责制。党委等院级党组织发挥把方向、管大局、作决策、促改革、保落实的领导作用；院长在医院党委领导下，全面负责医院医疗、教学、科研、行政管理工作。

（三）党政机构统筹

党的十九大提出，深化机构和行政体制改革，统筹考虑各类机构设置，科学配置党政部门及内设机构权力、明确职责。2017 年 4 月出台的《中国共产党工作机关条例（试行）》规定，根据工作需要，党的工作机关可以与职责相近的国家机关等合并设立或者合署办公。合并设立或者合署办公仍由党委主管。2018 年 2 月 26 日至 28 日，党的十九届三中全会审议通过了《中共中央关于深化党和国家机构改革的决定》（以下简称《改革决定》）和《深化党和国家机构改革方案》（以下简称《改革方案》），同意把《改革方案》的部分内容按照法定程序提交十三届全国人大一次会议审议。2018年3月17日，十三届全国人大一次会议审议通过了《国务院机构改革方案》。直到 2019 年 3 月，从中央到地方机构改革的任务基本完成，初步构建了适应社会主义现代化建设需要的党和国家机构职能体系。党的二十大提出了深化党和国家机构改革的重要部署，党的二十届二中全会审议通过的《党和国家机构改革方案》，紧扣实现中国式现代化，明显加快了国家治理现代化的步伐，是对推进国家治理现代化的新探索。

2023 年新一轮党和国家机构改革落实了党的二十大提出的“全面的、系统的、整体的”党的领导，重塑了新时代的党政关系，是一种区别于既往的“党政合一”和“党政分开”模式的新型党政关系。正如学者所言，“不是党政合一的回归，而是对改革开放以来党和国家领导制度改革经验的继承和发展中所建立起的一种既不同于以党代政，也不同于党政机构完全分离的党政统筹关系”。① 党的十九大作出统筹设置党政机构的改革决定，不仅是组织上

① 金国坤：《党政机构统筹改革与行政法理论的发展》，载《行政法学研究》2018 年第 5 期。

的统筹，还是机构、职能、责任的全方位融合。

1. 党政机构合署合设

“一套人马，两块牌子”是对党政机构合署办公的通识性概括，合署办公的机构并没有完全融合为一个机构，党政双方在职责职能、内设机构、人员编制上仍然是相对独立的。国家监察委员会同中央纪律检查委员会是党政合署办公的典型代表，根据《改革方案》的相关规定，二者履行纪检、监察两项职责，实行一套工作机构、两个机关名称。此外，国家军委与中共中央军委，国务院台湾事务办公室与中共中央台湾工作办公室、国家互联网信息办公室与中央网络安全和信息化委员会办公室等，均属“一套人马，两块牌子”的合署办公范畴。党的机关主要是起到领导、监督的作用，不直接涉及公共事务的细节管理，国家行政机关是宪法确定的国家公权力的行使主体，是国家法律的执行机构，直接对外行使公权力，以行政主体的名义、按照法律规定的程序管理国家事务。

合并设立是将两个或两个以上的党政机关由于其工作性质、工作内容、工作对象的相似性或相关性，而将其重新整合成一个具有独立法律人格的机关，包括新设合并和吸收合并两种类型。前者如将中共中央党校和国家行政学院合署办公的职责整合，组建新的中共中央党校（国家行政学院），实行一个机构两块牌子，作为党中央直属事业单位。后者体现为将原国家机构并入党中央职能部门，由党中央职能部门承担相关职责，并对外保留牌子的情形，比如将国家公务员局并入中央组织部，对外保留国家公务员局牌子，不再保留单设的国家公务员局；将国家宗教事务局并入中央统战部，对外保留国家宗教事务局牌子，不再保留单设的国家宗教事务局；将国务院侨务办公室并入中央统战部，对外保留国务院侨务办公室牌子，不再保留单设的国务院侨务办公室等。合并设立后，原属于政府部门的机构会隶属于党的机构，成为党的机构的组成部分。

合并设立和合署办公常同时出现，比如《改革方案》指出，推进职责相近的党政机关合并设立或合署办公。2018 年 10 月 18 日，习近平总书记强调，在省市县对职能相近的党政机关探索合并设立或合署办公。[①] 合并设立与合署办公都是基于党的机关和国家机关职责相近，为提高效率效能，优化部门职责而进行的党政机构统筹设置。但是，合并设立与合署办公并不是等同的，对于“一套人马，两块牌子”应做不同层次的理解。合并设立是两个性质相近的党政机构，合并为一个独立的党的机构，机构、职能、编制都是一体的。比如中央组织部统一管理公务员工作之后，实现了领导干部和普通公务员管理的一体化，相继印发了《公务员范围规定》《公务员录用规定》《公务员调任规定》《公务员培训规定》等一系列规定。而合署办公是两个或两个以上不同性质的党政机关，由于工作对象或者职责相同相近而在同一地点办公，对外仍是两个相对独立的机构，承担不同的职责。[②]

党政合署合设使党的机构产生了影响公民、法人和其他组织权利义务，以及行使国家行政管理职权的客观事实。值得肯定的是，党政合署合设，优化党政机构职能，提高了党把方向、谋大局、定政策、促改革的能力和定力，确保党的领导全覆盖，确保党的领导更加坚强有力。同时，党政机构合署合设应限定在特定领域，党的领导更多体现在对关系大局的工作实行党的统领或者归口管理。[③]

2. 归口管理

归口管理是党通过党内职能部门对国家和社会事务实行有效领导的制度。归口管理制度是在 1949 年 11 月中共中央政治局通过的《关于在中央人民政府内组织中国共产党党委会的决定》中确立的，规定在中央人民政府党委下，按照党员人数及工作部门的性质，暂分设六个分党委，即政治法律委员会分党委，财政经济委员会分党委，文化教育委员会分党委，中央人民政府委员会直属机关、最高人民法院及最高人民检察署分党委，政务院直属机

① 《习近平：在省市县对职能相近的党政机关探索合并设立或合署办公》，新华网，http://www.xinhuanet.com//politics/19cpcnc/2017-10/18/c_1121820736.htm，最后访问日期：2020 年 12 月 26 日。

② 张力：《党政机关合署办公的标准：功能、问题与重构》，载《政治与法律》2018 年第 8 期。

③ 金国坤：《党政机构统筹改革与行政法理论的发展》，载《行政法学研究》2018 年第 5 期。

关及最高人民监察委员会分党委，中国人民大学分党委。这是归口管理制度的一个雏形。1953 年中共中央发布了《关于加强中央人民政府系统各部门向中央请示报告制度及加强中央对于政府工作领导的决定（草案）》，把政府的工作分为国家计划工作、政法工作、财经工作、文教工作、外交工作和其他不属于前述五个范畴的工作六个口。[①]“文化大革命”时期，归口管理制度受到破坏，直到改革开放之后，才得以恢复和发展。

归口管理是为了避免政出多门、推诿扯皮等现象，一类事项原则上由一个部门统筹，突出核心职能、整合相近职能，将原属于政府管理的职能部门归口中央职能部门管理。比如在《改革方案》中明确，整合中央电视台（中国国际电视台）、中央人民广播电台、中国国际广播电台，组建中央广播电视总台，作为国务院直属事业单位，归口中央宣传部领导；将国家民族事务委员会归口中央统战部领导，国家民族事务委员会仍作为国务院组成部门。以后者为例，国家民族事务委员会的主体资格和隶属关系并没有变化，仍然是国务院的组成部门，不同于以前民族事务委员会只是国务院的组成部门，归口后，需要接受统战部和国务院的领导。与合并设立不同的是，归口管理不改变机构本身的性质，归口管理后的国家机关仍是行政法律关系一方当事人。目前，在组织、宣传、统战、政法、机关党建、教育培训等部门均存在归口管理的领导方式。比如，党对司法机关和司法工作的领导，是通过从中央到地方的重要职能机构——党委政法委员会来实现的。这一机构正是依照中国共产党的归口管理制度设置的。

归口管理制度是党的领导体制的重要制度之一，归口管理制度的核心就是加强和完善党的领导，主要通过党组制、请示汇报制度、党管干部等原则实现。归口领导部门对被归口部门单位的具体领导内容，仅限于工作职能的确定、工作规划的制定，以及重大工作职能和任务的调整，并通过这些内容来体现对被归口部门的领导，具体管理资源的调配使用、工作任务的落实完成等则不属于归口领导范畴。

---

① 张恒山等著：《依法执政：中国共产党执政方式研究》，法律出版社 2012 年版，第 286 页。

3. 决策议事协调机构

决策议事协调机构，是为实现党对重大工作的集中统一领导，保证其他机构协调联动而建立。党中央历来高度重视对涉及全局重大工作的集中统一领导，在革命、建设、改革的不同历史时期，为军事斗争、经济建设、改革开放等重大工作都曾专门设立过决策议事协调机构，发挥了重要作用，成为党加强集中统一领导、推动重大工作落实的一条成功经验。党的十八大以来，以习近平同志为核心的党中央高度重视党对重大工作领导体制的完善，在党中央已设立的决策议事协调机构基础上，新成立了中央全面深化改革领导小组、中央国家安全委员会、中央网络安全和信息化领导小组、中央军民融合发展委员会等，进一步加强党的集中统一领导，推动这些重要领域工作取得重大进展，为党和国家事业取得历史性成就、发生历史性变革提供了有力保障。①

《改革决定》进一步有针对性地提出，加强和优化党中央决策议事协调机构，为此《改革方案》从新组建若干党中央决策议事协调机构，统一各委员会名称，设置党中央决策议事协调机构的办事机构等方面作出努力。首先，组建中央全面依法治国委员会、中央审计委员会和中央教育工作领导小组，加强党中央对法治中国建设、审计工作、教育工作的集中统一领导。其次，将中央全面深化改革领导小组、中央网络安全和信息化领导小组、中央财经领导小组、中央外事工作领导小组改为委员会，实现了由任务型组织向常规型组织转型，决策职能和综合协调职能得到了进一步强化。委员会的职能范围更广、机构设置更规范、参与成员更多元、统筹协调更有力、决策议事权威性更高，有利于完善党对重大工作的科学领导和决策，形成有效管理和执行的体制机制，加强党中央对地方和部门工作的指导。②最后，将中央全面依法治国委员会、中央审计委员会和中央教育工作领导小组的办事机构分别

---

① 穆虹：《建立健全党对重大工作的领导体制机制》，载《人民日报》2018 年 4 月 18 日，第 7 版。

② 王臻荣、郎明远：《从“领导小组”到“委员会”：制度逻辑与政治价值》，载《山西大学学报（哲学社会科学版）》2018 年第 4 期。

设在了司法部、审计署和教育部，将中央农村工作领导小组办公室设在农业农村部。这种统筹党政部门设置办事机构的做法打破了所谓的党政界限，实现同一件事情齐抓共管，建立起高效协同的决策执行链条。

从中央到地方的各类“领导小组”“委员会”“指挥部”等议事协调机构，是贯彻党的领导地位的重要制度设施和机构安排。根据《中国共产党中央委员会工作条例》的规定，党中央设立若干决策议事协调机构，党中央决策议事协调机构在中央政治局及其常委会领导下开展工作，负责相关重大工作的顶层设计、统筹协调、整体推进、督促落实。比如《中国共产党机构编制工作条例》列举了关于中央机构编制委员会在党和国家机构职能体系建设方面的十项具体职责，实现党对党和国家机构改革、体制机制和职责调整，各类机关和事业单位的机构、编制、领导职数的配备和调整等机构编制工作的集中统一领导。党中央决策议事协调机构按照党中央决策部署和中央委员会总书记指示要求，召开会议，研究决定、部署协调相关领域重大工作。会议议题由中央委员会总书记确定或者审定。有关事项经党中央决策议事协调机构会议审议后，根据需要提请中央政治局常务委员会会议审议。

三、党对国家和社会事务的领导

党对国家和社会领导的具体化形态，从组织角度而言，体现在党对国家政权机关，以及社会各类组织的领导；从目的角度而言，体现在党对国家和社会事务的领导。以下通过对党领导立法工作、政法工作、经济工作、生态环境工作等重点领域的分析，以期以点带面阐释党在不同领域国家和社会事务中存在各有侧重的领导体制。

（一）党领导立法工作的体制

党对人大工作的领导实现具体来说可以分为政治领导与组织领导两种途径：前者是通过人大中的党组，对国家法律的制定和实施提出意见，将党的路线、方针、政策上升为国家法律，以保障所制定和实施的国家法律能够体现党的意志；后者是通过人大的制度安排，按照法定程序使党推荐的重要干部成为国家政权机关的领导人。[①]关于党政领导干部选拔任用的具体机制，将在本书后文“党的领导机制规范化”章节中作详细阐述，此处不再赘述。

改革开放以来，我国立法工作的巨大成就均是在党的领导下取得的。党的十八届四中全会强调“完善立法体制，加强党对立法工作的领导，完善党对立法工作中重大问题决策的程序，健全有立法权的人大主导立法工作的体制机制”。党中央和地方党委通过在全国及地方各级人大常委会中设立党组来领导立法机关及立法工作。党的领导是充分发挥人大在立法工作中主导作用的根本保证，人大主导是落实党对立法工作领导的主要途径，两者相辅相成，缺一不可。

首先，党对立法工作的领导是一种政治领导。通过立法程序把党的路线、方针、政策上升为法律、法规、规章等，这是国家政权机关党组实现政治领导的特有方式。党的十九大修改的党章将“党的领导主要是政治、思想和组织的领导”修改为“中国共产党的领导是中国特色社会主义最本质的特征，是中国特色社会主义制度的最大优势。党政军民学，东西南北中，党是领导一切的”。党的全面领导原则得到进一步制度化、规范化确认。就党的领导对象而言，党的领导是覆盖方方面面的，但就领导方式而言，主要通过政治、思想和组织领导等途径。比如，陈明明教授在区分政治领导、思想领导、组织领导的基础上提出，“政治领导是指规定国家性质和发展方向，制定国家大政方针路线和政策，协调政治主体间关系，确立其在权力结构中的核心地位”。[②]蒋清华教授则进一步将党的政治领导权划分为国法制定和实施意见权、国策制定和贯彻意见权以及党的领导法规制定和执行权三项内容。[③]在 1978 年 3 月 18 日，邓小平在全国科学大会开幕式上的讲话中指出“党委的领导，主要是政治上的领导”并进一步明确政治领导是

① 景跃进、陈明明、肖滨主编：《当代中国政府与政治》，中国人民大学出版社 2016 年版。

② 景跃进、陈明明、肖滨主编：《当代中国政府与政治》，中国人民大学出版社 2016 年版，第 52 页。

③ 蒋清华：《中国共产党党的领导法规制度基础理论研究》，人民出版社 2019 年版，第 262 页。

政治路线上的领导，政治原则上的领导，也是大政方针上的领导。[1] 从不同学者对政治领导的解读与阐述，以及“政治领导”这一概念在党章、历届党的全国代表大会中的相关表述可以看出，党的政治领导集中体现在党的路线、方针、政策上。

1979 年 8 月中共中央办公厅印发的《彭真同志关于制定和修订法律、法规审批程序的请示报告》并未就党领导立法工作的具体属性予以明确，但在具体工作中将其界定为政治领导；1991 年《中共中央关于加强对国家立法工作领导的若干意见》明确“中央对国家立法工作主要实行政治即方针政策的领导”；2016 年《中共中央关于加强党领导立法工作的意见》（以下简称《党领导立法工作的意见》）作了类似的表述，即“坚持主要实行政治领导，即方针政策领导”。[2] 根据以上三部重要党内文件，党对立法工作的领导属于方针、路线、政策等方面的政治性领导，不涉及具体法律草案的内容，也不能代替人大及其常委会在立法工作中的主导作用。

其次，党对立法工作的领导，在不同的历史时期有不同的方式和特点。根据 1979 年彭真给中央的报告，党领导立法工作的方式主要有两种方式：[3] 一是“审批”，“今后新草拟的和修订的法规，在提出前都由主管草拟的或负责修订的国务院或人大直属的机关，报请中央审批”。“审批”发生于立法准备阶段，是对于要不要制定和修订法规等宏观性、方向性问题的把握。二是“原则批准”，主管部门“应将拟定或修订的法规要解决的主要问题和意见，请示中央原则批准”。“原则批准”发生于立项或者提出议案后的审议决定阶段，其特点在于并不拍板决定法律草案的具体内容，而是审议法律草案的内容是否符合党的路线、方针、政策。2013 年中共中央发布的《中央党内法规制定工作五年规划纲要（2013—2017 年）》要求，完善党领导国家法治建设的党内法规，并进一步指出修改《中共中央关于加强对国家立法工作领导的若干意见》，规范党领导国家立法的工作程序，更好地使党的主张通过法定

---

① 《邓小平文选》（第二卷），人民出版社 1994 年版，第 98 页。

② 刘松山：《党领导立法工作需要研究解决的几个重要问题》，载《法学》2017 年第 5 期。

③ 刘鲁吉：《新时代党领导立法方式的新发展》，载《前沿》2020 年第 2 期。

程序成为国家意志。2016 年 2 月出台的《党领导立法工作的意见》在 1991 年意见的基础上明确了党领导立法工作的指导思想、基本原则、方式方法和组织保障等内容，是新的历史时期党如何领导立法工作规定得最详细具体的一个文件。《党领导立法工作的意见》要求，要把党的领导贯彻到立法全过程，党明确立法工作中的重大问题，党中央和有立法权地方的党委要讨论决定涉及重大体制和重大政策调整的立法事项，并协调解决重大立法争议。修改后的意见进一步发展了党领导立法工作的具体方式，由被动式“原则批准”，发展成为主动式“协调推进”，这一具体领导方式的变化能及时将党的路线方针政策和重大决策部署贯彻落实到立法中。

再次，党对立法工作的领导在很大程度上是通过在人大常委会中的党组来实现的。党组在党内法规确定的权限范围内，依据国家法律和党内法规具体领导立法工作。根据《中国共产党党组工作条例》的相关规定，“党组应当由党中央或者本级地方党委审批”“党组必须服从批准其设立的党组织领导”，即党中央或者地方各级党委是其所设立党组的领导机关。基于此，全国及地方各级人大常委会中的党组，必须接受批准其设立的党中央或党委发布的指示、交办的任务，并且主动向党中央或党委请示、报告工作。党的十八届四中全会决定明确指出：“法律制定和修改的重大问题由全国人大常委会党组向党中央报告。”[①]《中国共产党地方委员会工作条例》第五条明确了党的地方委员会实行政治、思想和组织领导的具体方式，其中包括“通过法定程序使党组织的主张成为地方性法规、地方政府规章或者其他政令”，向地方国家机关等“推荐重要干部”，支持和保证人大等依法依章程独立负责、协调一致地开展工作，发挥其党组的领导核心作用。因此，在党领导立法工作中，党组在人大常委会和党中央或各级党委之间发挥上传下达作用，保障了所制定或修改的法律能反映党的主张。以全国人大常委会党组为例，在立法重大事项请示报告方面，一般是由常委会法制工作机构请示常委会党组，

① 《中共中央关于全面推进依法治国若干重大问题的决定》，载《求是》2014 年第 21 期。

由常委会党组向党中央请示报告，再根据中央的指示处理有关问题。[①] 比如，在《民法典》制定过程中，全国人大常委会党组先后多次向党中央请示和报告，就民法典编纂工作的总体考虑、工作步骤、体例结构等重大问题进行汇报。2016 年 6 月、2018 年 8 月、2019 年 12 月，习近平总书记三次主持中央政治局常委会会议，听取并原则同意全国人大常委会党组就民法典编纂工作所作的请示汇报，对民法典编纂工作作出重要指示，为民法典编纂工作提供了重要指导和基本遵循。[②]

最后，人大及其常委会在立法工作中发挥主导作用，是党的意志向国家法律转化的平台。王稼祥在给红军各部队的指示信中强调一个重要概念区分，党的“领导”不是“包办”一切事务，党如果包办一切事务就会“根本模糊了党的政治领导”。[③] 党对立法工作的领导是一种政治领导，这决定了党在立法工作中发挥方向性和政策性，而不是事务性的领导。党的十九大报告强调，要“发挥人大及其常委会在立法工作中的主导作用”“支持和保证人大依法行使立法权”。党领导立法工作与人大主导立法工作并不是相互排斥和冲突的关系，而应理解为“党领导下的人大主导立法”。人大及其常委会围绕党和国家工作大局，着力通过立法推动落实党中央重大决策部署，加强涉及经济社会发展全局的重要领域立法。

（二）党领导政法工作的体制

在我国党政体制下，党管政法是中国共产党领导政法工作的历史传统和基本经验。党通过领导国家立法工作为政法工作提供了行为准则和依据，而《中国共产党政法工作条例》（以下简称《政法工作条例》）的出台和实施有利于从制度上保障政法工作始终坚持正确前进方向，更好发挥服务保障党和

---

① 秦前红：《依规治党视野下党领导立法工作的逻辑与路径》，载《中共中央党校学报》2017 年第 4 期。

② 王晨：《关于〈中华人民共和国民法典（草案）〉的说明——2020 年 5 月 22 日在第十三届全国人民代表大会第三次会议上》，共产党员网，http://www.12371.cn/2020/05/22/ARTI1590156366796834.shtml，最后访问日期：2021 年 1 月 14 日。

③ 《王稼祥选集》，人民出版社 1989 年版，第 15—16 页。

国家工作大局的重要作用。

在不同历史时期，党领导政法工作的方式和组织制度有所不同。1979 年中共中央发布的《关于坚决保证刑法、刑事诉讼法切实实施的指示》（64 号文件），取消了各级党委审批案件制度，逐步实现党委在大政方针上领导政法工作。1979 年，中央已经成立了中央政法小组，1980 年 1 月中共中央发布的《关于成立中央政法委员会的通知》明确“党中央决定成立中央政法委员会”，并规定了中央政法委员会的六项职责。[①]1988 年至 1990 年，政法委员会经过简短的起落后，进入稳定发展时期。党的十八大以来，党对政法工作的全面领导进一步加强，组织抓手更加多元化。《政法工作条例》将“坚持党的绝对领导，把党的领导贯彻到政法工作各方面和全过程”作为政法工作的最高原则，用专章规定了党中央对政法工作实施绝对领导，并进一步解决了“谁来领导”“领导什么”“怎么领导”等重大问题，为党领导新时代政法工作提供保障。

在领导主体上，党中央、地方党委、党委政法委员会、政法单位党组（党委）构成了党领导政法工作的四个层级领导主体。《政法工作条例》第二章至第五章区分了党中央对政法工作的绝对领导与地方党委、党委政法委员会和政法单位党组（党委）对政法工作的领导，对四个层级的领导主体及其职权职责作出划分与界定。首先，党中央是党对政法工作的绝对领导主体，排除其他党组织对政法工作绝对领导的主体资格。“绝对领导”的提法早在 2004 年的全国政法工作会议中就已出现，时任中央政法委书记的罗干在发言中指出：“坚持党对政法工作的绝对领导，是政法工作始终沿着正确方向前进的根本政治保证，是我们必须长期坚持的重大政治原则，是我国司法体制的政治优势和重要特征。”[②] 其次，地方党委、政法委员会和政法单位党组（党委）目标一致，各有分工。《政法工作条例》规定了地方党委的领导责任、党委政法委员会和政法单位党组（党委）的主要职责任务，其共同目标为贯

① 林中梁：《各级党委政法委员会的职能及宏观政法工作》，中国长安出版社 2004 年版，第 75 页。

② 罗干：《罗干谈政法综治工作》，中国长安出版社 2015 年版，第 196 页。

彻落实中央关于政法工作的大政方针，并且具有组织实施政法改革方案，加强政法队伍建设等方面的职权职责。相较于党委政法委员会的十项主要职责任务，地方党委的职责更具有统筹性与协调性，强调地方党委对政法工作与其他领域工作的协调、对政法舆情动态的分析掌握等，而政法单位党组（党委）的领导主体职责主要包括在本单位内贯彻落实党的政法工作部署，推动本单位的深化改革，加强政法队伍建设等。①

在领导方式上，党对政法工作的领导采取宏观领导与微观领导相结合的方式。宏观领导是指党中央对全国司法工作的统一领导，表现为党中央通过制定政法工作方针政策、体制机制等顶层设计全面指导政法工作。《政法工作条例》明确了党中央对政法工作实施绝对领导的三项职权，即决定权、决策部署权、管理权。决定权是党中央决定政法工作大政方针；决策部署权是党中央决策部署事关政法工作全局和长远发展的重大举措；管理权是党中央管理政法工作中央事权和由中央负责的重大事项。②通过对党中央三项职权的制度安排，将党的绝对领导原则具体化，回应了党的领导具体化、规范化、制度化的实践需求。微观领导等党组织对本机关的领导。这种领导方式较为具体，通过不同途径贯彻落实党中央对政法工作的宏观领导。微观领导与宏观领导的区分与配合，通过有区别的规定党中央领导政法工作的权限职能和各级党委、党委政法委员会、政法单位党组（党委）的职能权限来体现。③地方党委的职权职责在于“领导本地区政法工作，贯彻落实党中央关于政法工作大政方针，执行党中央以及上级党组织关于政法工作的决定、决策部署、指示等事项”。党委政法委员会的主要职责任务包含“坚持党对政法工作的绝对领导，坚决执行党的路线方针政策和党中央重大决策部署”“贯彻党中央以及上级党组织决定”等内容。政法单位党组（党委）的职权职责在于“领

① 于晓虹、杨惠：《党政体制重构视阈下政法工作推进逻辑的再审视——基于〈中国共产党政法工作条例〉的解读》，载《学术月刊》2019 年第 11 期。

② 张晓燕：《论〈中国共产党政法工作条例〉对新时代党的领导理论的制度创新》，载《党内法规研究》2020 年第 1 期。

③ 张恒山等著：《依法执政：中国共产党执政方式研究》，法律出版社 2012 年版，第 349 页。

导本单位或者本系统政法工作，贯彻党中央关于政法工作大政方针，执行党中央以及上级党组织关于政法工作的决定、决策部署、指示等事项”。在此种意义上，党对政法工作的领导中，宏观领导具有首要和决定意义，微观领导不能脱离、独立于宏观领导而存在。值得注意的是，宏观领导是实现党中央对政法工作绝对领导的方式之一,二者并不冲突。

在组织制度上，党领导政法工作主要通过在审判机关、检察机关、公安机关、国家安全机关、司法行政机关等政法单位内部设置党委党组和实行政法工作的归口领导两种方式实现的。2016 年中央政治局常委会听取五机关党组工作汇报时强调：“党中央对全国人大常委会、国务院、全国政协、最高人民法院、最高人民检察院的统一领导，很重要的一个制度就是在这些机构成立党组。”2019 年 1 月 25 日召开的中央政治局会议审议通过了《中央政治局常委会听取和研究全国人大常委会、国务院、全国政协、最高人民法院、最高人民检察院党组工作汇报和中央书记处工作报告的综合情况报告》。《政法工作条例》第六章明确规定了中央政法单位党组（党委）向党中央请示报告的具体事项。这意味着党组在党管政法工作中不断强化。关于党组制度的历史以及发挥作用的途径，在此不做赘述。党委政法委员会是党领导政法工作的又一特色组织。党委政法委员会是党委领导和管理政法工作的职能部门，是实现党对政法工作领导的重要组织形式。党的十八届四中全会通过的《中共中央关于全面推进依法治国若干重大问题的决定》提出，政法委员会是党委领导政法工作的组织形式，必须长期坚持。各级党委政法委员会要把工作着力点放在把握政治方向、协调各方职能、统筹政法工作、建设政法队伍、督促依法履职、创造公正司法环境上，带头依法办事，保障宪法法律正确统一实施。《改革决定》提出，优化党的组织、宣传、统战、政法、机关党建、教育培训等部门职责配置，加强归口协调职能，统筹本系统本领域工作。各级党委设立政法委员会对“政法口”工作进行统一领导，就是归口领导体制在政法领域的应用。在此次党和国家机构改革中，撤销了中央社会治安综合治理委员会及其办公室、中央维护稳定工作领导小组及其办公室，并将有关职责交由中央政法委员会承担。此外，将中央防范和处理邪教问题领导小组及其办公室的部分职责划归中央政法委员会。从中央到地方，政法委员会在政法工作中发挥不可替代的作用。通过对《政法工作条例》所规定的十项主要职责任务的归纳，政法委员会的主要功能可以归纳为组织推动、统筹协调、支持监督等方面，保证政法单位各部门协作配合、协调运转、总体作战，形成强大合力。

党领导政法工作的体制在加强党中央集中统一领导的同时，还保障了政法单位依法依章程独立公正行使职权，这两个方面是相互统一的，两个方面都不能偏废。早在《关于坚决保证刑法、刑事诉讼法切实实施的指示》（64 号文件）中就对此作出重要论述，“党委与司法机关各有专责、不能互相代替，不能互相混淆。今后加强党对司法工作的领导，最重要的一条，就是切实保证法律的实施，充分发挥司法机关的作用，保证法院、检察院独立行使职权，不受其他行政机关、团体和个人的干涉”[①]。2006 年，党中央印发的《关于进一步加强和改进党对政法工作领导的意见》强调，政法委既要保证政法各部门的独立办案，“支持司法机关依法独立公正行使职权，不干预政法部门正常的执法活动，不代替政法部门对案件的定性处理”，又要听取司法机关对大案要案的汇报，协调案件。[②]《政法工作条例》区分了“重大案件”与“重大事项”，将政法委员会的职能限定在“重大事项”，并非《关于进一步加强和改进党对政法工作领导的意见》中协调的“重大案件”，而第十五条第三项则规定政法单位党组（党委）的主要职责任务之一是“研究影响国家政治安全和社会稳定的重大事项或者重大案件，制定依法处理的原则、政策和措施”。这一变化传递出党对具体案件的协调需要一定的界限，并非任何领导主体均能对微观案件处理进行协调。2015 年，中共中央办公厅、国务院办公厅印发《领导干部干预司法活动、插手具体案件处理的记录、通报和责任追究规定》，以专门性党内法规，防止领导干部干预司法活动、插手具体案件处理，确保司法机关依法独立公正行使职权。因此，

① 武延平、刘根菊编：《刑事诉讼法学参考资料汇编》，北京大学出版社 2005 年版，第 954 页。

② 中央政法委机关理论学习中心组：《加强和改进党对政法工作的领导》，载《求是》2006 年第 15 期。

党对政法机关的领导主要是方针、政策和政治思想的领导，并不直接介入具体案件的处理过程。

（三）党领导经济工作的体制

坚持加强党对经济工作的集中统一领导，是中国特色社会主义制度的一大优势，是做好经济工作的根本保证。党的十八大以来，以习近平同志为核心的党中央坚持问题导向、突出重点领域、加强顶层设计，推进党对经济工作的领导体制机制建设取得重大进展。“加强党对经济工作的领导，全面提高党领导经济工作水平，是坚持民主集中制的必然要求，也是我们政治制度的优势。党是总揽全局、协调各方的，经济工作是中心工作，党的领导当然要在中心工作中得到充分体现，抓住了中心工作这个牛鼻子，其他工作就可以更好展开。”[①]

纵观建党百年历史，中国共产党历来重视坚持加强党的领导，推动社会主义经济建设取得巨大成就。早在1922年7月，中国共产党领导下创办的中国工人阶级第一个经济事业组织——安源路矿工人消费合作社揭开了中国共产党金融实践活动的序幕。[②]安源路矿工人消费合作社印发的股票、铜元票和纸币是党的历史上最早的货币和对股份制最初的尝试，迈出了红色中国金融事业探索的第一步，也为加强党对经济工作的领导提供了历史借鉴和宝贵经验。1955年，社会主义过渡时期推进“一化三改”，毛泽东指出党的“政治工作是一切经济工作的生命线。在社会经济制度发生根本变革的时期，尤其是这样”。[③]党的十一届三中全会后，党和国家的工作重心转移到经济建设上来，实行改革开放，邓小平强调“坚持四项基本原则，核心是坚持共产党的领导”。党的十八大以后，以习近平同志为核心的党中央，正确判断国际国内形势，准确把握经济社会发展趋势，作出我国经济发展进入新常态的

---

① 习近平：《中国共产党领导是中国特色社会主义最本质的特征》，载《求是》2020年第14期。

② 梅仕灿：《我党领导下的早期经济工作》，载《中国纪检监察报》2017年11月14日。

③《毛泽东文集》（第六卷），人民出版社1999年版，第449页。

重大战略论断。[①]2017年中央经济工作会议在首提习近平新时代中国特色社会主义经济思想的同时，将“坚持加强党对经济工作的集中统一领导，完善党中央领导经济工作的体制机制，保证我国经济沿着正确方向发展”确立为习近平新时代中国特色社会主义经济思想的内涵之一。

经过这些年的探索实践，我们党已形成一整套成熟的领导经济社会发展的体制机制。比如，中央全会每五年对今后一个时期经济社会发展作出系统部署，中央政治局常委会、中央政治局定期研究分析经济社会形势、决定重大事项，中央财经委员会及时研究经济社会发展重大问题，中央全面深化改革委员会及时研究经济社会领域重大改革，其他中央决策议事协调机构对涉及经济社会发展的相关重大工作进行顶层设计、总体布局、统筹协调、整体推进、督促落实。[②]党领导经济工作，不是直接具体抓经济工作，而主要是根据国内外形势和我国经济发展的长远目标，提出长远发展战略，制定重大方针政策，并由政府依法贯彻落实。因此，科学而完善的党领导经济工作的体制，表现为一种分工合理、权责明晰、各司其职的组织架构，能够为党在经济社会各项工作中总揽全局，对经济社会发展实施全面领导提供组织保障。

首先，中共中央、国务院通过召开中央经济工作会议总结当年的经济工作成绩，分析研判当前国际国内经济情况形势，制定第二年宏观经济发展规划。中央经济工作会议是每年级别最高的经济工作会议。自1994年以来每年举行一次，一般在每年年尾11月到12月举行，一般开会时间不超过四天。

其次，党中央通过中央委员会全体会议部署今后一个时期经济和社会发展规划。编制和实施国民经济和社会发展中长期规划是我们党治国理政、领导经济社会发展的一种重要方式。从1953年开始，我国已经编制了14个五

① 2014年5月10日，习近平总书记在河南考察时指出：“我国发展仍处于重要战略机遇期，我们要增强信心，从当前我国经济发展的阶段性特征出发，适应新常态，保持战略上的平常心态。”见《习近平在河南考察时强调深化改革发挥优势创新思路统筹兼顾 确保经济持续健康发展社会和谐稳定》，人民网，http://jhsjk.people.cn/article/25001070，最后访问日期：2023年12月6日。

② 丁薛祥：《坚持和完善党领导经济社会发展的体制机制》，载《人民日报》2020年11月20日，第6版。

年规划（计划）。[①]“一五”计划到改革开放前，中共作为执政党基本包办了计划从制订到执行的各个环节的工作，而改革开放后，则形成了一套完整的规划形成和制定程序。基本步骤包含以下几个环节：第一，中共中央在每届五中全会讨论经济发展问题，提出中共中央下一个五年规划的建议，对五年规划的指导思想、主要任务和重大问题都作出重要指示，以作为编制规划的主要依据。这已经形成了传统和制度。第二，在中共中央建议形成的过程中，国家发展改革委员会同步研究形成纲要，五中全会审议通过中共中央的建议以后，国务院正式起草纲要。起草工作主要是由国家发展改革委员会负责，并提交国务院常务会议和国务院全体会议审定。第三，国务院通过纲要以后，再提交每届全国人大的四次会议进行审议。《宪法》规定审查和批准国民经济和社会发展计划是全国人民代表大会的职权之一。

以 2020 年 10 月 29 日中国共产党第十九届中央委员会第五次全体会议审议的《中共中央关于制定国民经济和社会发展第十四个五年规划和二〇三五年远景目标的建议》（以下简称《建议》）为例，中央政治局决定党的十九届五中全会审议“十四五”规划建议，成立了文件起草组，由习近平总书记担任组长，李克强、王沪宁、韩正同志担任副组长。[②]在起草期间习近平总书记先后主持召开两次中央政治局会议、三次中央政治局常委会会议、两次起草组会议，研究审议规划《建议》稿的总体框架、基本思路、指导原则和重要内容。坚持党的全面领导是“十四五”时期经济社会发展必须遵循的原则，《建议》文本是制定“十四五”规划和各级发展规划的指导性文件。由此可见，以中央委员会为代表的党中央在经济和社会发展规划的制定过程中发挥着重要的指导性和决定性作用。此外，在纲要起草组中，负责编制五年规划的人员很多都是党向国家机关推荐的重要干部，这些人在组织

① 在社会主义市场经济体制初步确立的大背景下，从“十一五”时期开始，我国的“国民经济与社会发展计划”改称为“国民经济与社会发展规划”，反映了我国经济社会环境的变化和经济体制的转变，标志着规划工作进入了一个新的阶段。

② 习近平：《关于〈中共中央关于制定国民经济和社会发展第十四个五年规划和二〇三五年远景目标的建议〉的说明》，共产党员网，http：//www.12371.cn/2020/11/03/ARTI1604398335591133.shtml，最后访问日期：2021 年 1 月 20 日。

上受到各级党委的领导，保障五年规划符合党的方针、路线、政策。

再次，中央政治局经常组织集体学习和审议关系经济社会发展全局的重大问题，形成每季度分析研究经济形势的制度，同时定期研究部署重大战略问题。《中国共产党中央委员会工作条例》规定，中央政治局行使“讨论和决定关系党和国家事业发展全局的重大问题和事项”的职权。从2012年11月17日至2023年9月27日，中共中央政治局已先后组织了92次集体学习，其中十八届中央政治局累计43次，十九届中央政治局41次，二十届中央政治局8次。学习的主题涉及经济、政治、文化、社会、生态文明、国防军事、国家安全、外交、党的建设等领域，覆盖了治国理政各个方面的内容，体现出以习近平同志为核心的党中央对于相关领域的重点关注和深入思考。

最后，中央财经委员会在中央政治局、中央政治局常委会领导下研究确定经济社会发展重要方针政策。2018年3月中央委员会根据《改革方案》，将中央财经领导小组改为中央财经委员会，着力解决经济改革发展中存在的重大问题。中央财经委员会是中央直属议事协调机构，在党中央领导下研究确定经济社会发展和改革开放的重要方针和政策，研究提出处理重大财经问题、重大生产力布局、重大建设项目的原则和措施。对确定事项，通过随之召开的中央经济工作会议、中央农村工作会议、中央扶贫开发工作会议、全国金融工作会议等一系列重大工作专题会议作出全面部署并推向落实。[①]2018年4月2日，习近平总书记主持召开中央财经委员会第一次会议，强调党中央对经济工作的集中统一领导，并对防范化解金融风险攻坚战、精准脱贫攻坚战、污染防治攻坚战等工作提出了要求。

党政军民学，东西南北中，党是领导一切的。加强党对经济社会发展的领导，是坚持党的全面领导的题中应有之义。正如习近平总书记所深刻指出的：“能不能保持经济社会持续健康发展，从根本上讲取决于党在经济社会发

---

① 谢富胜、王松：《论坚持加强党对经济工作的集中统一领导》，载《毛泽东邓小平理论研究》2019年第4期。

展中的领导核心作用发挥得好不好。”[①] 党领导经济社会发展，主要是把握方向，谋划全局，提出战略，制定政策，推动立法，营造良好环境。党中央是大脑和中枢，必须坚决维护党中央权威和集中统一领导；党的地方组织要确保党中央决策部署贯彻落实，有令即行、有禁即止；基层党组织要强化政治功能和组织力，把广大人民群众紧紧团结在党的周围。地方党委要结合本地实际确定经济社会发展的基本思路和工作重点，集体讨论决定经济社会发展规划、重大政策措施、工作总体部署以及关系国计民生的重要事项，加强和改进对经济社会重大事务的综合协调，强化督促检查，确保中央方针政策和各项部署的贯彻落实。

（四）党领导生态环境保护工作的体制

习近平总书记在 2018 年 5 月 18 日召开的全国生态保护大会上指出，“生态环境是关系党的使命宗旨的重大政治问题，也是关系民生的重大社会问题”“要充分发挥党的领导和我国社会主义制度能够集中力量办大事的政治优势，加大力度推进生态文明建设、解决生态环境问题”。[②] 党的十八大以来，生态环境保护领域的大量政策性文件不再由行政部门单独制定，而普遍以中共中央、国务院的名义联合印发。生态环境保护领域“党政联合发文”数量的增多，体现出党对生态文明建设的全面领导，是对传统环境政策制定及其过程的根本性变革。[③] 比如中共中央、国务院于 2015 年 4 月联合印发了《关于加快推进生态文明建设的意见》，2015 年 9 月联合印发了《生态文明体制改革总体方案》，2018 年 6 月联合印发了《关于全面加强生态环境保护、坚决打好污染防治攻坚战的意见》，并将“全面加强党对生态环境保护的领导”独立成章，并且放在非常靠前的位置论述，体现了中央对加强党对生态环境

---

① 王京清：《为“十四五”时期经济社会发展提供根本保证》，载《人民日报》2020 年 11 月 26 日，第 9 版。

② 习近平：《坚决打好污染防治攻坚战推动生态文明建设迈上新台阶》，载《人民日报》2018 年 5 月 20 日，第 1 版。

③ 陈海嵩：《生态环境政党法治的生成及其规范化》，载《法学》2019 年第 5 期。

保护的领导的高度重视。中共中央办公厅、国务院办公厅还联合印发《生态文明建设目标评价考核办法》《党政领导干部生态环境损害责任追究办法（试行）》《中央生态环境保护督察工作规定》《关于建立资源环境承载能力监测预警长效机制的若干意见》《关于全面推行河长制的意见》《关于划定并严守生态保护红线的若干意见》《关于构建现代环境治理体系的指导意见》等多部党内法规和党内规范性文件。党领导生态环境保护工作应坚持以习近平生态文明思想为指引，以党的领导法规规范化制度为载体，以党政同责制度为着力点，充分发挥党委、党组在推进生态文明建设中的领导核心作用。

党对生态环境保护工作的领导应坚持以习近平生态文明思想为方向指引和根本遵循。党的十八大以来，以习近平同志为核心的党中央深刻回答了为什么建设生态文明、建设什么样的生态文明、怎样建设生态文明的重大理论和实践问题，提出了一系列新理念新思想新战略，形成了习近平生态文明思想，成为习近平新时代中国特色社会主义思想的重要组成部分。早在主持浙江工作期间，习近平同志形成了以绿色为基调的生态文明思想，其主持起草的十八大报告中，生态文明建设上升为党的执政方针。党的十八大审议并一致通过了十七届中央委员会提出的《中国共产党章程（修正案）》，大会同意将生态文明建设写入党章并作出阐述，使中国特色社会主义事业总体布局更加完善，使生态文明建设的战略地位更加明确，有利于全面推进中国特色社会主义事业。此后，党的十八届三中全会、四中全会、五中全会、六中全会对加快推进生态文明建设，健全生态文明制度体系，规范生态文明建设目标评价考核工作，强化党政领导干部生态环境和资源保护职责等内容提出了要求。党的十九大报告在总结已经取得的生态文明建设成效的基础上，以专题对“加快生态文明体制改革，建设美丽中国”提出推进绿色发展、着力解决突出环境问题、加大生态系统保护力度、改革生态环境监管体制四个方面的要求。党的二十大报告指出“中国式现代化是人与自然和谐共生的现代”，并作出了“促进人与自然和谐共生”是“中国式现代化的本质要求”之一的重大论断。习近平总书记对生态文明建设和生态环境保护提出一系列新理念新思想新战略，与时俱进丰富、拓展和深化了习近平生态文明思想，为做好新时代生态环境保护工作提供了重要指引和根本遵循。

党的领导制度在生态文明制度体系中居于统领地位，为推进中国特色社会主义生态文明建设提供政治保证。在宏观意义上，党对生态环境保护工作的领导同对其他国家和社会事务的领导差异性不大，正如习近平总书记所强调的："我国社会主义政治制度优越性的一个突出特点是党总揽全局、协调各方的领导核心作用。"[①] 中共中央、国务院《关于全面加强生态环境保护坚决打好污染防治攻坚战的意见》将党对生态环境保护的领导界定为："各级党委和政府要强化对生态文明建设和生态环境保护的总体设计和组织领导，统筹协调处理重大问题，指导、推动、督促各地区各部门落实党中央、国务院重大政策措施。"因此，党对生态文明建设的全面领导是顶层设计、总体布局、统筹协调、整体推进意义上的领导。

党对生态环境保护工作的领导以党的领导法规为制度载体，并且同相关国家法律相互补充、相互促进。习近平总书记指出："只有实行最严格的制度、最严密的法治，才能为生态文明建设提供可靠保障。"[②] 中国特色社会主义国家治理体系由以党章为统领的党内法规制度体系、以党的基本路线为统领的政策制度体系、以宪法为统领的法律制度体系三类制度所构成。[③] 基于这一基本架构，我国生态环境治理制度同样包含生态环境党内法规、党的生态环境政策、生态环境法律制度。实践表明，国家立法和党内立法的相互补充、相互促进已成为我国环境法治的一大特色。[④] 根据《中国共产党党内法规制定条例》对党内法规含义的界定，仅有中共中央办公厅、国务院办公厅联合印发的《中央生态环境保护督察工作规定》《生态文明建设目标评价考核办法》《党政领导干部生态环境损害责任追究办法（试行）》属于狭义党内法规的范畴，但是基于历史与现实的原因，《中国共产党党内法规制定条例》

---

① 习近平：《中国共产党领导是中国特色社会主义最本质的特征》，载《求是》2020年第14期。

② 《习近平谈治国理政》（第一卷），外文出版社2018年版，第210页。

③ 张文显：《法治与国家治理现代化》，载《中国法学》2014年第4期。

④ 郄建荣：《环保部：党内环保法规和政策制定成一大亮点》，载《法制日报》2017年8月22日，第2版。

对“党内法规”的界定与党的制度建设实践之间仍存张力，并不能完全涵盖现实中党的规章制度。[①] 实践中，党关于生态环境保护的重要政策、生态文明体制机制改革等顶层设计的内容，还通过党的政策文件、党政联合发文等制度载体加以明确宣示。虽然不具有狭义党内法规意义上严格的规范形式，却在事实上对生态环境法治构成了重要影响，是当代中国国家治理中客观存在的制度范畴。[②] 严格意义上的党内法规与生态环境保护领域党的政策文件、党政联合发文共同为党领导生态环保工作提供了规范依据，并从多个方面推动、促进和拓展了生态环境保护的国家法律及法律实施。

党对生态环境保护工作的领导以党政同责为着力点。党政同责是伴随我国环保督察体制的历史演变而提出的。2014 年前，我国环境监管处于“督企”阶段；由于“督企”模式的制度局限以及地方政府怠于履行环保职责等问题，2014 年至 2016 年，环境督察体制实现了由“督企”向“督政”的转变；2016 年以来，中央环保督察体制转向“党政同责”模式，将地方党委纳入监督范围。[③]2015 年 7 月，中央全面深化改革领导小组第十四次会议审议通过了《环境保护督察方案（试行）》，将“环保综合督查”升级为“中央环保督察”，明确了中央环保督察“党政同责、一岗双责”的责任承担方式。2015 年 8 月中共中央办公厅、国务院办公厅联合印发的《党政领导干部生态环境损害责任追究办法（试行）》以党内法规的形式明确要求生态环境保护“地方各级党委和政府对本地区生态环境和资源保护负总责，党委和政府主要领导成员承担主要责任”。自此“党政同责、一岗双责”，抓住“关键环节”“关键人”成为推进生态文明建设的重要手段。为确保环境保护党政同责、一岗双责和失职追责落地生根，中国共产党对落实环境保护主体责任和责任追究，以及党政领导干部目标责任考核制度、环保督察制度均以党内法规的形式予以明确。

① 王伟国：《国家治理体系视角下党内法规研究的基础概念辨析》，载《中国法学》2018 年第 2 期。

② 陈海嵩：《生态环境政党法治的生成及其规范化》，载《法学》2019 年第 5 期。

③ 陈海嵩：《环保督察制度法治化：定位、困境及其出路》，载《法学评论》2017 年第 3 期。

《关于加快推进生态文明建设的意见》《关于全面加强生态环境保护坚决打好污染防治攻坚战的意见》《关于全面推行河长制的意见》《关于划定并严守生态保护红线的若干意见》等党内规范性文件明确了生态环境保护工作的党政主体责任。地方各级党委和政府在本地区生态文明建设中负总责，须坚决扛起生态文明建设和生态环境保护的政治责任，对本行政区域的生态环境保护工作及生态环境质量负总责；主要负责人是本行政区域生态环境保护第一责任人，至少每季度研究一次生态环境保护工作，其他有关领导成员在职责范围内承担相应责任；中央和国家机关有关工作部门、地方各级党委和政府的有关工作部门及其有关机构领导人员按照职责分别承担相应责任。各有关部门要按照职责分工，密切协调配合，形成生态文明建设的强大合力。但是，仍有一些地方和部门对生态环境保护认识不到位、责任落实不到位。比如2016年7月中旬，中央督察组分别进驻内蒙古、黑龙江、江苏、江西、河南、广西、云南、宁夏8省区，一个月以来8省区党政部门已有超2000人被问责，多数被给予党纪政纪处分。[①] 这就要求我们必须加强党对生态环境保护的领导，充分发挥我国制度优势和政治优势，将其作为打好污染防治攻坚战的最大法宝。责任追究机制贯穿于生态环境政党法治的整体体系之中，既是落实党中央意志的主要抓手，也是连接诸多制度的“横断面”，《党政领导干部生态环境损害责任追究办法（试行）》构成对各级党政领导干部进行环保问责的主要规范依据。[②]

中央环保督察与生态文明建设目标评价考核制度有力推动了地方党委对环境保护工作的重视，督促地方党委政府履行环境保护职责，有效地解决了一批重大环境问题。一方面，“推动落实环境保护党政同责、一岗双责”，这是中央环保督察的重要特点。从《环境保护督察方案（试行）》到《中央生态环境保护督察工作规定》的变化，不仅是中央生态环保督察制向形式合法

① 《中央环保督察组进驻一个月　党政部门超两千人被问责》，共产党员网，http://news.12371.cn/2016/08/22/ARTI1471818045873854.shtml，最后访问日期：2021年1月24日。

② 冀鹏飞：《论中央生态环境保护督察制度的法治化——以〈中央生态环境保护督察工作规定〉为中心》，载《环境保护》2019年第14期。

性迈出了第一步，也是我国在生态环境治理领域的制度创新。中央环保督察效果显著，其直接原因在于党中央的高位推动作用，即以中共中央、国务院的名义对地方党委政府履行环境保护职责的情况进行督察，对各地领导干部形成强大的政治压力和行为强制，倒逼环境保护工作责任落实，对环境违法行为进行大力整改。《中央生态环境保护督察工作规定》以党内法规的形式推动中央生态环保督察制度的纵深发展，将中央生态环境保护督察分为例行督察、专项督察和“回头看”三种形式，突出政治性、纪律性和引领性。另一方面，生态文明建设目标评价考核，能够进一步引导和督促地方各级党委和政府自觉推进生态文明建设。根据《生态文明建设目标评价考核办法》相关规定，生态文明建设目标评价考核实行党政同责，地方党委和政府领导成员生态文明建设一岗双责，按照客观公正、科学规范、突出重点、注重实效、奖惩并举的原则进行。考核主要考察各地区生态文明建设重点目标任务完成情况，强化省级党委和政府生态文明建设的主体责任，督促各地区自觉推进生态文明建设，每个五年规划期结束后开展 1 次。考核结果作为各省、自治区、直辖市党政领导班子和领导干部综合考核评价、干部奖惩任免的重要依据。

第四章

党的领导机制规范化

机制原指机器的构造原理和工作方式，是机器内部各组成部分之间组合、运转的制约关系。18世纪以来，“机制”一词逐渐被借用到生物学和医学中，用以表示生物有机体各种组织和器官的有机结合、产生特定功能的相互作用关系。现代许多学科如心理学、社会学、经济学、政治学等都借用“机制”一词，形成了心理机制、社会机制、经济机制、政治机制等概念。现在“机制”泛指引起、制约事物运动、转化、发展的内在结构和作用方式，包括事物内部因素之间的耦合关系，各因素相互作用的形式，功能作用的程序以及转变的契机等。揭示事物运动的机制意味着对事物的认识已从现象的描述上升为对本质的认识。①

党的领导机制是指党的领导体制的工作机制，是党的领导体制的各个要素和环节的工作程序和工作规则，是其相互之间有机联系和有效运转的构造和机理。②党的领导是通过一系列政治的、思想的、组织的建制与运作机制来实现的。③党的领导机制与国家发展密切联系。以党的八大为分界点，党的八大之前党中央对党的领导体制机制进行过建构和完善，但都没有较为详细和具体的呈现。党的八大才真正开始对党的领导体制和工作机制的改革进行初步的探索。党的十六大首次把“完善领导体制”和“加强执政能力建设”

① 刘建明主编:《宣传舆论学大辞典》，经济日报出版社1993年版。

② 张晓燕:《完善地方党委领导体制和工作机制的思考与建议》，载《理论学刊》2013年第1期。

③ 周尚君:《党管政法：党与政法关系的演进》，载《法学研究》2017年第1期。

写进党章总纲；党的十六届四中全会强调“必须以改革和完善党的领导体制与工作机制为重点加强党的执政能力建设”；党的十七大进一步强调“要按照科学执政、民主执政、依法执政的要求健全领导体制和工作机制”；党的十八届三中全会再次强调“要紧紧围绕提高科学执政、民主执政、依法执政水平深化党的建设制度改革，加强民主集中制建设，完善党的领导体制和执政方式”。这都体现了党在探索提高执政能力和领导水平的过程中，对领导体制和工作机制之间紧密关系的深刻洞察与及时部署。

关于党的领导法规制度，现有研究主要集中于三方面：宏观层面上，研究党对国家、社会的领导制度模式、领导体制，偏向政治哲学和政体理论的研究；微观层面上，研究具体的领导制度性手段和行为方式，主要由政法规范理论进行研究；较少有涉及中观层面的领导机制、途径等的研究。本章分别从宏观层面上党的领导体制中进行提炼，从微观层面上党的具体领导行为中进行抽象，将党的领导机制划分为思想引领机制、议事决策机制、请示报告机制、沟通协商机制和干部输送机制。思想引领机制是前提和基础，贯穿党的领导的各领域、全过程；议事决策机制和请示报告机制是党的领导方式的主要载体；沟通协商机制是民主集中制作为党的根本组织制度和领导制度的重要载体；干部输送机制是党管干部的制度载体，凸显干部作为党的领导主体地位的重要性，是巩固党的执政地位、履行党的执政使命的重要保证。

一、思想引领机制

新时代，思想建设是我们党进行各项建设的一项基础性工程，坚持思想建党、理论强党是我们党百年奋斗历程的经验总结。“引领”一词是带动事物向某一方向运动、发展的意思，具有一定的指向性，包含方向、路径和目的之意。党的思想引领是保持自身理论先进性的前提下对客体进行的理论武装，思想引领机制则是党利用其先进理论教育引导广大党员、干部切实用习近平新时代中国特色社会主义思想武装头脑、指导实践、推动工作等一系列工作规则和程序的总称。习近平总书记在党的二十大报告中指出，“走过百年奋斗历程的中国共产党在革命性锻造中更加坚强有力，党的政治领导力、思想引领力、群众组织力、社会号召力显著增强”。

党的思想引领的内涵是建设具有强大凝聚力和引领力的社会主义意识形态。利用社会主义主流意识形态自身思想理论的先进性和科学性，科学理性地阐释现实问题，潜移默化地说服、指导、感召人民群众，将社会主义主流意识形态倡导的理想信念、价值理念、道德观念形成对社会成员的领导力、聚合力与号召力。党的思想引领，既涉及党的思想理论建设和思想政治工作，也涉及党的理论宣传、政治社会化和政治领导实践，是一个需要党中央集体学习、思想政治教育、宣传教育工作等的通力合作的系统性工程。

（一）集体学习

中国共产党历来重视学习，是学习型政党。习近平总书记在党的二十大报告中提出：“用党的创新理论武装全党是党的思想建设的根本任务。全面加强党的思想建设，坚持用新时代中国特色社会主义思想统一思想、统一意志、统一行动，组织实施党的创新理论学习教育计划，建设马克思主义学习型政党。”截至 2023 年 10 月 27 日，习近平总书记已经主持召开了 93 次中央政治局集体学习，[①] 从经济、政治、文化、社会、法律、历史、科技、军事、体育等方面，就国家发展战略、社会现实热点问题、党的领导和执政能力建设、依法治国与依规治党等关系人民利益、国家发展、与政党建设的现实问题进行集体学习和研讨，具有极强的针对性、现实性和战略性，成为中国共产党加深认识共产党执政规律、社会主义建设规律和人类社会发展规律，提高领导能力和领导水平的重要途径，为建设学习型政党、建设学习型社会起到了重要的推动和示范作用。

这项制度经历了从萌芽到成熟的发展过程，随着世情国情党情的变化，每个阶段都呈现出不同的样态，这是中央领导集体与知识界、与作为决策“外脑”的智库之间良性互动不断发展、更趋成熟的表现。通过集体学习，

---

① 第十八届中共中央政治局集体学习共 43 次；第十九届中共中央政治局集体学习共 41 次；截至 2023 年 10 月 27 日，第二十届中共中央政治局集体学习共 9 次。参见《中共中央政治局集体学习》，共产党员网，https://www.12371.cn/special/lnzzjjtxx/，最后访问日期：2023 年 11 月 11 日。

中央政治局成员知识结构进一步优化，增强了包括学习能力和创新能力在内的治国理政综合能力，同时有助于分享信息、统一思想，最终有利于集体决策机制的顺利运行。[①] 党的十八大以来，面对新时代的新挑战和新任务，中共中央更加强了对新情况的集体学习，由此呈现的新变化主要总结为以下几点：

一是突出问题导向。集体学习的内容涉及当下国家治理和社会治理的热点和难点，如实施国家大数据战略、《共产党宣言》及其时代意义、人工智能发展现状和趋势、切实实施民法典、量子科技研究和应用前景等内容，对本届党中央治国理政的重点工作和国内外出现的新形势新情况新问题具有很强的指向性。

二是注重历史经验的总结。中央政治局集体学习选题大量涉及中华文明史、国内战争史、传统文化史，还涉及国家治理和反腐倡廉的历史，譬如“历史上的丝绸之路和海上丝绸之路”“中华民族爱国主义精神的历史形成和发展”“中国人民抗日战争的回顾和思考”“我国历史上的反腐倡廉”“中国历史上的吏治”等选题。此外，还十分重视学习马克思主义的历史分析方法，将“历史唯物主义基本原理和方法论”列为选题之一，还安排部分政治局委员围绕“在对历史的深入思考中更好走向未来，交出发展中国特色社会主义合格答卷”作重点发言，充分体现出党中央从中华民族和中国共产党的宝贵历史经验中汲取营养的自觉性和主动性，体现出高度的文化自信。

三是更具有开放性。中共中央政治局集体学习加强了对社会变革过程中新情况、新问题的认识和应对，以适应新时代下国际国内经济社会发展的需求。党的十八大以来，中央政治局集体学习的议题涵盖了科技创新、市场经济、法治建设、文化发展、国际形势等多个领域，着眼于新兴技术产业和科技创新在全球治理体系变革中的重要地位，就“人工智能发展现状和趋势”“全媒体时代和媒体融合发展”“区块链技术发展现状和趋势”“量子科技研究和应用前景”等发展、应用及我国在世界舞台中如何发挥贡献量作出

① 胡鞍钢、杨竺松：《坚持完善党中央集体领导体制：“七大机制”与核心》，载《清华大学学报（哲学社会科学版）》2017 年第 1 期。

深刻认识和敏锐判断。

2002 年 12 月以来，中央政治局集体学习制度确立已有 21 年。当前研究现状主要聚焦于归纳、总结、分析、提炼该制度的规律、成就及经验，属于描述性研究。党的二十大报告指出："党的领导是全面的、系统的、整体的，必须全面、系统、整体加以落实。""健全总揽全局、协调各方的党的领导制度体系，完善党中央重大决策部署落实机制。"中央政治局集体学习制度是党的领导制度体系的重要组成部分，它不仅是"建设学习型政党"母课题研究下的子课题，更是促进国家政策制定和实施的重要环节。未来，应当立足党的领导系统性、全局性的视角，建构性地研究中央政治局集体学习制度在党的领导制度体系中的地位、功能及作用，促进党中央集体学习与集体决策、调查研究等党的领导机制直接的衔接与协调，推动集体学习的成果能够转化为具体政策和行动。

（二）思想政治教育

党的思想政治工作，是团结全党全国各族人民实现党和国家各项任务的中心环节，是我们党和社会主义国家的政治优势。在中国共产党百年的发展历程中，思想政治教育为中国革命、建设、改革事业发挥了"生命线"的作用。[①] 思想政治教育的根本目的，是以马克思主义教育广大党员干部和人民群众，教育人们自觉地改造主观世界和提高思想觉悟，帮助他们提高认识世界和改造世界的能力。中华人民共和国成立后，中国共产党制定发布了一系列规章，确立了思想政治教育领导管理体制和运行实施机制，进一步健全完善了各级宣传职能部门，在全国范围确立了由中央统一领导，以党的各级组织为基础，各级宣传职能部门负责实施、动员社会各方面力量共同参与的思想政治教育领导体制和运行机制，着手在工厂、农村、机关、学校、街道普遍建立了宣传思想政治工作制度，为思想政治教育的社会化奠定了坚实基

① 《中国共产党思想政治教育史》编写组：《中国共产党思想政治教育史》，高等教育出版社 2018 年版，第 223 页。

础。当前，思想政治教育要牢牢把握时代性的特征，增强针对性和实效性的有机统一，并不断完善规范制度体系。

1. 增强针对性和实效性的有机统一

思想政治教育的针对性，即思想政治教育的内容和方式方法要因地制宜，因人制宜。不同地区、不同部门、不同领域的干部群众，所处的环境、承担的任务、面临的问题不同，其思想活动的特点和要求也相应不同。应当充分注意到教育对象的特殊性和差异性，有的放矢、有针对性地设计教育内容。根据不同群体、不同层次的教育对象的不同特点和不同要求，坚持先进性与广泛性教育的有机统一，区分教育内容的层次性。《中国共产党普通高等学校基层组织工作条例》就规定了针对教职工和学生不同的思想政治教育内容和工作方式。

思想政治教育的实效性，即坚持解决思想问题与解决实际问题的有机结合。① 在思想政治教育中突出人文关怀，紧密关注人民群众的思想动态，建立心理咨询和疏导的常态化机制和心理咨询内容的保密机制，经常听取党员和群众的意见和建议，保障党员和群众的正当权利和利益，真正践行思政工作的目的价值。

增强思想政治教育的针对性和实效性的有机统一，旨在实现理论与实践、内容与形式、普遍性与个性之间的平衡，其核心在于贯彻以人为本的价值理念。具体而言，思想政治教育必须关注和回应教育对象的实际需求和心理状态，注重心理引导和情感共鸣，促使思想政治教育成果的内化与个人成长相结合。

2. 建立健全思想政治工作规范制度体系

制定与完善思想政治工作的相关规章制度，是思想政治工作顺利开展和取得成效的重要保障。思想政治工作在党的领导法规制度体系中初步形成了以党内规范性文件为主体的规范群，如 2015 年，《关于进一步加强和改进新形势下高校宣传思想工作的意见》《普通高校思想政治理论课建设体系创新

① 黄建军:《中国共产党思想领导能力建设研究》，人民出版社 2018 年版，第 438 页。

计划》《关于加强和改进高校宣传思想工作队伍建设的意见》等重要文件陆续印发，开创了高校宣传思想工作的新局面。现行有效的中央党内法规中，如《中国共产党普通高等学校基层组织工作条例》《中国共产党党和国家机关基层组织工作条例》《中国共产党国有企业基层组织工作条例（试行）》《中国共产党农村工作条例》《中国共产党统一战线工作条例》等党的组织法规和领导法规中，仅以倡导或指导式规范规定各级党委（党组）在企业、农村、学校、科研院所、街道和其他基层单位的思想政治工作的职责，缺乏党对思想政治工作领导的专门性法规。例如，《中国共产党普通高等学校基层组织工作条例》规定，高等学校党的委员会、院（系）级单位党组织、教职工党的支部委员会以及大学生党的支部委员会，要领导、引领学校的思想政治工作和德育工作，针对教职工和学生的思想状况和特点，有针对性地做好思想政治教育工作；《中国共产党统一战线工作条例》规定，地方党委对本地区统一战线工作负主体责任，组织开展统一战线理论方针政策的学习、研究、宣传和教育。在具体的规范领域上，高校思想政治工作的规范数量明显多于其他领域，其规范化、制度化程度也相对较高。基层思想政治工作是重心，应当逐步建立完善企业、高校、机关、农村、科研院所等基层单位组织的思想政治工作规范制度，重视各领域的思想政治工作的均衡发展。

（三）宣传教育和舆论引导

党的十八大以来，党对宣传的全面领导是党牢牢掌握意识形态工作领导权、管理权和话语权的必要手段。宣传工作在现代社会中扮演着非常重要的角色。作为文艺工作的“时代号角”，它通过各种形式的艺术创作和宣传，向人们传递时代的精神和价值观念，引领文化潮流。在新闻舆论领域，宣传工作是“前沿阵地”，通过及时、准确地报道和分析各种新闻事件，引导公众正确地认识和评价社会现实，推动社会进步和发展。同时，宣传工作也是哲学社会科学和高校思想政治工作的重要支柱，通过研究和普及相关理论知识，指导人们正确的思考和判断方式，提高社会文明程度。在网络意识形态领域，宣传工作成为“新前沿阵地”，通过各种网络平台和工具，以及大数据分析技术，进行舆情监测和引导，影响着人们的思想和行为。借助宣传工作机制，中国共产党源源不断地向社会各界群体输送法治思想、法治理念、法治精神，并以宣传教育引导促进党的权威性、主动性和引领性的统一。2019 年中共中央印发了党的历史上第一部《中国共产党宣传工作条例》（以下简称《宣传工作条例》），该条例是党的宣传工作的主干性法规，党对宣传工作的领导从而有规可依，标志着宣传工作已踏入科学化、规范化构建的新阶段。

1. 明确宣传工作主体的职责权限

2023 年 10 月 8 日，习近平总书记对宣传思想文化工作作出重要指示："各级党委（党组）要把做好宣传思想文化工作作为重大政治责任扛在肩上，确保党中央关于文化建设的决策部署落到实处。各级宣传文化部门要强化政治担当，勇于改革创新，敢于善于斗争，不断开创新时代宣传思想文化工作新局面。"①

各级党委是宣传工作的领导者，应当对宣传工作负主体责任。各级党委应当把学习宣传贯彻习近平新时代中国特色社会主义思想作为首要政治任务，加强对宣传领域重大战略性任务的统筹指导以及重大问题的分析研判。领导同级人大、政府、政协、法院、检察院、人民团体、企事业单位等做好本部门、本单位本领域宣传工作。各级党委宣传部是宣传思想工作的直接承担者，不仅要牵头组织宣传工作，制订具体的宣传计划和方案，负责宣传内容的策划、编写、发布和传播，为全党全国树立正确的思想舆论导向提供重要支持。同时，各级党委宣传部还必须承担起对宣传工作的主要责任，保证宣传工作的质量、效果和影响力，及时解决宣传工作中出现的问题和矛盾，确保宣传工作顺利开展。

2. 健全重大舆情引导机制

网络新媒体时代，线上与线下、虚拟与现实的界限日趋模糊，舆情日益呈现多元、多样、多变的特点。"一个热点新闻事件加上一种情绪化的意见，

---

① 《习近平对宣传思想文化工作作出重要指示》，中国政府网，https://www.gov.cn/govweb/yaowen/liebiao/202310/content_6907766.htm，最后访问日期：2023 年 11 月 12 日。

就能够点燃一片舆论的导火索。”[①] 我国网民在网络复杂的舆论面前，辨别良莠信息的能力还不足，特别是在群体极化心理和从众心理的影响下，容易造成被不良舆论裹挟，引发重大舆情事件的不良局面。面对这些新情况新问题，需要进一步健全重大舆情以及突发事件的引导机制，切实维护社会安全稳定。首先，在不断总结实践经验的基础上，把握舆论引导规律，完善网络舆论领域的法律规范，建立舆情分析研判和预警机制、舆论热点引导机制、重大舆情协同联动处置机制等一系列舆论引导的工作规则和运作机制。其次，在社会热点舆论和重大舆情的引导过程中，要着重把握好时、度、效相统一的原则。“时”指舆情监测的及时性，对突发事件和舆论热点加强日常监测，及早预判并及时化解可能造成的舆情风险，以免造成重大舆情事件的发生；“度”指坚持舆论引导的适度原则，处理好维护主流意识形态和文化多样性融合之间的关系，正确区分政治原则、思想认识、学术观点之间的界限；“效”指增强舆论引导的实效性，针对突发事件和重大舆情可能造成的各种风险，改革创新工作方法，有的放矢地解疑释惑、化解矛盾，切实增强舆论引导能力。[②]

3. 加强基层宣传工作的保障措施

基层是宣传工作的薄弱场所，应当从组织机构、人员配置、阵地建设到经费保障上，全面落实宣传工作的实效性发挥。《宣传工作条例》新增独立一章专门规定基层宣传工作，对企业、农村、机关、学校、科研院所、街道社区、社会组织等基层单位的宣传工作作出具体规定。[③] 机构设置和人员配备上，要充实现有的宣传工作队伍，基层党组织根据实际需要配备相应的宣传员或设置相应的宣传机构。阵地建设上，立足互联网视域下的多媒体融合，利用 5G、大数据、云计算、物联网、人工智能等新型技术作为信息传播主渠道，构建全媒体传播体系。各级党委和政府应当加强新时代文明实践中心、

① 胡钰：《新闻与舆论》，中国广播出版社 2001 年版，第 165 页。

② 江大伟：《完善坚持正确导向的舆论引导工作机制》，载《思想教育研究》2020 年第 1 期。

③ 中央宣传部负责人就《中国共产党宣传工作条例》答记者问，中国政府网，https://www.gov.cn/zhengce/2019-08/31/content_5426168.htm，最后访问日期：2023 年 12 月 8 日。

县级融媒体中心建设，加强基层公共图书馆、文化馆、博物馆、广播电视机构、乡镇（街道）综合文化站、村（社区）综合文化中心、文体广场等文化设施的建设、管理和使用。经费保障上，各级党委和政府应当建立健全农村文化建设经费保障机制，支持基层文化设施建设和群众性文化活动的开展，加大优质文化产品和服务供给。①

二、议事决策机制

党的议事决策是党的政治领导的重要内容，党中央就全国的政治、经济、社会、文化、生态等各领域的重大问题作出决策；各级地方党委在执行中央决策部署、保证全国政令统一的前提下，对本地区的地方性重大问题作出决策；党组根据党委的决策部署，对本单位的重大问题作出决策。② 议事决策的具体内容包括了提出国法制定和实施意见，提出国策制定和贯彻意见，提出党内法规的制定和实施意见，以及提出重大事件的办理意见等。③ 党的议事决策机制是党中央以及党委（常委）、党组讨论问题和决策的工作规则和程序，是党的领导机制的核心内容。根据《中国共产党地方委员会工作条例》《党组工作条例》规定，"应当按照集体领导、民主集中、个别酝酿、会议决定的原则作出决策"，党的议事决策机制的规范化要坚持科学决策、民主决策和依法决策的根本遵循。依法决策是科学决策、民主决策的统领性原则，科学决策强调决策过程和结果的专业性，民主决策则强调决策的人民性，重视人民群众的利益诉求，并保障党员参与决策的基本权利。同时，《中国共产党地方委员会工作条例》第二十一条，《党组工作条例》第三十一条，分别规定了"重大决策一般应当在调查研究基础上提出方案，充分听取各方面意见，进行风险评估和合法合规性审查，经过全会或者常委会会议讨论和决定"，"一般应当经过调查研究、征求意见、充分酝酿等程序，按照规则由集

① 韩强：《〈中国共产党宣传工作条例〉：党的宣传工作的基本遵循》，载《党内法规理论研究》2020 年 1 月。

② 蒋清华：《完善党委决策制度的法学思考》，载《当代世界与社会主义》2017 年第 1 期。

③ 蒋清华：《中国共产党党的领导法规制度基础理论研究》，人民出版社 2019 年版，第 254 页。

体讨论和决定”。因此，本章将党的议事决策机制的具体内容划分为调查研究、征求意见、风险评估、合法合规性审查和集体讨论决定。

（一）调查研究

重视调查研究是马克思主义世界观和方法论的要求，是毛泽东自觉以马克思主义指导革命实践的生动体现。在领导中国革命和建设实践中，毛泽东始终坚持把调查研究作为了解社会、制定政策的前提和基础，为我们党克服教条主义错误、探索中国革命正确道路、推进马克思主义中国化起到了重要作用。毛泽东曾在江西寻乌进行了深入系统的社会调查，创作了唯实求真精神的经典之作——《寻乌调查》。“没有调查，没有发言权”就是毛泽东开展寻乌调查提出的著名论断。[①] 十八大以来，党中央坚持集体调查研究，深入全国各地督促党中央重大路线方针政策的贯彻落实，了解经济社会运行情况，指导地方工作。

调查研究是决策的前置环节。“调查”是了解事实真相、收集资料，倾听民急切盼、民情民意的过程；“研究”是分析论证、决断判定，斟酌思考的过程。具体功能体现为以下三点：一是为党中央正式提出重大战略方针进行酝酿和预热；二是对党中央制定出台重大决策起到支撑作用；三是促进中央重点工作部署的贯彻落实。[②] 习近平总书记也指出：“调查研究是谋事之基、成事之道。没有调查，就没有发言权，更没有决策权。”[③] 调查研究要深入实际、深入基层、深入群众、深入问题，贯穿党的建设工作的全过程各方面，增强系统性、预见性、创造性，更好地完成新时代党的建设的工作使命。

1. 公开征集课题

例如，“十四五”规划的编制工作，在前期深入实践，进行了充分的调

---

① 中共中央文献研究室毛泽东研究组：《寻乌调查与马克思主义中国化的起步》，中央文献出版社 2006 年版。

② 胡鞍钢：《中国集体领导体制》，中国人民大学出版社 2013 年版。

③ 中央党史和文献研究院、中央学习贯彻习近平新时代中国特色社会主义思想主题教育领导小组办公室编：《习近平关于调查研究论述摘编》，中央文献出版社、党建读物出版社 2023 年版，第 4 页。

查研究，保障规划的科学性。五年规划的研究课题一般向全社会公开招标，参与研究的专家和研究人员多达数千人，最终形成研究报告，直接为起草规划纲要提供重要的参考。

2. 专题调研

正确的规划离不开对发展大势的清醒认知，也离不开对基层情况的扎实调研。例如，2019 年 11 月 25 日，时任总理李克强主持召开研究部署国民经济和社会发展第十四个五年规划编制专题会议时，就要求各部门密切配合，深入调查研究，抓紧起草形成“十四五”规划基本思路，在此基础上，组织开展重大专题研究，征求各方面和专家的意见，群策群力，进一步做好起草规划纲要框架的工作。各地党政领导干部为落实党中央的工作部署，也纷纷进行了实地调研走访。

3. 召开调研研讨会

实地调研后更重要的是强化调研成果的运用，深入交流讨论。既要有看问题的高度，又要有对比分析的广度，透过现象看本质，提出有见地、有价值的对策和建议，解决好群众最关心、最直接、最现实的问题。调查研究必须立足解决实际问题，保证党的路线方针政策和各项决策部署得到正确贯彻执行。以解决实践中重大突出的矛盾和问题为重心，坚持“小中见大”“点面结合”，形成解决某一类问题的工作经验和实践方案。例如，2020 年 8 月 4 日，天津市召开了“十四五”规划调研研讨会。会前，天津市就“十四五”时期经济社会发展的重大问题进行了专题调研，并且交流了调研成果，围绕深入贯彻新发展理念、推动党中央方针政策和重大战略部署落实、推进绿色高质量发展、深化改革开放、加快教科文卫体等社会事业发展、创新社会治理、保障和改善民生等，谈认识、摆问题、讲对策，对天津“十四五”时期发展目标、思路、举措等提出了有针对性的意见建议。

调查研究必须真正深入、实际深入群众之中，杜绝先入为主、片面性的形式主义的调查研究。调查研究事关党的决策的科学性和结果的有效性，在党委决策事关重大利益关系调整的情况下，决策失误可能引发负面影响、社会危害的“蝴蝶效应”。因此，应当进一步明确调查研究的基本规则。首先，对于重大问题，应提出两个以上可供比较的决策方案，有利于以规范的形式促使党委领导成员对不同方案进行比较考虑，保证决策的质量。[①] 其次，调查研究必须综合听取各方当事人的意见。最后，建立调查研究责任制。特别是调查研究形成的报告、结论，必须确立明确的责任主体，保证调查研究的结论可追溯、可问责。

（二）征求意见

《中国共产党地方委员会工作条例》第二十一条规定，“党的地方委员会及其常委会应当健全决策咨询机制，重大决策一般应当在调查研究基础上提出方案，充分听取各方面意见，进行风险评估和合法合规性审查，经过全会或者常委会会议讨论和决定”。党的十八届四中全会的决定规定重大行政决策法定程序是“公众参与、专家论证、风险评估、合法性审查、集体讨论决定”。《中国共产党党内法规制定条例》第二十五条规定：“党内法规草案形成后，应当广泛征求意见。征求意见范围根据党内法规草案的具体内容确定，必要时在全党范围内征求意见。征求意见时应当注意听取党代表大会代表和基层党员、干部以及有关专家学者的意见。与群众切身利益密切相关的党内法规草案，应当充分听取群众意见。征求意见可以采取书面形式，也可以采取座谈会、论证会、网上征询等形式。”此处明确规定了党规制定五年规划所提的“征求意见”，包含了征求“党代表大会代表和基层党员、干部以及有关专家学者”的意见。

征求“党代表大会代表和基层党员、干部”的意见，更侧重于民主决策，强调征求意见范围和对象的广泛性。2020 年修订的《中国共产党党员权利保障条例》规定了党员享有党内参加讨论权与党内提出不同意见权，使党员在党内发表意见和正当言论有规可行，真正落实党员在党内的主体地位。党员“义务优先于权利”不意味着对权利的摒弃和削减，相反，党员一部分公民权利的限制，相应地配备了其在党内的民主权利。例如，党章第三条第五、

① 韩强：《论健全完善党的全面领导的基本规则》，载《治理研究》2020 年第 1 期。

六、七项规定，党员有义务反对一切派别组织和小集团活动，勇于揭露和纠正工作中的缺点、错误，及时向党反映群众的意见和要求；同时，党章也赋予了党员批评、建议、检举等权利。因此，党员能够更为现实充分地参与治国理政，党员的表达和诉求也代表了人民群众的利益和诉求，以党内民主最终带动人民民主的实现。[①]征求“党代表大会代表和基层党员、干部”的意见，需要严格落实《中国共产党党务公开条例（试行）》的规定，加强该条例与《中国共产党党员权利保障条例》之间的衔接，实现制度之间的贯通协同。党组织应当创新党内公开方式手段，利用会议或党报党刊、网络等平台，及时为党员提供充分的信息公开，实现党内信息的畅通性。以物质激励和精神激励相结合的方式，鼓励和支持党员深入群众、深入基层调查研究，勇敢建言献策。对于实事求是地反映问题、困难和群众的诉求，认真负责地提出意见和建议的党员，要进行表扬。相反，对于缺乏党性、人民性，不善于听取不同意见的领导干部，应进行批评教育；情节严重的，应调离领导岗位。

征求“有关专家学者”的意见是侧重于科学决策的方式，借助各级党政部门的政策研究室、发展研究中心等智囊团与思想库的智识支撑，为决策提供科学预测，深化决策咨询理论研究的作用。在专家（智库）的选择上，应根据情况进行竞争性的选聘；在决策方案的选定上，要综合比较分析不同的专家意见（智库报告），保证决策结果人民群众的利益最大化。党政决策部门应逐步健全与完善专家咨询制度、决策的论证制和责任制，明确专家对其出具的咨询意见终身负责，逐步形成多渠道、综合性的服务一体化运行机制；调动更大范围的智力协作，由更加专业的信息系统、咨询系统的信息服务专家来分析论证和提供决策方案的现代化、规范化。[②]

（三）风险评估

重大决策社会风险评估制度是改革开放以来党领导下创立的具有中国特

---

① 蒋清华：《完善党委决策制度的法学思考》，载《当代世界与社会主义》2017 年第 1 期。

② 吴怡青：《论我国决策咨询工作的发展与创新》，载《情报资料工作》2004 年第 12 期。

色和独特优势的国家治理制度，是党中央“顶层设计”和“地方探索”有机统一的成功案例。开展重大决策风险评估，既能够发挥社会主义制度优势，又能够防范社会风险。坚持全国一盘棋，调动各方面积极性，集中力量办大事，是我国国家制度和国家治理体系的显著优势。反映在重大决策上，相比于西方政治制度，我们党和政府在面对各种重大社会问题时的决策责任更大、资源更多、效率更高。根据风险社会理论，社会的现代性本身也可能成为风险因素，反过来造成社会失序，导致现代社会成为一个风险社会。政府重大决策为解决社会问题而打破既有格局、重新配置社会资源的同时，也可能带来一定的社会风险。因此，党和政府在重大决策同时也需要防范因决策实施而对社会稳定、公共安全等方面造成不利影响的风险。重大决策风险评估即是防范化解重大风险的有效途径，可以在发挥社会主义决策效力优势基础上，最大程度上防控重大决策可能带来的社会风险。

2019 年 5 月，国务院颁布《重大行政决策程序暂行条例》，规定重大行政决策的实施可能对社会稳定、公共安全等方面造成不利影响的，决策承办单位或者负责风险评估工作的其他单位应当组织评估决策草案的风险可控性。《重大行政决策程序暂行条例》对重大行政决策风险评估的规定内容较为宽泛，欠缺具体的可操作性。除此之外，其他有关重大决策风险评估机制都以规范性文件或中央领导讲话精神的形式出现，约束效力极为有限。未来，应当将重大决策风险评估机制从行政决策层面扩展到党委决策，应从加强党的领导、完善党内法规建设层面建立重大决策风险评估制度。首先，风险评估主要是在形式合法性、内容科学性以及实质民主性的复合标准之下，通过利益衡量，实现决策正义。因此，必须规定重大决策风险评估的适用范围，对决策事项难以通过简单适用规范就直接得以决断，或在科学上尚无定论从而难以在事实层面解决问题，或政府、专家和公众的认知中存在巨大分歧的，进行风险评估。[①] 其次，建立正当程序以为风险评估过程中的利益衡量确立

① 王锡锌：《公众参与和行政过程——一个理念与制度分析的框架》，中国民主法制出版社 2007 年版，第 30 页。

明确的操作途径。最后，风险评估的结果应当具有弹性效力，就结果的应用建立说理回应机制。[1] 要求党委根据风险评估的结果充分阐明其决策理由，说明征求意见的过程，对风险评估结果的运用是否符合科学性、民主性与正当性的原则，对已识别出来的风险已经或者即将采取何种干预措施等。

（四）合法合规性审查

2019 年修订的《中国共产党党内法规和规范性文件备案审查规定》第十一条明确了审查机关对符合审查要求报备的党内法规和规范性文件进行合法合规性审查。审查的内容包括：是否同宪法和法律相一致；是否同党章、上位党内法规和规范性文件相抵触；是否与同位党内法规和规范性文件对同一事项的规定相冲突；是否符合制定权限和程序；是否落实精简文件、改进文风要求等。实践中，部分地方党委、机关党委不仅对党委规范性文件的合法合规性审查作出规定，还统筹制定了党委重大决策合法合规性审查的相关规定，如《淮南市商务局党委规范性文件和重大决策合法合规性审查规定》《合肥市退役军人事务局文件和重大决策合法合规性审查工作制度》。党委重大决策通常采用制定公文的形式将决策内容、要求、任务下发有关部门。公文是指由党政机关制发的具有特定效力和规范体式的文书，既包括行政规范性文件和党内规范性文件，也包括其他种类的官方文书材料。基于合法合规性审查对规范的监督属性，党委重大决策及其制定的党内法规、规范性文件都应当属于合法合规性审查的范围，以保障党委重大决策的合法性合规性与合理性正当性之间相统一，促进党的领导及党务治理的科学化、制度化、规范化。

首先，应当明确党内法规与规范性文件的合法合规性审查与党委决策的合法合规性审查之间的区别与联系。党委决策内容的覆盖面更广，还涉及重大项目、财政资金、机构编制、队伍建设、评比表彰奖励、节庆论坛研讨会、任务分工等方面的创新性内容，要根据决策内容以及各地的实际情况，因地

① 林鸿潮:《社会稳定风险评估的法治批判与转型》，载《环球法律评论》2019 年第 1 期。

制宜，因事制宜，必须征求相关部门的意见，充分研究吸收意见建议，同时坚决纠正违反程序规定不征求、假征求意见等问题。

其次，合法合规性审查要注意明确政治概念，统一概念的表述和内涵。概念规范统一是准确理解和贯彻执行党内法规制度的重要前提。为了进行相同性价值判断，决策者在一个文件中应当赋予同一个概念明确无误、一以贯之的含义，并且使用统一规范的文字语言加以表达。合法合规性审查应当从宏观上把握文件的规范对象是什么，权利义务关系的聚焦点在哪里，涉及的关键概念表述是否统一、内涵是否一致。

再次，合法合规性审查的一个重要方面就是确保党内法规和规范性文件同国家法律衔接协调，审查有关表述是否存在违反国家法律的情况，是否错误阐述、错误解释了有关法律，严格审查和严肃纠正党内法规和规范性文件同宪法和法律不一致的问题。

最后，党的组织、国家机关、社会团体行使职权都有相对明确的范围和边界，党章和其他党内法规、国家法律法规、规范性文件中也有所规定。合法合规性审查对文件中涉及组织职权职责的内容应当高度重视、认真把关，严格审查随意授权、越权的职权划分。

（五）集体讨论决定

集体讨论决定主要依托会议开展，会议制度是中共中央集体领导体制成熟定型的最重要标志。[①]《中国共产党中央委员会工作条例》规定，党中央对党和国家工作的重大问题作出决策，“根据需要，分别召开中央委员会全体会议、中央政治局会议、中央政治局常务委员会会议讨论决定”，“党中央根据需要召开工作会议、专题会议等，分析形势，部署工作”，“按照党中央决策部署和中央委员会总书记指示要求，党中央决策议事协调机构召开会议，研究决定、部署协调相关领域重大工作”。其中，最为核心的是党中央“两委”

① 胡鞍钢、杨竺松：《坚持完善党中央集体领导体制：“七大机制”与核心》，载《清华大学学报（哲学社会科学版）》2017 年第 1 期。

层面的四项会议制度，即中央政治局常委会会议制度、中央政治局会议制度、中央委员会全体会议制度和中央纪律检查委员会全体会议制度。

1. 中央委员会全体会议制度

中央委员会全体会议时间、议题经由中央政治局集体讨论决定，全会主题切合国内国际形势、密切呼应治国理政实际需要，对党中央领导集体顺利交接班、全面深化改革、全面依法治国、全面从严治党等党的重大政治生活与重大决策更加制度化、规范化、程序化发挥了重要作用。全会决策的过程严格遵循科学决策、民主决策的原则，重要文件都会在相当范围内征求意见；从党的十八届三中全会开始，习近平总书记坚持在全会上就审议通过的重要文件作说明，并以“诞生记”的形式介绍重要文件起草和中央有关重大决策过程，增强了党的理论和政策的阐释性、透明度和公信力，也促进了党的领导和决策的科学性、民主性和有效性。

2. 中央政治局会议制度

在加强党对其他国家机构领导的过程中，中央政治局会议发挥了十分重要的作用。从 2015 年开始，中央政治局会议都将听取全国人大常委会、国务院、全国政协、最高人民法院、最高人民检察院党组向中央政治局常委会汇报工作的综合情况报告作为一项重要议程，强化了各国家机构党组向中央政治局及其常委会汇报工作的重要机制，凸显了党组在国家机构的运行与治理中的领导作用，同时也通过党组加强了党中央对各国家机构的集体领导。

3. 重大专项会议制度

重大专项会议着眼于发展和改革重大领域的顶层设计，其显著标志为中央政治局常委全部出席会议。中央经济工作会议制度作为党中央最重要的经济会议，被视为“准中央全会”，主要职能是总结当年经济工作成绩，分析国际国内经济情况新变化，制定下一年经济工作方针、目标和重大政策。召开中央经济工作会议不仅体现了总结和规划的作用，也成为引导和调整国家经济战略的关键节点。党的十八大以来，中共中央首次召开了中央周边外交工作座谈会（2013 年）、中央城市工作会议（2015 年），以及党内首次群团工作会议（2015 年）。这些会议针对外交、城市发展和群团组织等关键领域，反映了党和国家对于这些领域的重视及其在国家整体发展战略中的重要地位。通过召开专项工作会议，中央政治局常委能够集中讨论和制定相关领域的重大政策和战略，为国家发展的各个方面提供指导和方向。重大专项会议作为党的领导和集体决策的重要机制，不仅是民主集中制的深刻体现，而且是实现国家战略目标的关键环节。党中央通过召开重大专项会议进行顶层设计、整体谋划，确保决策的全面性和前瞻性。集体讨论和决策过程保障了决策的科学性和民主性，以及政策具有连贯性和一致性。

4. 领导小组会议制度

充分发挥各有关领导小组和议事协调机构的作用，是党中央、国务院统筹推进有关领域工作的重要举措。党通过优化中央领导机构组织架构，拓展重大专项会议制度和领导小组会议制度，使集体决策机制更加适应全面深化改革需要。2018 年 3 月，中共中央印发了《深化党和国家机构改革方案》，组建中央全面依法治国领导小组加强党对法治中国建设的集中统一领导，负责全面依法治国的顶层设计、总体布局、统筹协调、整体推进、督促落实的职能作用。2020 年 11 月，党中央召开的中央全面依法治国工作会议，正式提出“习近平法治思想”，此举不仅具有十分重大的理论和实践意义，而且具有非常深刻的政治和法治价值。在实践层面上，自 2019 年 7 月起，中央全面依法治国委员会办公室相继启动了法治政府建设与责任落实督察工作和法治政府建设示范创建活动，有力推动了法治政府建设进程，促进了法治一体建设，形成了党领导全面依法治国的鲜活经验。

5. 党外人士座谈会制度

党外人士座谈会制度是党中央带头践行协商民主，在重大决策中广集民智、集思广益的生动案例。座谈会充分反映出中国共产党与党外人士肝胆相照的良好政治关系。座谈会议题主要涉及党的重大战略决策，一类是就中共中央全会重大决定（草案）征求党外人士意见和建议，为当年中共中央全会决策做准备；另一类是向党外人士通报当年全国经济工作有关情况，介绍下一年中央关于经济工作的考虑和部署，直接听取他们的意见和建议。仅 2016 年，各民主党派、工商联和无党派人士就提出各种政策建议 70 件，为中央决策施策提供了重要依据。[①] 座谈会体现出党中央对协商民主的坚强领导。诚如习近平总书记所指出，各民主党派在帮助中国共产党科学决策、民主决策、依法决策上作出了重要贡献。党外人士座谈会制度是中国共产党领导的多党合作和政治协商制度在重大战略决策过程中的具体体现。党外人士参加座谈是行使法定参政权、参与国家事务的管理和国家方针、政策、法律、法规的制定和执行。党外人士座谈会制度，反映了我国政党制度的强大生命力。

三、请示报告机制

请示报告制度建立于解放战争时期，以事前请示、事后报告为基本要求，党员和党组织对于本人、本地区、本系统、本单位的重要问题和重要情况，按照规定的时限和程序，向上级党组织请示报告工作，上级党组织要及时对请示报告内容回复、批复。请示报告制度是党的领导制度体系的有机组成部分，是加强党中央集中统一领导的有力举措。请示报告制度源于马克思恩格斯的“权威”思想，是维护党中央权威和集中统一领导，建设“始终走在时代前列、人民衷心拥护、勇于自我革命、经得起各种风浪考验、朝气蓬勃的马克思主义执政党”的有效制度实现形式。[②] 改革开放新时期，请示报告制度更加注重处理好权威与自主的关系，在坚决维护党中央权威和集中统一领导的前提下，授予党的下级组织更多的自主权，从而有利于调动执行积极性、打开新局面、解决新问题。

请示报告制度作为党的一项重要的组织制度，不仅获得了较高层次的规定和认可，而且在党内法规制度体系中又有较高层次的安排。以重大事项请示报告为例，重大事项的请示报告是中国共产党集中统一领导的总要求。党章规定：“党的下级组织既要向上级组织请示和报告工作，又要独立

① 习近平：《党外人士为经济社会发展作出了重要贡献》，新华网，http://news.takungpao.com/mainland/focus/2016-12/3401479_print.html?from=groupmessage&isappinstalled=0，最后访问日期：2021年1月10日。

② 习近平：《决胜全面建成小康社会　夺取新时代中国特色社会主义伟大胜利》，载《人民日报》2017年10月28日。

负责地解决自己职责范围内的问题。”请示报告制度在党章这一党内最高法上得到了明确的规定和基本的继承，是党的组织制度的重要组成部分，起到了提纲挈领的作用。党的十八届六中全会通过的《关于新形势下党内政治生活的若干准则》规定，“全党必须严格执行重大问题请示报告制度”，并且明确了定期向党中央报告工作的各个组织和部门，以及需要请示报告的情况、事项和决定。2018 年 2 月，中共中央印发了《中央党内法规制定工作第二个五年规划（2018—2022 年）》，明确要求“重点制定中国共产党重大事项请示报告条例”，第一次将请示报告制度纳入党内法规制度建设规划中，并且明确了请示报告制度作为“条例”在党内法规制度体系中的层阶和位置。[①]2019 年 2 月，中共中央印发了《中国共产党重大事项请示报告条例》（以下简称《请示报告条例》），明确了党组织请示报告的主体、事项、程序、方式，党员干部请示报告要求、监督和追责等诸项内容，是积极践行民主集中制，坚决做到“两个维护”，保证全党团结统一和行动一致的重要体现。同时，这也是推动重大事项请示报告工作科学化、规范化发展的制度安排和法规体现。

（一）明确请示报告的主体和方式

根据《请示报告条例》的规定，中央和地方统筹协调和督促指导各地区各部门的请示报告，中央办公厅负责接受办理向党中央请示报告的重大事项，地方党委办公厅（室）负责接受办理向本级党委请示报告的重大事项。请示报告的主体为党组织、党员及领导干部。接受党员及领导干部请示报告的主体为其所属的党组织，接受党组织请示报告的主体共有以下几种情形：第一，一般向负有领导或者监督指导职责的上级党组织请示报告。第二，双重请示报告的情形：（1）接受双重领导的单位党组织，应当根据事项性质和内容向负有主要领导职责的上级党组织请示报告，同时抄送另一个上级党组

① 陈松友、卢亮亮：《请示报告制度：党中央权威和集中统一领导的例证》，载《马克思主义与现实》2019 年第 3 期。

织。特殊情况下，可以不抄送另一个上级党组织。（2）接受归口领导、管理的单位党组织，向批准其设立的党组织请示报告工作，并按照有关规定向归口领导、管理单位党组织请示报告。（3）接受归口指导、协调或者监督的单位党组织，向上级党组织请示报告一般应当抄送负有指导、协调或者监督职责的单位党组织。（4）党政机关联合请示报告的，一般应当同时向上级党政机关请示报告。第三，联合请示报告。涉及跨区域、跨领域、跨行业、跨系统的重大事项，应当由有关党组织向共同上级党组织联合请示报告。联合请示报告应当明确牵头党组织。第四，党的决策议事协调机构和党的工作机关可以在其职权范围内接受下级党组织的请示报告并作出处理。第五，归口统一请示报告。负有指导、协调或者监督职责的单位党组织应当统筹所负责区域、领域、行业、系统内各单位党组织的请示报告工作，归口统一向上级党组织请示报告总体情况、牵头事项完成情况等。

请示报告的方式分为口头和书面。对重大事项请示报告适宜简便进行的，可采用通话、当面、会议等口头方式；对非紧急情况、重大事项处理处于相对成熟阶段或者不适宜简便进行的，应当采用正式报告、信息、简报等书面方式。党组织在采用书面报告时应坚持“一事不二报”原则，一般不得就同一内容使用多种方式重复报告；对于共性问题类情况、专项工作或改革推进简要情况、重大突发事件处置情况等需要及时报送的工作情况，可以注重运用信息、简报等书面方式进行报告。各级党组织在统筹使用请示报告具体方式时，应认真遵守上级党组织相关工作规范或工作惯例，特别是同级党委明确要求正式报告的，党组织不得以其他方式代替，并在严格保密要求的同时注重灵活便捷、突出实效，深入整治请示报告工作中的形式主义、官僚主义问题。

（二）规范请示报告的程序

注重规范请示工作的流程，向同级党委请示重大事项必须严守“事前请示”原则，并留以充足研判、决策的时间，提出请示时应当坚持“一文一事”、阐明请求事项、说明相关理由，不得在报告等非请示性公文中夹带请示事项，坚决纠正“突袭式”请示、请示和报告混淆使用等问题。注意甄别拟请示事项是否属于自身职权范围内的日常工作，是否属于同级党委或其他党委工作机关就有关问题已经作出明确批复的事项，是否属于事后报告的事项等，有效避免重复请示、无效请示等问题。

健全综合报告和专项报告相结合的报告工作流程，坚持将党组织工作整体情况定期综合报告上级党组织并形成长效机制，对重大事项情况要根据工作实际，适时主动进行专项报告。报告工作的内容应当突出重点，省略复杂的无关内容，节省资源，提高党委工作效率。属于本单位具体事务性工作、属于没有实质性内容的表态和情况反映等事项不应当作为报告的内容；对上级党组织交办的重大事项，应当按交办时限迅速研究落实、及时报告反馈，交办时无时限要求的要注意第一时间报告研究办理情况，杜绝对交办事项研究落实慢、情况反馈迟等问题。对系统内突发性重大事件应当及时报告上级党组织，并根据事件发展的处置情况做好续报工作。[①]

（三）完善领导干部请示报告机制

为政之要，唯在得人；治国理政，关键在人。领导干部是领导核心，其言行和作风对党员起示范作用，是党员行动的参照体。领导干部报告个人事项是严明政治纪律、组织纪律、工作纪律的必然要求。2014 年 1 月 14 日，习近平总书记在十八届中央纪律检查委员会第三次全体会议上重点强调和论述了请示报告制度问题，“请示报告制度是我们党的一项重要制度，是执行党的民主集中制的有效工作机制，也是组织纪律的一个重要方面”，“作为干部特别是领导干部，在涉及重大问题、重要事项时按规定向组织请示报告，这是必须遵守的规矩，也是检验一名干部合格不合格的试金石”。[②]《中国共产党党内监督条例》提出，“坚持和完善领导干部个人有关事项报告制度”，

---

① 易志斌：《新时代检察机关加强和规范重大事项请示报告工作研究》，载《中国检察官》2020 年 9 月，第 76 页。

② 中央文献研究室编：《十八大以来重要文献选编》（上册），中央文献出版社 2014 年版，第 767 页。

并且具体规定了领导干部需要报告个人有关事项的内容和范围，这是党内法规首次把领导干部按照规定报告个人有关事项纳入请示报告制度，具有较强的针对性和时代性。《中国共产党纪律处分条例》针对违反请示报告制度的政治纪律的行为，在第五十四条规定："不按照有关规定向组织请示、报告重大事项，情节较重的，给予警告或者严重警告处分；情节严重的，给予撤销党内职务或者留党察看处分。"

1. 完善领导干部财产申报制度

我国制定了一系列党内法规与规范性文件对公职人员财产申报进行规定，现行有效的是2017年中共中央办公厅和国务院办公厅印发的《领导干部报告个人有关事项规定》（以下简称《规定》），地方层面上对于财产申报制度亦进行了积极有益的探索。但我国仍应结合国内实际情况，完善财产申报制度。

申报主体的有限性。基于利益冲突理论，领导干部财产申报主体应当遵循依级别与职能综合判定的有限原则。① 目前仅以行政层级划定财产申报的主体范围具有一定的机械性，不足以遏制"小官大贪"的腐败行径。我国财产申报的主体限制，可考虑应用级别法和职能法相结合的模式，级别较高的领导干部必然应当施加申报的义务，同时要求关系民生且利益冲突风险较高部门的公职人员应进行申报。实行"普遍与特殊"相结合的模式，将主体范围限制依职能不同加以相应的具体化，符合权利义务相统一的原则。

申报事项的规范化。《规定》第四条规定的申报事项主要包括收入、房产、投资等。财产申报事项事关申报主体的财产隐私，应以导致利益冲突的可能性作为申报事项的原则，可以参考税收的做法，设立一个基准线，只有超过基准线的劳务收入方要求申报。另外，应体现利益多样化的发展趋势，

① 根据域外财产申报制度，其限定申报主体范围的方法主要有级别法和职能法，级别法主要依据职务级别来赋予其报告的义务，如日本《国家公务员伦理法》通过职务级别进行财产申报规定；职能法根据申报人的工作任务划分申报主体范围，如《俄罗斯联邦反腐败法》则通过法律文件依职能列举清单规定申报主体范围。

防止腐败通过多种途径得以进行。同时，应兼顾申报主体对该制度的承受程度。目前，《规定》中缺少对存款申报的规定。存款是能够最为直观反映领导干部财产状况的依据，也为其后续投资的资金来源提供了合法依据。[①]《规定》中“本人从事讲学、写作、咨询、审稿、书画等劳务所得”，具有证明和核查的难度。由于劳务收入具有不稳定性，且已包括于存款之内，应考虑对劳务收入申报设置一定的限度。

2. 建立并完善领导干部个人有关事项公开机制

阳光是最好的防腐剂，公开才是接受监督最好的方式。把公开贯穿到领导干部个人事项报告工作的全过程，领导干部个人有关事项向社会公开、查核结果向社会公开，随时接受群众和社会的举报和监督，对于群众反映强烈的问题干部必须严查。领导干部个人事项报告的公示是严肃而敏感的政治和法律问题，增加公示环节应通过完善制度来进行，要在法治轨道上以制度规范为依据和先导。但在目前缺乏政策或制度依据的背景下，要充分预判尝试中的阻力和难度，借鉴国际上关于官员财产申报的公开制度。根据我国国情，应当考虑采用有限公开原则，即将申报资料整理成册，查阅者需办理相关手续才可以查阅；对担任要职的公职人员的申报材料在报刊上公开，同时对财产申报资料的公开范围和内容进行必要的限制。[②]《中国共产党党内监督条例》第十七条第三款的规定：“党组织主要负责人个人有关事项应当在党内一定范围公开，主动接受监督。”此款突出了两个重点：一是强调“党组织主要负责人”应当率先垂范，从而能够强化对“一把手”的监督；二是提出“在党内一定范围内”公开个人有关事项。

公示是完善领导干部个人有关事项报告的根本方式，应当从同步相关法律和党内法规，加强配套措施的构建，攻克技术问题入手，鼓励部分地区先行先试。地区上，注重试点类型的选择，考虑地区（地域）、行政区划层级、机关部门或行业领域等不同要素的代表性或覆盖面；主体上，选择新提拔或

① 喻军、蔡泽涛：《财产申报制度的法律分析——以隐私权限制为视角》，载《湖南工程学院学报》2019年第1期。

② 黄金桥：《完善官员个人事项报告制度的六条思路》，载《理论探索》2017年第1期。

重用的官员作为重点公示对象；范围上，应当各个级别同步推进，尽可能与官员的行政级别相匹配，官员行政级别越高，公示的地域范围相应就大一些；方式上，应当通过各级党报和党政机关官方网站正式发布。为了便于公众监督，有关部门在发布公示信息时，应授予公众在一定时期提出异议、反馈、举报、查询等意见或要求的权利。

四、沟通协商机制

政治沟通，广义指传递政治信息和情报、交换政治思想和态度的全部活动。狭义指政治系统在政治管理过程中对政治信息的发布、接收、选择、储存、分析和处理的过程以及政治系统对环境的控制和适应过程。它既可以是政治精英对其民众发送信息，也包括全社会范围内以各种方式影响政治的整个非正式沟通过程。政治沟通的主要方式有宣传、对话、劝说和协商四种。[①] 沟通和协商功能是现代政党的一项基本功能，是中国共产党领导的多党合作和政治协商制度作为“新型政党制度”的重要功能。[②] 中国共产党作为当代中国的执政党，必然是最为重要的政治沟通主体和社会协商主体，主要体现在党内沟通、党际沟通以及党群沟通。[③] 在当前社会，进一步健全政治沟通机制是中国特色社会主义政党制度优越性的体现，也是进一步加强党对国家、社会领导的有力途径。

（一）党内沟通机制

党内沟通是中国共产党发扬党内基层民主、推进党务公开的重要形式和渠道。党章规定：“党的上级组织要经常听取下级组织和党员群众的意见，及

① 王邦佐等：《政治学辞典》，上海辞书出版社 2009 年版，第 58 页。

② 2018 年 3 月，习近平总书记在看望参加全国政协十三届一次会议的民盟、致公党、无党派人士、侨联界委员并参加联组会时指出：“中国共产党领导的多党合作和政治协商制度作为我国一项基本政治制度，是中国共产党、中国人民和各民主党派、无党派人士的伟大政治创造，是从中国土壤中生长出来的新型政党制度。”这是“新型政党制度”的表述首次被提出，这一表述是对中国共产党领导的多党合作和政治协商制度的最新概括。

③ 刘舒、薛忠义：《中国共产党政治沟通的机制、功能与价值》，载《求实》2013 年第 4 期。

时解决他们提出的问题。党的下级组织既要向上级组织请示和报告工作，又要独立负责地解决自己职责范围内的问题。上下级组织之间要互通情报、互相支持和互相监督。党的各级组织要按规定实行党务公开，使党员对党内事务有更多的了解和参与。”党内沟通机制是党员与党员、党员与党组织、各级党组织之间信息传递的途径和渠道。传递的信息包括党的路线方针政策以及关于党的建设方面的内容。

1. 党内沟通的形式和内容

党内沟通基本分为两类：一类是下行沟通，即党内信息主要从党的上级组织逐级流向较低的党组织，最终传递至党员；另一类是上行沟通，是指由基层党组织和党员产生和发布的关于党和社会的各种信息，向上传递，直至中央。

目前比较常见的党内沟通方式有以下几种：一是使用党报党刊、电台、电视台、重点新闻网站等官方媒体发布有关党的建设重要信息，通过党委新闻发言人制度发布党的建设有关信息，通过党务信息沟通平台，不定期发布党的建设信息和指令。尤其是涉及重要岗位的干部选拔、关系国计民生的重大决策等信息，要加大党务公开的范围和频率，保障党员群众的知情权。二是以召开各种会议的方式进行沟通，如各级党组织定期召开的党代会、党委会、常委会、党内情况通报会、党组织生活会、党内民主生活会等。三是通过建立党的领导干部接待日制度、听取意见和收集制度、整改情况反馈制度、党内情况通报制度等形式进行党内沟通。建立和实施党内沟通制度不仅有助于增强党内的民主管理和监督，也是提升党的领导水平和决策科学性的重要举措。通过有效的党内沟通，可以确保党的决策更加符合实际情况，更能体现党的群众路线，从而提高党建工作的效果和公信力。四是采用个别谈话调研的方式沟通。例如，党和国家领导人每年不定期深入农村农户、城市社区、机关企业等与基层党员干部群众面对面谈话调研。五是利用新媒体进行沟通。利用新媒体进行互动沟通，可以充分发挥互动优势，突出互动的包容性，通过保持更大范围的宽容度解决由于阅历、认识方式、价值取向等方面差别而造成的党员对事物和问题的认识差异问题，从而提高党员的民主素养，提升党内沟通效果。[1]

2. 强化党内沟通的建议

一是加强对党内法规的学习，进一步提高各级党组织和党员干部参与党内沟通的政治自觉。首先，通过党员教育培训，增强党员对党规权威信仰的观念养成，重在对党员及干部党性德性的培养，培养党员自觉按照党内法规的要求统一思想、规范言行的责任意识，与党中央保持高度一致，不断提高党内沟通的政治自觉和能力。其次，要充分发挥党员在新时代党的建设中的主动性、积极性和创造性的地位。要把党内沟通作为党员干部的义务和职责，作为保持党的先进性和执政地位的重大举措来理解和接受，而不能片面地把发扬党内民主、坚持党内沟通理解为对党员的约束和管制，产生抵触心理。各级党组织要把坚持党内沟通作为党的组织制度体现在党的组织工作程序上。比如，全党必须严格执行重大事项请示报告制度。上行沟通的规定充分体现了对党章的贯彻落实，是党中央的集中统一领导的重要方式。

二是搭建沟通渠道，建立全方位的党内沟通机制。要畅通党员参与党内事务、监督党的组织和干部、向上级党组织提出意见和建议的渠道，充分行使《中国共产党党员权利保障条例》所赋予党员参与管党治党政治责任的各项知情权、参与权、选择权和决定权。进一步优化和完善党内民主生活会制度、民主评议党员制度、党内申诉和信访制度等，为党员行使监督权提供可靠的保障措施。建立党内决策通报制度、咨询制度、意见收集反馈制度，落实保障党员的知情权，为党员了解情况创造必要的双向互动沟通机制。基层是党内信息上行下达的起点和终点，应充分实现党内激励的手段和途径，进行责任激励。建立党员示范岗、先锋岗、党员责任区、党员志愿者队伍，建立健全党员联系群众制度；党委（党组）要监督落实党建责任制，党员领导干部要推动基层党组织建设联系点制度，党员服务承诺制度和领导点评制度；基层党组织书记要按期撰写述职述廉报告；加大对于优秀党员及干部的表彰奖励力度，做好优秀共产党员、优秀党务工作者、先进党支部等先进党

① 赵成福:《关于加强党内沟通的思考》，载《党政干部论坛》2019 年第 2 期。

员和集体的评选工作；对作出突出贡献，或所做工作具有一定的创新性且具有较高推广价值的基层党组织和党员，设立党建工作创新成果奖或给予基层党建活动经费补贴等物质奖励。

三是建立面对面听取群众意见工作机制。基层党组织负责人要经常深入农户、居民区，主动与党员干部和群众谈心，交流思想、了解情况、搞好引导、解决问题。要构建收集群众意见的平台，使群众有提意见的地方。严格落实领导干部接待日制度，认真倾听群众呼声，耐心向群众请教。通过召开各个层次的座谈会、开通热线电话、开放意见箱等方式广泛征集意见建议，从不同层面听取“民声”，收集“民言”。同时及时对意见建议进行分析、分类、反馈、处理。

四是适应信息网络发展并利用“互联网＋党建”新载体，不断创新党内沟通新模式。目前，中央和地方都各自建立了党建学习平台，中央的学习平台有中央宣传部主管的“学习强国”，地方学习平台则突出了地方特色，是集部署、指导、监测、分析、预警、督查、考评、决策管理于一体的数字化阵地。但大多数党员都只是将硬性的学习平台分数达标作为一项任务，而并没有完全利用该平台的知识资源进行学习，在党内沟通、建言献策方面就更为薄弱了。党内沟通应当搭载大数据平台信息传递和资源便利的优势，尽快优化党内沟通信息化数据平台、党内沟通无障碍平台等新媒体，创新党内沟通的现代模式，增强党组织与党员之间的互动性。

（二）党际沟通机制

中国共产党提出“长期共存、互相监督、肝胆相照、荣辱与共”的原则，作为处理与民主党派之间关系的准绳，以更好地实现党与民主党派之间的沟通与合作。党际沟通协商机制是中国共产党和民主党派就国家政治社会发展重大问题所进行的政治协商，即中国共产党领导的多党合作和政治协商制度。这包含三方面的内容：一是中国共产党对政治协商的领导；二是政党协商制度；三是中国人民政治协商会议制度。党际沟通机制，即指狭义层面的政治协商运行机制。政治协商包括两种类型：一种是政党协商，即中国共产党与各民主党派、无党派人士之间的政治协商；另一种是政协协商，是中国共产党在人民政协与各民主党派、无党派人士、社会各界代表人士之间的政治协商。[①] 政党协商制度解决的是党与他党之间的关系；政协协商解决的是党与社会之间的关系，人民政协是其组织平台。

党中央多次强调协商民主既是实现科学民主决策的重要环节，也是扩大公民有序政治参与的重要途径，进一步肯定了党际政治协商民主在国家政治社会发展中的独特作用。社会主义协商民主不仅存在于国家政治层面，也存在于基层民主治理之中，如基层涌现出的“民情恳谈会、民主恳谈会、民情直通车、便民服务窗、居民论坛、乡村论坛和民主听（议）政会”等形式，[②] 就是近年来基层民主协商形式的创新。社会主义协商民主强调的是公民的政治主体地位，但我国公民的参政意识、法律意识还有待提高，公民利益表达渠道还有待健全和畅通，以及决策程序及执行情况不够透明，导致基层协商民主在推进决策科学化、民主化进程中的作用发挥，在一定程度上受到限制。

1. 政治协商机制的创新

协商内容的细化和拓展。2005 年出台的《中共中央关于进一步加强中国共产党领导的多党合作和政治协商制度建设的意见》对人民政协的协商内容规定得较为原则，可操作性不强。各地在制定协商规程时，对文件细化为具体的协商清单，重点突出在法律法规协商和重要人事安排协商两方面。法律法规协商方面，1989 年印发的《政协全国委员会关于政治协商、民主监督的暂行规定》中就将法律法规列入政协的协商内容，但并未付诸实施。2005 年出台文件之后，有 20 个省级和副省级市的协商规程明确规定，地方人大和政府起草与修订过程中的重要地方性法规，应该纳入协商范围。各地都据此设置了不同的具体操作路径，如由省（市）委常委会将人大即将出台的法

① 1954—1964 年，存在过另一种制度形态的政治协商，即最高国务会议。参见李林：《最高国务会议组织结构及其功能探析》，载《中共党史研究》2005 年第 1 期。

② ［澳］何包刚、陈承新：《中国协商民主制度》，载《浙江大学学报（人文社会科学版）》2005 年第 3 期。

规草案交由同级政协协商，2013 年北京市政协就《北京市大气污染防治条例（草案）》进行协商；由人大直接委托政协就法规草案进行协商，并在立法过程中与政协保持紧密的工作联系。在实践中，政协协商对立法产生了直接影响，实现协商与决策的有效对接，如北京市人大常委根据政协委员的意见，对《北京市大气污染防治条例（草案）》中的 61 条进行了修改，涉及 83 处。重要人事安排协商方面，各地政协规程中，大多规定了对同级人大、政府、政协领导班子和人民法院、人民检察院主要领导的建议人选以及重要人事安排进行协商。自 2010 年以来，湖北省竹溪县委就落实“协商在决策之前”进行了积极探索，不仅就重要人事安排多次与政协沟通，并在政协主席会议上进行协商，而且需提请县委全委会票决的干部，还邀请县政协主席会议成员全部参加对重要干部的票决。①

协商形式不断丰富。一是进一步规范人民政协的协商形式，通过制定完善相关规则，对各种会议进行明确和细化；二是积极开展专题协商、对口协商、界别协商、提案办理协商、民主评议等，进一步拓展了协商空间和领域；三是积极探索网上协商议政，与相关高校和科研机构联合开发网络协商软件，利用大数据等现代技术手段，为网络协商提供技术保障。

2. 加强与民主监督的互动

从法律角度看，可以对法律的实施情况进行民主监督；从政府角度看，可以对重大方针政策、经济社会发展计划和财政预算的执行情况进行监督。决策前协商和决策执行中协商是不可分割的两个环节，决策前协商强调国家政治层面的协商，决策执行中的协商注重的是社会治理层面的协商，协商既有咨询之意，也有监督之责。对执政党作决策来讲，少数“直接决策者”和多数决策执行者是决策构成中的关键要素，人民群众对决策执行情况的反馈，虽以意见、建议、批评的形式表现出来，实质上是履行民主监督的权利，能够对决策责任人在决策实施过程中的自律行为起到警示作用。改革开放以

① 李章新：《坚持以党的十八届三中全会精神为指导推进基层协商民主向广泛多层制度化发展》，中国人民政治协商会议竹溪县委员会网，http://zx.zhuxi.gov.cn/ztzl/201311/t20131127_1542141.shtml，最后访问日期：2021 年 1 月 15 日。

来，人民政协在民主监督方面进行了有益的尝试：（1）委员视察。近年来，一些地方政协创设了无陪同视察的方式，避免视察“走过场”，增强视察情况反馈的真实度和深入度。（2）派驻民主监督小组。将以往的个体监督转变为组织监督，提高了民主监督的组织化程度。（3）专项监督和重大事项监督。政协围绕党委和政府工作的重点或重大事项，通过专题调研、专题视察和专题协商议政等形式开展监督。（4）与社会监督相结合。政协委员与新闻媒体、人大代表相结合，以社会团体的名义，代表社会对党委和政府工作进行民主监督。

3. 参政议政方面的创新

人民政协参政议政主要有三种形式：专题调研、提案、反映社情民意。政协提案是政协参加单位和委员向政协全体会议或常务委员会提出的，经提案委员会审查立案后交付有关单位办理的书面意见和建议。提案工作的流程包括三个阶段：提案的提出、提案的审查与处理、提案的办理与催办，并在领导分管、专人负责、限时答复方面作出了制度创新。随之，地方政协也在这一方面进行了大量的制度创新。如宁波市政协于2002年首创的提案办理反馈和检查督办制度，深圳市罗湖区政协1997年开始实行的提案三级办理制度，北京市从2003年开始实行的新的提案交办方式等。[①] 这些制度创新显然有利于提高提案办理的权威性，增强承办单位办理提案的责任感和主动性。除此之外，一些地方政协在实践中还创造了综合性的制度安排，将政协的三项职能熔于一炉。如2001年安徽省政协创设的资政会，从2002年起，该省每年选择一个事关该省经济社会发展和群众普遍关注的主题，召开资政会，进行听政、问政、议政和资政，一般持续4至6个月。[②]

未来，党际沟通的改革方向应当紧紧依托政治协商制度，以新视野理解统一战线，一方面让人民政协与统战部适当分离，使统战部摆脱部门化的束缚；另一方面进一步完善人民政协的各种制度安排，推动以人民政协为范本

① 孟祥武：《北京市政协提案力促热点与难点问题的解决》，载《人民政协报》2004年2月25日。

② 李允熙：《从政治协商走向协商民主》，社会科学文献出版社2012年版，第32页。

的协商民主在中国政治体制内部的施行，将协商民主的工作方法植入人大、政府、基层组织和社会组织。充分发掘人民政协的政治资源和制度资源，利用其平台来实现人民政协与其他各项制度的对接，使之真正嵌入现有的权力体系之中。[①]

（三）党群沟通协商机制

党际协商民主是政党和各级各界人士直接参与决策、影响决策的过程。这些“直接决策者”毕竟是少数，他们的政治地位、经济地位、职业和文化等使得他们的政治代表性存在局限，难以保证他们能够充分地反映不同利益群体的诉求。各级政府在立法和决策过程中要进一步完善包括政务公开、专家论证、技术咨询、意见征集等多项具体制度，建立社会协商对话制度。在政党组织与国家机构之外开辟政治沟通渠道，依托社会团体举行沟通会、听证会、座谈会等，实现决策者和公民之间平等地就群众的切身利益进行实实在在的讨论，就百姓关注的问题进行答疑，博采众长、集思广益，为党际协商民主提供丰富信息和决策参考意见。

党群沟通机制是指党与群众在沟通过程中形成的主体、信息、渠道、载体、效果等要素构成的有机整体以及各要素之间相互依存、相互作用的关系。党群沟通机制科学化，就是遵循党群沟通机制的客观规律确定党群沟通机制的目标、任务和方法，从本质上讲，就是在现代民主政治语境下，党与群众由被动沟通向主动沟通、由单向指令型沟通向双向互动型沟通转变的过程。

1. 党群沟通机制科学化不足

党群沟通主体的参与不对称。党群沟通机制的主体，包括党的干部和群众，二者参与呈现不对称状态。一方面，由于部分党员干部的思想和意识受“官本位”影响，与群众交流少；有的认为党的政策是科学的，没必要沟通。甚至在一些重大事件上，也有完成“任务”的心态，以求稳为上，

① 景跃进、陈明明、肖滨主编：《当代中国政府与政治》，中国人民大学出版社 2016 年版，第 89 页。

影响到群众的知情权，也就影响到了群众的参与权。另一方面，对于基层群众，不同的群体对于同一件事情，参与的热情不一；同一群体对于不同事件，也会呈现截然不同的参与热情。其根本原因就在于事件本身与自己利益的相关度，利益越具体直接，参与度越是高涨。利益的相关度与参与热情呈正相关。

传统沟通渠道遇冷。党群沟通方式和渠道不断得到拓展，传统的有政协、人大、党组织、工青妇、报纸、媒体等，新生的有社团、网络等渠道，呈现出多层次网状沟通结构。在这一过程中，新兴网络媒体如火如荼，传统沟通信息权威性式微，二者冷热反差急剧拉大，并且有加剧的趋势。传统党的信息传输系统中，从中央到基层还是从基层到中央，或者同一层级系统内部的信息传递，都面临信息流动中的抽象、简约、筛选。传统信息传输的流程决定了信息的时效性远远滞后于网络信息，再加上沟通的多层级性，中央难以及时听到基层干部反映的问题、基层群众的声音，党群沟通往往会出现信息不畅的现象，传统沟通信息权威性自然会呈现出由强趋弱的态势。

互联网时代的党群关系，实际就是中国共产党充分利用互联网技术实现党的政治宗旨、政治关系、政治能力与政治实践高度耦合的新场域，展现的是互联网时代的党群关系在技术、政治与价值三方面的高度耦合。① 必须正视互联网时代给组织内外政治关系带来的深刻变化。在党群关系中，要把群众作为教育团结的对象，真正在政治立场上树立历史唯物主义的群众史观。互联网时代的开放性不仅表现在言论的自由上，更为主要的体现在言论自由背后对个体和社会发展的独立思考。党只有与群众发生真正的思想对话，才能真正使党的政治信仰、政治主张、政治路线成为群众的心声。

2. 新时期党群沟通机制科学化的对策建议

第一，充分发挥传统沟通机制的作用。在新媒体环境形成之前，传统的

① 薛小荣：《网络党建能力论：信息时代执政党的网络社会治理能力》，时事出版社 2019 年版，第 240 页。

党群沟通的形式，主要是依据社会结构的变迁，通过包容性的沟通和社会的各个群体建立稳定的沟通机制。

（1）优化党员结构。《中国共产党发展党员工作细则》要求发展党员工作要坚持“按照控制总量、优化结构、提高质量、发挥作用”的总要求。党员是政党执政的主体，也是连接政党与社会沟通的纽带和媒介。党员结构的多元，是将党员嵌入到社会之中，党员和社会进行对话的过程，实际上从某种程度上来讲，也是执政党和社会进行沟通和交流的过程。通过党员与公民双重身份的转化与利用，可以加强群众和政党之间思想意识与行为的交流互通，强化群众对政党的理解与支持力度。

（2）深化党代表任期制。党代表制度实际上是增加执政党和群众沟通的制度化途径。党代表是一个区域党员群体的代表，社会信息通过党员传递到党代表，党代表通过党代会的形式，再进行一个组织化的传递。最后通过制定政策，进行政策输出。党的十八大党章修正案首次明确规定“党的各级代表大会代表实行任期制”，这是改革完善党代表大会制度的重要举措。

（3）完善社会协商的法治化路径。利益协调，是执政党维系国家、社会发展、稳定的基本职能。社会成员利益诉求的不同由成员对各种社会资源占有量、占有方式的不同所决定，从而影响到他们的社会地位和利益取向，也造成了一定程度上利益结构的失衡。如果政策的受惠群体持续体现在少数人身上，就要及时调整政策，使改革的利益结构调整和最终利益目标指向，在趋势上和预期上使多数人受惠。[①] 除此之外，法治的领导方式和执政方式是党调整社会利益，进行社会协商的必需。法律本身具有调控社会关系的功能，充分利用法律的调控功能，使其与政党功能有机结合。例如，在行政信访改革中探索如何更好地优化其政治功能和法律功能之间的关系，坚持政治功能为核心的同时，将法律功能作为改革的重点。

第二，积极探索新媒体环境下的党群沟通机制。基于互联网时代信息权力体系的重建以及党群关系的结构性变化，提高党的群众工作能力，必须以

① 高新民、农华西:《论党的领导方式和执政方式》，广西人民出版社 2003 年版。

群众需求为目标牵引，树立积极服务的政治意识，充分运用开放、平等、直接的互联网思维开展群众工作。[①]（1）开放思维是由互联网时代社会结构的开放性要求决定的。除了党的传统群众管理体系，一些新兴群众性的社会组织，尤其是一些志愿者组织或带有类属性质的自发自治性群团组织，其独立性、排他性的特点非常突出。因此，要不断加强各群团组织在法律范围内的协作，在发挥新媒体团结群众功能的同时，强化群团组织的政治性特质。（2）互联网视域下，要运用平等思维对待社会网络化的群众，调适党的群众工作能力的主客体关系。（3）直接式的新媒体互动模式赋予党群之间跳过中间层级组织而实现信息交流的及时高效，因此，在党建网站、党委微博等新型组织形态建成之后，不断挑战党的属地管理和层级管理的组织原则。

五、干部输送机制

党政领导干部的推荐提名、选拔任用通常被认为是党的组织领导的重要环节。根据现行《党政领导干部选拔任用工作条例》第四条对“党政领导干部”范围的界定，[②]不仅是对政要层次的领导干部的选拔任用，还向下逐步延伸至乡科级。[③]

中华人民共和国成立70余年来，随着经济政治体制改革向前推进，党政干部选拔任用经历了不同历史时期和发展阶段，管理日趋规范完善，制度创新不断突破。从委任制到选任制、考任制、聘任制，干部选拔任用制度呈

① 薛小荣:《网络党建能力论：信息时代执政党的网络社会治理能力》，时事出版社2019年版，第242页。

② 《党政领导干部选拔任用工作条例》第四条：“本条例适用于选拔任用中共中央、全国人大常委会、国务院、全国政协、中央纪律检查委员会工作部门领导成员或者机关内设机构担任领导职务的人员，国家监察委员会、最高人民法院、最高人民检察院领导成员（不含正职）和内设机构担任领导职务的人员；县级以上地方各级党委、人大常委会、政府、政协、纪委监委、法院、检察院及其工作部门领导成员或者机关内设机构担任领导职务的人员；上列工作部门内设机构担任领导职务的人员。选拔任用参照公务员法管理的群团机关和县级以上党委、政府直属事业单位的领导成员及其内设机构担任领导职务的人员，参照本条例执行。上列机关、单位选拔任用非中共党员领导干部，参照本条例执行。选拔任用民族区域自治地方党政领导干部，法律法规和政策另有规定的，从其规定。”

③ 蒋清华:《中国共产党党的领导法规制度基础理论研究》，人民出版社2019年版，第291页。

现出多元化发展趋势，中央探索建立了具有中国特色的党政干部选拔任用工作机制，其中的创新主要体现在以下方面：创新了职务与职级并行晋升机制；强化了监督与责任追究机制；完善任职回避和地域回避机制等。同时中央对干部选拔任用动议、民主推荐、考察、讨论决定、公示等各个选拔任用工作环节进行了规范、完善，明确了选拔任用的主体责任，使干部选拔任用在“计划经济时期的党委集中统一选拔任用—改革开放后的探索建立竞争性选拔方式—回归常规性选拔任用方式”这一循环式发展中实现了历史性飞跃，[①] 为干部选拔任用树立了鲜明的政治导向，对营造形成风清气正的良好政治生态发挥了积极的促进作用。

干部输送机制中贯穿民主的机制和理念，即干部的推荐—考察—讨论—任用，其运作机制各部分之间的关系必须体现民主性质，遵循民主的原则。首先，干部输送机制在运行和功能上要充分体现选拔任用过程中的群众参与、集体民主决策、民主监督；其次，干部输送机制是由一系列民主的选拔任用方式和方法构成的；最后，这些民主的方式和方法是按照一定的逻辑运行的。根据《党政领导干部选拔任用工作条例》的结构安排，本章将干部输送机制归纳为民主推荐和提名、民主考察、讨论和决定。

（一）民主推荐和提名

民主推荐和提名是干部选拔任用工作的首要环节，是提出干部人选并进入推荐、比较、甄别之前的工作，是开展干部选拔任用工作的基础。从推荐主体看，主要包括主要领导、分管领导、组织部、用人单位党组织、干部群众，其中主要领导在干部任用实践中主导提名权，组织部履行综合协调和具体执行的职责。民主推荐主要包括两种方式：“谈话调研推荐”和“会议推荐”。根据《党政领导干部选拔任用工作条例》第十八条的规定，地方领导班子换届，民主推荐的程序通常为：（1）进行谈话调研推荐；（2）综合考虑

---

① 郝玉明：《党政干部选拔任用70年：制度演进与改革成效》，载《天津行政学院学报》2020年第6期。

谈话调研推荐情况以及人选条件、岗位要求、班子结构等，经与本级党委沟通协商后，由上级党委或者组织部门研究提出会议推荐参考人选，参考人选应当差额提出；（3）召开推荐会议；（4）对民主推荐情况进行综合分析；（5）向上级党委或者组织部门汇报民主推荐情况。

民主推荐是坚持群众公认，注重实绩原则的重要手段，也是党政领导干部选拔任用的必要程序，但是领导干部、普通干部和一般群众身份上的差异，导致民主推荐在一定程度上的“不民主”。首先，参与机会不均等，主要领导干部能够推荐人选，普通干部可以在会议或谈话中推荐，而一般群众几乎没有推荐的机会。其次，对推荐人选的重视程度不均等，在民主推荐会议召开之前几乎都会就推荐人选与主要领导干部进行沟通，组织部门也会特别重视领导干部所推荐的人选。最后，民主推荐结果不被重视，很多职位都是在确定考察对象之后才履行民主推荐程序。因此需要对选拔任用的民主方式进行改革，将推荐、评价、选拔和监督的权力交还给群众。在提名时就要进行广泛的民主推荐，随后在推荐大会上公布推荐结果，并大力推行公开竞争方式，逐步实行真正意义上的民主选举，以防权力滥用。

（二）民主考察

民主考察是指以鉴定与验证干部是否具备德才兼备的选人用人标准的人才素质测评。考察以干部日常工作绩效为内容，以阶段性考核为方式，以领导干部的选拔任用为目的进行综合全面的考核。2018 年修订的《公务员法》第三十五条至第三十九条规定，按照管理权限，全面考核公务员的德、能、勤、绩、廉，重点考核工作实绩。公务员的考核分为平时考核、专项考核和定期考核。定期考核以平时考核为基础。定期考核的结果分为优秀、称职、基本称职和不称职四个等次。定期考核的结果作为调整公务员职务、级别、工资以及公务员奖励、培训、辞退的依据。2019 年《党政领导干部选拔任用工作条例》规定了对领导干部选拔任用的考察，对确定的考察对象，由组织（人事）部门按照干部管理权限，进行严格考察。部门与地方双重管理干部的考察工作，由主管方负责，根据需要会同协管方进行；考察党政领导职务拟任人选，必须依据干部选拔任用条件和不同领导职务的职责要求，全面考察其德、能、勤、绩、廉；深入考察道德品行；注重考察工作实绩；加强作风考察等。根据《党政领导干部选拔任用工作条例》第二十八条，考察党政领导职务拟任人选，应当经过下列程序：（1）制定考察工作方案；（2）沟通情况，征求意见；（3）发布干部考察预告；（4）广泛深入地了解情况，根据需要进行专项调查、延伸考察等；（5）同考察对象面谈；（6）综合分析考察情况，全面准确地对考察对象作出评价；（7）反馈考察情况，并交换意见；（8）考察组研究提出人选任用建议，并向有关部门汇报。考察内设机构领导职务拟任人选程序，可以根据实际情况适当简化。

考察评价是为了对考察对象进行全面的了解和公正的评价，从而为干部的选拔任用提供可靠依据。但是在实际考察评价过程中，往往会由于考察主体确定不规范、考察的深度和广度不够、评价标准笼统、评价结果运用不规范等影响了考察评价工作的价值。完善党政领导干部的选拔和任用的考察制度，首先，要构建科学、全面、规范的考评体系，将个人政绩与领导集体分开考核，评价主体要由组织部门、主管部门、上级领导和群众共同参与，同时将领导评价和群众评价相结合；其次，构建专业的考察队伍，重视对考核队伍的培训，提高考核人员的素质，从而提高干部考察工作的质量；最后，健全考用结合的制度，考察的结果必须为干部选拔任用工作所用。

（三）讨论和决定

讨论和决定是党政领导干部选拔和任用工作的核心，直接影响着选拔任用的结果，因此必须严格落实民主集中制原则。实际的讨论决定环节，往往存在民主参与不足的情况，主要领导干部的意见常常起决定性作用，组织部门没有发挥其管控和监督的作用。

1. 充分讨论和酝酿

对党政领导干部选拔任用充分进行讨论是各级组织和人事部门作出选拔任用决策权的重要依据。各级组织和人事部门在深入考察候选人后，对其情况与岗位之间是否符合，以及在多大程度上符合进行深入分析和讨论。

第一，坚持党管干部的酝酿工作基本原则，把握选拔任用改革的民主化方向。领导干部酝酿工作是选拔任用的关键环节，既要坚决按照党的路线方针政策酝酿选拔，又要充分尊重人民群众的意见，实现党管干部与扩大民主的有机统一。

第二，坚持党政领导干部酝酿工作的整体性。领导干部选拔任用的酝酿工作贯穿于选拔任用的整个过程中，并非一个独立的环节。选拔任用的各个环节在终结时，都需要各级组织和人事部门在不同程度上进行酝酿，再公布结果。因此，不能仅仅将酝酿当作独立的环节，而应该将其与推荐、提名、选举、监督等各环节有机联系起来，才能真正发挥充分酝酿的作用。

第三，坚持党政领导干部酝酿工作的创新。在各级组织和人事部门酝酿的过程中，应当根据民主原则创新酝酿方法。过去的酝酿工作已经形成了一套比较固定的思维模式和操作程序，要在吸收过去积累的经验的基础上，对其加以提炼和总结，以制度的形式固定下来。对于存在的问题，要根据现实情况进行及时纠正。同时，还需要通过制度建设使酝酿过程更加规范化，注重可行性和实效性，避免流于形式。

2. 民主科学决策

集体决策是党政领导干部选拔任用的关键环节，对党政领导干部选拔任用起决定性作用。过去决策权力集中在少数人，虽然有效，但却不合理。要使决策环节更合理，就必须坚持民主集中制，创新决策方式，保证决策权力的规范实施。

第一，严格遵守民主集中制的根本组织原则。集中必须建立在民主的基础上，缺乏民主的集中体现的是权力不受制约的肆意行使，基于这种权力形式的决定并不是集体决定。民主集中制作为集体决策的正确性和实用性的工作经验在中国长期的革命和建设中得到了证明，可以有效避免决定权集中在少数人手里，从而抑制用人腐败和不正之风现象的产生。民主集中制要求参与集体决策的各成员在决策过程中遵循平等思维，拥有平等地位，具有平等和充分的表达意见和作出决定的权利，个人和集体不得以任何方式被剥夺该项基本权利。

第二，积极完善投票表决制。实行票决制度能够有效防止决定权的滥用。票决制能使每个参与集体决策成员的平等决策权利得到保障，从制度上保证了决策的民主氛围。因此，各组织和人事部门应该根据各地的实际情况，从制度上进一步完善集体决策的投票表决制。

第三，及时公布选拔任用的结果。选拔任用的决策作出后，要及时对决策结果进行公布，充分接受广大人民群众和媒介的监督。这也是民主机制发挥自我纠正作用的重要体现。需要建立公示制度、信息反馈渠道等配套制度，对决策过程和结果附以合理的理由说明。

第五章

党的领导责任规范化

一、巩固责任意识

责任意识是中国共产党历史使命与现实使命的重要体现。责任来自授权，中国共产党的领导责任来源于中国共产党的领导权。中国共产党在现代国家建构过程中的本质作用不是革命，而是领导。[1]在国家建立之后，就需要勇于自我革命，从严管党治党，以及不断地改造社会以使人民生活更加美好。这样才能保持高度的政治敏感与政治觉悟。

（一）党的责任意识的生成逻辑

理论界对于领导责任的概念界定存在多种看法，有的学者将领导责任局限在行政系统，认为“领导责任，指的是由于行政领导人员在行政机关处于一定的职位，具有一定的职权，因此，他们对于国家就负有一定的责任。这种由领导职位和职权而产生的责任叫领导责任”[2]，这种定义显然限缩了领导责任的范围，因为在行政主体之外，中国共产党也有领导权，也要承担领导责任。还有学者认为，“领导责任，是领导者基于职权在领导工作上应负有的责任，或者在履行职务过程中所应尽的义务，或对国家和组织委托的任务所负的责任。”[3]党的领导责任，不仅包括积极意义上的领导者担负领导职责，

---

① 蒋清华:《中国共产党党的领导法规制度基础理论研究》，人民出版社 2019 年版，第 160 页。

② 田穗生:《地方政府知识大全》，中国档案出版社 1994 年版，第 462 页。

③ 王乐夫:《现代领导学》，中山大学出版社 1992 年版，第 30 页。

而且包括消极意义上，领导者对由于不履行或者不正确履行领导职责而承担相应的不利后果的责任。意识是产生于客观存在的，是对客观物质世界的反映。责任意识是个人对于个人、集体和社会所负责任的认识、情感和信念，并有承担责任的自觉态度。党的领导责任意识产生于客观规定及制度，由经济基础所决定，在领导者的意识观念中，始终保持对自己所承担的领导责任的清晰认识。领导者在意识观念中能依照领导者的要求去支配自己的行为，为或不为一些行为。

党在领导的过程中需要不断强化责任意识，提高领导本领。而党的领导责任意识的生成理论可以从三个维度进行分析，包括法治、制度和历史维度，分析党的领导地位的宪法渊源，党的领导对于中国制度生成的独特性，以及中国共产党在奋斗历史中形成的责任意识的传承与发展。

从法治维度看，中国共产党的领导责任意识与宪法和法治联系紧密，责任意识的形成、发展受法治进程的影响。自党的十五大报告提出“依法治国”的口号后，“建设社会主义法治国家”被正式写入宪法。党的十八届四中全会提出建设法治体系和法治中国的总目标后，凸显了依法治国在国家治理体系中的重要作用，是我国治国理政理念的进一步深化。

依法治国是国家治理体系现代化的重要标志。国家治理体系是在党领导下管理国家的制度体系。[①] 依法治国，首先是依宪治国。我国宪法对中国共产党的领导地位作出了明确规定。首先，宪法序言中确认了中国共产党的领导地位，中国各族人民要在中国共产党的领导下，把我国建设成为富强民主文明和谐美丽的社会主义现代化强国，实现中华民族伟大复兴；其次，在宪法总纲部分还规定“中国共产党领导是中国特色社会主义最本质的特征”，这是从社会主义制度的本质属性角度对党的领导进行了规定，强化了党领导人民的意识，为党的领导落实到国家社会全过程和各方面提供了宪法保障。

意识是人的头脑对于外界物质世界的反映，是感觉、思维等各种心理过程的总和。党的领导责任意识的生成，不仅受宪法，还受到党的领导法规的

① 王利明：《法治：良法与善治》，北京大学出版社 2019 年版，第 28 页。

影响。为规范党的领导活动和领导权，党出台和制定了一系列领导法规，党的领导法规是以党的领导权作为基石范畴。党的领导法规，是指规范中国共产党对各个方面进行领导的活动，调整中国共产党与其他各机构或组织等领导与被领导关系的党内法规。党的领导法规巩固了党的领导地位，强化了党的领导职责，为党发挥总揽全局、协调各方领导核心作用提供制度保障。党的领导法规调整党的领导活动，中国共产党作为长期执政党和中国特色社会主义事业的领导核心，承担着领导社会发展各方面的工作重担。党政军民学，东西南北中，党是领导一切的。而党的领导法规通过对主体、行为以及监督方面的规范，以实现对党的领导活动主体及过程的规范。

从制度角度看，党的领导责任意识的产生与党自身的性质以及党在国家制度中所处的地位具有紧密关系。因为党的领导是中国特色社会主义制度的本质特征，也是由中国共产党的性质所决定的。

《宪法》从社会主义制度的本质属性角度对坚持和加强党的全面领导进行了规定，在总纲部分规定，“中国共产党领导是中国特色社会主义最本质的特征”。我国宪法之所以赋予中国共产党的领导以如此之高的地位，究其原因，还是因为中国共产党的性质所决定的。马克思、恩格斯认为，在无产阶级和资产阶级的斗争所经历的各个发展阶段中，共产党人始终代表整个运动的利益。① 中国共产党是中国工人阶级的先锋队，同时是中国人民和中华民族的先锋队，是中国特色社会主义事业的领导核心。中国共产党始终高举马克思主义的伟大旗帜，在革命、建设和改革中成长。中国特色社会主义制度的形成，正是因为有这一先进成熟政党的领导。也只有在党的领导下，中国特色社会主义制度才能取得现有成就，不断向前发展。加强领导责任意识是思想建党与制度建党共同推进的逻辑基础。

从历史维度看，党的责任意识的形成是有其历史文化渊源和历史选择因素的。党的责任意识与封建专制社会的官本位文化等特权文化截然不同，是产生于现代社会中的权责一致文化。党的领导地位是历史和人民的选择。

---

① 《马克思恩格斯选集》（第一卷），人民出版社 1995 年版，第 285 页。

权责一致意味着权力与其承担的责任不可分割，党的领导责任意识的权力本质是党所拥有的领导权。责任是权力的孪生物，是权力的当然结果和必要补充，凡权力行使的地方就有责任。[①]党在拥有领导权的同时，必然要承担相应的责任。党的领导责任不仅在总量上与权力保持平衡，在具体责任的确认上，党的领导责任可以进一步细化，分为主要领导责任、重要领导责任和一般领导责任等。不同领导责任在责任承担和追责情形有不同的规定。

以责任为本位取代以权力为本位构建执政党治理新规矩、新伦理是中国共产党自身政治逻辑发展的必然，也是实现国家治理体系和治理能力现代化的需要。党的领导地位是历史和人民的选择，中国共产党的产生和发展经历了重重考验，中国人民反封建和反侵略的激烈斗争，马克思列宁主义与中国工人运动的结合是中国共产党产生的时代背景。中国共产党担负起带领人民谋求独立、解放和幸福的历史使命。在革命、建设、改革的历史进程中，是时代造就了党，也是人民选择了党。

从经济逻辑来看，党的领导责任意识来源于经济发展的诉求。正如恩格斯所认为的，一切社会变迁和政治变革的终极原因，不应当到人们的头脑中，到人们对永恒真理的正义的认识中去寻找，而应当到生产方式和交换方式的变更中去寻找。[②]随着我国由计划经济向市场经济的发展，客观上要求建立与之相适应的政治制度，党的领导职责包括对经济领域的领导，具体来说需要回应市场主体需求、维护公平交易规则和良好交易秩序。在坚定党对经济领域领导的同时，也要尊重市场主体的意志和契约经济的交易规则。为了更好地实现党对经济领域的领导，必须克服政党自身存在的官僚主义等不良作风，必须树立尊重市场经济内在规则的服务意识和责任意识。市场经济内在的契约性和自主性要求建立起相应的领导责任意识，进而能够维护市场经济的良好运转，满足人民希望发展的要求。

---

① 公丕祥:《法理学》，复旦大学出版社 2002 年版，第 202—203 页。

② 《马克思恩格斯选集》(第三卷)，人民出版社 1995 年版，第 617—618 页。

（二）领导责任意识的现实困境及成因

中央组织部党内统计数据显示，截至2022年年底，中国共产党党员总数为9804.1万名，党的基层组织506.5万个，是当之无愧的世界第一大党。党员数量和组织的庞大性决定了党员的责任意识的培养是一个缓慢且艰巨的过程。从现有实际情况来看，绝大多数党员领导干部的责任意识较强，但也有少量的党员领导干部的责任意识不足，行动上不敢担当，心态上不想担当。

目前部分党员领导干部责任意识不足的问题，主要表现为以下方面。第一，遇到问题不敢"亮剑"。部分党员干部对身边存在的问题不关心是非对错，对工作中存在的问题不讲原则，盲目追求和谐团结，在承担责任时又急于推诿卸责。一些人团结他人的目的不是干好工作，而是不得罪他人，进而争取个人利益。这种表面的团结和谐氛围，实质上为政治立场不坚定，缺失理想信念。这种为了保全个人利益而抛弃党性原则的行为，是置党与国家事业于不顾，是将人民的利益抛诸脑后，与中国共产党所要求的责任意识和担当精神相去甚远。第二，心态上消极懈怠。习近平总书记指出："我们大多数领导干部能够做到责任在心、担当在肩，但的确也有一些领导干部不思进取、为官不为，抱着'当一天和尚撞一天钟'的心态，只要不出事，宁愿不做事，满足于做四平八稳的'太平官'。"[①] 随着党的十八大以来作风建设和纪律建设的持续开展，一些人的心态并没有呈现出严于律己的积极心态，反而延续了过去的行为模式，存在认为多一事不如少一事、得过且过的消极懈怠心态和凡是问题就要交给上级领导的极端逃避心态。这两种心态都是责任意识淡薄、缺乏担当精神所造成的，同时，他们对缺乏责任意识造成的危害性后果的认识也不足。

造成领导责任意识不足的原因，主要在于以下几个方面。第一，就意识因素而言，领导责任意识不足是由于自身的权力观念异化、责任意识淡薄、欠缺理想信念造成的。一些党员领导干部不愿担当，是因为他们忘却了党

① 参见《习近平谈治国理政》（第二卷），外文出版社2017年版，第146页。

章所规定的责任，“中国共产党是中国工人阶级的有共产主义觉悟的先锋战士”。在新时代，党员的基本责任便是自觉履行党员义务、全心全意为人民服务。对在工作岗位的党的领导来说，有权必有责，用权受监督。但实践中，有些党员同志可能已经忘记党员身份代表了党员要承担的责任，只看到作为党员领导干部所拥有的权力，忘记了自己也要承担责任。对自己职责范围了解不够清晰，导致了有的工作没人管，有的工作都来管的矛盾低效局面。除了欠缺理想信念之外，部分党员领导干部还欠缺法治精神。有些党员领导干部轻视党规国法的规定，思想上缺少对纪律和国法的敬畏精神，导致日常工作中出现与党规国法相背离的现象。

第二，就制度因素而言，责任追究不到位，导致敬畏心缺乏。责任追究缺乏科学的量化标准，虽然处分规定中一般都有“视情节轻重，给予提醒、批评教育、通报批评、组织处理和纪律处分”的问责内容，但问责标准规定得过于笼统，没有科学可量化的标准，导致问责部分实施过程中找不到方便操作、统一明确的标准，存在过大的自由裁量权，易产生腐败空间。问责制度的不完善导致责任担当欠缺明确有力的外在约束，进而会影响领导干部的敬畏心理。如果缺少对人民、权力和职责的敬畏之心，必然影响外在的尽责行为的实现。

第三，就个人能力而言，党的领导干部也存在担当能力不足的问题。党员领导干部要以人民为中心，应当对分内工作具有相匹配的担当能力、及时高效完成工作任务。如果一旦缺少领导岗位所必需的担当本领，就会导致效力低下、能不配位的尴尬局面。随着党的十八大以来作风建设的不断开展和纪律建设的深入推进，部分党员干部确实存在因为能力不足而不敢担当和不知如何担当的问题。面对新时代党和国家对领导干部提出的新要求，如果不及时更新知识储备、提升自身素质，那么个别领导干部能力平庸的问题必将暴露出来。

尽管部分党员领导干部身上还存在不少问题，但不可否认的是，党的十八大以来，在党巨大的政治勇气和强烈的担当精神的带领下，在全国人民不懈奋斗之下，党和国家事业取得了全方位、开创性成就。这一成就与包括党员领导干部在内的党员是分不开的。正是他们发挥了勇于担当的精神，才能团结广大人民群众，将中国特色社会主义事业推进新时代。

（三）巩固责任意识的基本路径

在中华人民共和国成立后，邓小平就认为，“执了政，党的责任就加重了，共产党员的责任就加重了，我们领导干部的责任就加重了”[①]。作为改革开放的总设计师，邓小平的责任意识非常鲜明和清晰。随着改革开放进入攻坚期和深水区，面对前所未有的改革难题，只有加强和完善党的领导，才能为全面深化改革提供坚强的政治、思想和组织保障。党的领导干部对党和人民高度负责的精神必须体现到勇于承担责任的实际行动上，而巩固责任意识、补好精神上的“钙”便是当务之急。

1. 加强责任意识，坚定理想信念

责任意识与理想信念具有紧密关系，理想信念是共产党员干部担当责任的前提和基础。从中国共产党百年的历史进程来看，中国共产党人最看重理想信念，也最富有理想信念。这种理想信念来自对马克思主义的信仰、对共产主义和中国特色社会主义的信心。责任意识是共产党员干部理想信念的突出表现，具有责任意识和担当精神的共产党员必然具有坚定的理想信念。现在正处于改革的关键期、攻坚期、矛盾多发期，各种矛盾和诉求不断涌现，改革的复杂程度是前所未有的，因此党的主要精力集中在领导全国人民搞好改革开放上，而一个没有理想信念的党员干部是难以承担起领导责任的。

何谓共产党人的理想信念？习近平总书记指出：“对马克思主义的信仰，对社会主义和共产主义的信念，是共产党人的政治灵魂，是共产党人经受住任何考验的精神支柱。我们党从诞生之日起就把马克思主义写在自己的旗帜上，把实现共产主义确立为最高理想。”[②]“马克思主义始终是我们党和国家的指导思想，是我们认识世界、把握规律、追求真理、改造世界的强大思想武

---

① 《邓小平文选》（第一卷），人民出版社 1994 年版，第 303 页。

② 《习近平总书记系列重要讲话读本（2016 年版）》，学习出版社、人民出版社 2016 年版，第 107 页。

器。”[①] 马克思、恩格斯认为实现共产主义社会之前，需要先经历共产主义阶段。而我们发展社会主义事业的最终目的是实现共产主义。“中国共产党一经成立，就把实现共产主义作为党的最高理想和最终目标，义无反顾肩负起实现中华民族伟大复兴的历史使命，团结带领人民进行了艰苦卓绝的斗争，谱写了气吞山河的壮丽史诗。”[②] 改革开放后，中国共产党探索出一条适合发展要求的中国特色社会主义道路，通过实事求是的基本原则将马克思主义的普遍真理和我国的具体实际相结合。党的十八大之后，以习近平同志为核心的党中央坚持和发展中国特色社会主义道路，向着最高理想进行实实在在的努力。习近平新时代中国特色社会主义思想是一个主题鲜明、内容丰富、思想深邃、博大精深的完整的科学理论体系，包含着解决中国问题的根本方法，具有显著的理论品格和鲜明的思想特征。

要在新时代坚定共产党员干部的理想信念，第一，新时代下，要做好广大党员领导干部的马克思主义宣传教育工作。马克思主义为共产党员领导干部的信念建设提供理论来源。教育和劳动相结合“不仅是提高社会生产的一种方法，而且是造就全面发展的人的唯一方法”[③]。要避免过于单调的理论学习教育方式，关注热点问题，用马克思主义理论阐释当下问题，为共产党员干部在新时代建功立业提供理论和信念支持。第二，需要明确共产主义和社会主义的科学内涵，坚定党员对中国特色社会主义道路自信、理论自信、制度自信、文化自信。第三，必须将内在理论自信化为外在的积极行动，以自觉责任意识和强烈担当精神投入社会建设和改革发展中去。

在强化马克思主义信仰、社会主义和共产主义信念教育之外，还要巩固“不忘初心、牢记使命”主题教育成果，引导党员干部担当起实现民族复兴与奋斗共产主义的责任。“中国共产党人的初心和使命，就是为中国人民谋

---

① 习近平：《在纪念马克思诞辰200周年大会上的讲话》，载《人民日报》2018年5月5日，第2版。

② 习近平：《决胜全面建成小康社会　夺取新时代中国特色社会主义伟大胜利——在中国共产党第十九次全国代表大会上的报告》，人民出版社2017年版，第13页。

③ 《马克思恩格斯选集》（第二卷），人民出版社2012年版，第230页。

幸福，为中华民族谋复兴。这个初心和使命是激励中国共产党人不断前进的根本动力。”① 巩固主题教育成果有助于强化党员干部的理想信念，广大党员领导干部只有时刻不忘初心、牢记使命，才能具有担当时代重任的责任意识和担当精神。只有将责任意识转化为自身精神品格，才能推动全党为实现党的历史使命不懈奋斗。

2. 加强能力培养和奖惩制度供给

制度建设主要包括两个方面，第一是完善领导干部的培育机制，为领导干部的能力提升和意识加强提供学习机会，培育法律思维，强化法治理念，提升领导干部的法律思维和责任意识，提升履职能力。第二应推动党员领导干部容错机制的完善，减轻党员领导干部心理负担，激励党员干部主动履责担当。

“法治是指以民主为前提和基础，以严格依法办事为核心，以制约权力为关键的社会管理机制、社会活动方式和社会秩序状态。”② 基于我国社会主义性质的现实情况，政府是在党的领导下开展工作的，社会治理中不能忽视负有领导责任的党员干部的职责。党政领导干部因为掌握权力，所以与普通公民相比，居于优势地位，因此更需要提升法治能力，以法律为指引，将权利关在制度的笼子里，规范权力行使。

在全面从严治党的过程中，党员干部缺乏责任意识和担当精神的一个重要原因就在于党员领导干部履职能力的欠缺。如果一个领导干部欠缺与岗位职责相匹配的履职能力，那么仅加强其承担责任的意识，不把本领提升，也不能很好地承担领导责任。新时代要抓好党建，就要求领导干部不仅要做到廉洁自律，而且要具备全面从严治党的担当精神和抓好党建工作的履职能力。抓好党的建设工作，在客观上要求所提拔任用的领导干部德才兼备，既要有承担相应领导责任的能力，又要具备坚定的责任意识和担当精神。因此，考察拟选拔任用领导干部时，需要考察在管党治党方面的责任意识、工作能力和工作失误，以保证所提拔任用的领导干部能更快速地投入新工作岗位

---

① 习近平：《决胜全面建成小康社会　夺取新时代中国特色社会主义伟大胜利——在中国共产党第十九次全国代表大会上的报告》，人民出版社 2017 年版，第 1 页。

② 刘华涛：《服务型政府建设对党政领导干部的能力需求》，载《求实》2012 年第 1 期。

中。针对党员领导干部能力欠缺的问题，一方面要求党员干部主动学习，自觉积累工作经验；另一方面也需要为党员干部提供有针对性的教育培训，加强党员干部管党治党的本领，与党性教育、理论教育、法律教育相结合，在党员领导干部想做成事的前提下，使他们具备坚实的履职干事能力，这样也更符合新时代全面从严治党，加强党领导责任的实际需要。

在党的群众路线教育实践活动总结大会上，习近平总书记指出："历史和现实特别是这次活动都告诉我们，不明确责任，不落实责任，不追究责任，从严治党是做不到的。"[①] 责任追究和党纪处分是党的十八大以来全面从严治党的首选措施和手段。《中国共产党问责条例》的实施，使得责任追究制度进一步完善。为规范党的领导责任的履行和追责，中共中央办公厅、国务院办公厅两机构先后联合印发了《党政领导干部生态环境损害责任追究办法（试行）》《脱贫攻坚责任制实施办法》《地方党政领导干部安全生产责任制规定》《地方党政领导干部食品安全责任制规定》四个文件，加强生态环境、脱贫攻坚、生产安全和食品安全四个重大民生领域的责任制规定，为责任的落实提供了有针对性的纪律保障。上述文件均有规定承担领导责任的党员干部被追责的范围，也有尽职免责的规定以及责任清单制度，虽然对推动党政权责一致作出了突出贡献，但现有规定比较笼统，在执行时可能会面临规定不明的问题。

履职担当作为一种主动行为，其动机和结果之间往往并不能完全一致，特别是在现阶段，全面深化改革、全面依法治国和全面从严治党都存在一系列有待破解的难题，在这种情形下主动履职担当往往意味着要冲破利益格局的藩篱，打破既有政治格局的平衡，这就意味着主动履职担当的同志要冒着探索失误、创新失败的风险。[②] 追责机制的过于严苛不仅无益于责任落实，而且会挫伤党员领导干部尽职履责的积极性。追责力度过重、追责过于随意

① 中共中央纪律检查委员会、中共中央文献研究室编：《习近平关于严明党的纪律和规矩论述摘编》，中央文献出版社、中国方正出版社2016年版，第118页。

② 肖泳冰：《以责任为本位全面推进依规治党和以德治党相结合》，载《中国特色社会主义研究》2016年第5期。

会使党员领导干部怕因小错承担重责而不敢作为。因此，为了使党员领导干部在工作中敢于担当、有所作为，保证各项工作的可持续开展，必须构建党员领导干部履职容错机制。

现有的《地方党政领导干部安全生产责任制规定》第二条规定，在安全生产领域实行领导干部“一票否决制”，即对于因安全生产事故被追究责任的党员领导干部，在一定时间内，不得参与考核评优和晋升任职。第二十四条规定“终身问责制”，即对安全生产事故负有领导责任且性质恶劣、后果严重的党员领导干部，不论是否在岗，均应严格追责。在《地方党政领导干部安全生产责任制规定》中，也规定了“尽职免责”和“从轻追责”。如前所述，现有规定已经在很大程度上为敢于担当、敢于作为的党员领导干部撑腰鼓劲。解放思想、敢于负责的领导干部是保证党的各项工作可持续进行的核心，因此鼓励党员干部积极履职，确保追责合理是推动党的各项工作有序高效开展的重要保障。

现有规定对党员领导干部容错机制作出一定贡献，但也存在可以进一步优化的地方。特别对出于主观目的是积极履行职责的党员领导干部，在解放思想、大胆创新时由于不能预见或者无法预见的决策后果时，可以得到公正合理的对待。在全面深化改革的过程中，必然存在需要摸索和尝试的地方，这些行为选择必然会带来一定的风险甚至不利后果，如果不对具体情况加以区别，追责很难做到符合公平正义和比例原则。长此以往，必然打击党员领导干部的积极性。因此，为避免党员干部因履职担当所承担的巨大风险，鼓励党员领导干部积极作为，有必要对从轻、减轻和免除党纪处分的行为标准进行细化。各领域针对具体情况出台专门性规定，地方政府也可以根据当地实际情况合理划分追责、免责事由，最大程度上鼓励党员领导干部在实践中解放思想、大胆创新，推进全面深化改革。

二、丰富责任主体

权力和责任的均衡性是一项基本的法理。在政治国家的权力运行逻辑中，权责统一不仅是基本的政治伦理，更是规范的法律要求。“问责制对权力滥用的控制，对民主制度的实现，以及对政治系统的正常运作，其积极作用毋庸置疑。”[①] 党是领导一切的，因此，在党委领导的基本格局之下，党组织和领导干部对地方行政决策掌握着绝对的影响力。绝大部分党员在保持高度责任意识的同时，也存在极少数党组织和领导干部“以言代法、以权压法、逐利违法、徇私枉法”和怠于行使职权的现象。这些都是党的领导难以正确落实的体现。既然“全面从严治党责任是基于对管党治党权力监督的责任，全面从严治党责任制度是针对拥有特定权力的党组织和党的领导干部不履行或者不正确履行管党治党职责的行为进行重点追责”[②]，那么，一旦党组织和领导干部的不当行为造成了严重的社会危害后果，在追责对象上就应该考虑党政领导干部追责符合比例原则，在责任形态上就不应单纯强调党内责任而忽视法律责任的追究。

近年来，党在加强领导责任承担方面的显著成就就是党政同责理念的提出和践行。2013 年 7 月 18 日，习近平总书记在中央政治局常委会上针对不断发生的重特大事故，提出安全生产要“党政同责、一岗双责、齐抓共管”。这是国家领导人在国家层面第一次强调党政同责和一岗双责。公共事务的党政同责是以习近平同志为核心的党中央对地方执政探索的经验总结，是对国家公共事务治理的重大决策和部署。党政同责体现了“权力—责任”合比例原则的规范要求。此后，安全生产、环境保护、食品安全和脱贫攻坚领域的工作开展都强调要实现党政同责。

在党政同责理念提出之前，一旦发生事故，问责主体为企业和政府。中央提出党政同责理念后，将党委纳入责任主体中。党政同责制度源于安全生产领域。经过实践，党政同责制度取得了积极的效果，随后便被引入了环境保护等多个领域。[③] 党政同责主要强调的是对党委和政府责任的追究。目的

---

① 邓峰：《代议制的公司》，北京大学出版社 2015 年版，第 111 页。

② 石伟：《全面从严治党责任制度的法理基础与逻辑判定》，载《当代世界与社会主义》2020 年第 1 期。

③ 常纪文：《生态文明的前沿政策和法律问题——一个改革参与者的亲历与思索》，中国政法大学出版社 2016 年版，第 101 页。

是解决党政权责不一、问责范围过窄的问题。通过抓住领导干部中的“关键少数”，保证党政实现权责一致，实现有权必有责、用权受监督的权责逻辑。

（一）党政同责的成因分析

党政同责制度是指各级党委与同级政府负有共同的责任。现有文件没有对党政同责的具体含义作出统一规定，但学界基于领导人讲话的内容和要求，对党政同责制度进行科学理解和解读，基本上达成了共识。从主体来看，党政分别指县级以上地方各级党委和政府领导班子成员；从内容来看，同责指的是在环境保护、食品安全、生产安全、脱贫攻坚四个领域承担相同职责。这里的“同责”并不是指职责内容、责任后果和责任依据完全相同。由于党政工作内容和职责范围的不同，党委和政府的职责范围和追责依据并不完全相同。而党政同责制度强调的是“分配责任时同有职责，违反职责时同样担责”[①]。

从实践来看，地方党政领导干部是特殊领域工作的“关键少数”，通过出台专门规定，压实党员领导干部的责任，能够有效解决各级党委和政府在具体工作中同心、同向与同行的问题，虽职责分工不同，但初心使命无异。

党政同责理念的形成有其表层原因、深层原因。表层原因是重大民生领域事故频发，党中央和国务院想要从根本上解决事故频繁发生的现象，故想要通过扩大责任主体的方式来加强党员领导干部的责任意识，对失职渎职的党员领导干部进行责任追究。深层原因是解决之前党政权责不一的问题，对党政权力行使和责任承担进行结构性调整，将党委同政府一起作为责任追究的对象。

1. 民生领域事故频发

当前我国正处于发展的重要战略机遇期，又处于社会矛盾凸显期，社会管理领域风险和难度加大。在事关人民安居乐业的民生领域，还存在亟待解决的问题，食品药品事故、安全生产事故时有发生，环境污染问题也较为严重，给人民群众的生命健康和人类的可持续发展造成消极影响。习近平总书

① 参见常纪文：《安全生产党政同责监管体制的立法构建》，载《法学杂志》2014 年第 2 期。

记曾对在交通运输、危险化学品等领域发生的安全生产事故作出指示，“必须引起高度重视，人命关天，发展决不能以牺牲人的生命为代价，这必须作为一条不可逾越的红线”。[①] 从中央到地方，都试图通过多种途径增强政府和企业的责任意识。

习近平总书记多次强调要坚持党政同责。2013 年 7 月 18 日，习近平总书记在中央政治局常委会上针对不断发生的重特大事故，提出安全生产要“党政同责、一岗双责、齐抓共管”。2018 年 5 月，习近平总书记在全国生态环境保护大会上指出：生态环境是关系党的使命宗旨的重大政治问题，也是关系民生的重大社会问题。生态文明建设是关系中华民族永续发展的根本大计。以环境保护为例，党政同责制度的产生有其特定社会背景和制度基础，我国在改革开放过程中，政府工作一度以 GDP 增长作为政绩考核的主要甚至是唯一标准，忽视生态环境保护领域的政府责任。政府对于环境管理对象和环境违法处罚对象按照税收等 GDP 贡献大小实行差别待遇，[②] 存在经济发展优于环境保护的违背绿色理念的发展行为。

安全是人们生存和发展的重要需求和基本保障。公共安全事关人民安居乐业、社会有序发展、国家长治久安，是社会治理现代化的目标和课题。随着经济发展水平的提高，人们对于生产生活安全，尤其是食品药品、生态环境等与民生安全高度相关的领域提出更高的要求。食品安全、环境保护、安全生产和脱贫攻坚是与人民生活密不可分的领域，也是党中央、国务院历来高度重视的民生领域。因此，党中央和国务院试图通过在重大民生领域构建党政同责机制，将党委纳入责任主体来加强职责履行，更好地保障人民生产生活和安居乐业。

2. 原有问责范围过窄

在实践中，党委往往负责决策，而政府负责执行。因此只追政府不追党委的问责范围明显过窄，无法实现权责一致。党政同责原则最早在安全生产

① 《习近平就做好安全生产工作作出重要指示》，载《人民日报》2013 年 6 月 8 日，第 1 版。

② 刘倩：《〈党政领导干部生态环境损害责任追究办法〉评析与建议》，载《环境与可持续发展》2015 年第 6 期。

领域被提出，此后，有学者陆续在其他领域也提出问责失灵的根本原因在于党政权责不一。以环境保护为例，我国环境保护问责制度大致经过三个阶段。具体为：第一阶段是从 1973 年到 1989 年，我国开启环境问责实践，将产生“三废”、影响环境的企事业单位作为问责对象，政府是问责主体；第二阶段是 1989 年 12 月到 2015 年 7 月，我国将环境问责对象扩大到地方各级政府及其环境保护行政主管部门，对管理、监督不力的政府及其部门作为问责对象，此时问责主体和问责对象范围重合；第三阶段是环境问责的成熟阶段，随着《党政领导干部生态环境损害责任追究办法（试行）》的颁布，将我国地方各级党委也纳入环境问责对象，强调环境保护“党政同责、一岗双责”的问责原则。[①] 原有问责制度难以取得成效的原因是没有从实际意义上触及党委的相关责任。实际意义是触及党委相关责任就是在追究政府和企业相关事故责任的同时，需要强调党委承担相应的领导责任，否则“必然会出现权责不一、成效不足的现象”[②]。

为解决问责范围过窄的问题，党中央将党委也纳入问责范围。这主要基于政党法治和权力制约理论。党政同责是政党法治现代化的核心要义。政党治理的法治化，不仅要求形成完备的党内法规体系，还同时面临以法治理念和法治精神实现政党治理法治化的转型任务。在法治成为治国理政基本方式的前提之下，根据政党法治的基本原理，“政党法治的目的在于对政党权利予以保护，对政党权力进行约束，旨在按规律治理政党”[③]。在政治学上，权力分配和权力监督的关联性作为政治实践逻辑的规范设计，构成了现代国家政党政治的核心取向。“任何人声称行使制定法上的权力，必须不能超越被授予权力的界限而行动，这是个基本原则。”[④] 显而易见的是，权力的规范界限，需要通过法律规范的责任设定，实现对权力的有效监督。权力需要制

① 参见刘少华、陈荣昌：《新时代环境问责的法治困境与制度完善》，载《青海社会科学》2019 年第 4 期。

② 参见梁忠：《从问责政府到党政同责——中国环境问责的演变与反思》，载《中国矿业大学学报（社会科学版）》2018 年第 1 期。

③ 王韶兴、张垚：《政党法治：一种新型的政党文明形态》，载《文史哲》2005 年第 1 期。

④ ［英］汤姆·宾汉姆：《法治》，毛国权译，中国政法大学出版社 2010 年版，第 91 页。

约，不仅包括权力行使过程中的制约，而且更应该包括责任的追究落实。孟德斯鸠曾提出："一切有权力的人都容易滥用权力，这是万古不易的一条经验，有权力的人们使用权力一直到遇有界限的地方才休止。"[①] 而这种权力的界限就是制度。通过明确法治原则，以法律制度约束权力运行、保证责任落实。

党政同责是实现政党法治化构建的重要环节。建设法治中国离不开中国共产党的领导。宪法已确立党在法律制度、国家和社会事务方面的领导地位，因此法治中国的建设既要求国家法律之治，也要求党内法规走向全面规范化的轨道，在党内法规与国家法律的协同中推动法治建设。"党通过党内法规规定的领导规则，依据国家法律的规定来领导国家建设，符合规则之治的法治要求，是现代法治的一种重要形态。"[②] 政党法治化有助于避免个人意志特别的干预，以法治代替人治，保障党的纯洁有序发展。

"法治是指以民主为前提和基础，以严格依法办事为核心，以制约权力为关键的社会管理机制、社会活动方式和社会秩序状态。"[③] 基于我国社会主义性质的现实情况，政府是在党的领导下开展工作的，社会治理中不能忽视负有领导责任的党员干部的职责。党员领导干部因为掌握权力，所以与普通公民相比，居于优势地位，因此更需要提升法治能力，以法律为指引，将权力关在制度的笼子里。为了更好规范党委领导责任的落实，实现党委领导责任的充分发挥，习近平总书记从党政分工关系的角度，提出了"党政同责、齐抓共管"的责任构架，突出了地方各级党委在重大民生领域的领导责任。

除此之外，地方对问责制度的大胆探索对党政同责理念的产生发展起到了重要作用。党政同责理念最早是由地方党委提出并应用的，此后中央正式

① ［法］孟德斯鸠:《论法的精神（上）》，张雁深译，商务印书馆 1963 年版，第 154 页。

② 常纪文:《党政同责、一岗双责、失职追责：环境保护的重大体制、制度和机制创新——〈党政领导干部生态环境损害责任追究办法（试行）〉之解读》，载《环境保护》2015 年第 43 卷第 21 期，第 16 页。

③ 刘华涛:《服务型政府建设对党政领导干部的能力需求》，载《求实》2012 年第 1 期。

以党政联合发文的形式确立了党政同责理念。

（二）新时代党政同责的完善

党政同责理念的提出和机制构建无疑是捋顺党政关系的一项创举，为实现党政权责一致、维护民生安全起到重要作用，但党政同责理念实现还不够彻底，需要进一步完善。

1. 完善以法律为核心的问责制度

法治的要义是规则之治。要在事关百姓生产生活质量的重大民生领域实现问责的规范化，应该加快问责的制度建设，依靠法律规范来避免人治的任意性和主观性。要实现问责的规范化就需要制定专门立法，促进党政同责机制的法治化转向。通过遵循合理明确的规则制度，提高问责的公正性和可预期性，使问责机制有法可依、有规可循。问责的核心目的不是惩罚官员，而是督促履行职责，关注民生。

从发布机关来看，四个重点民生领域的文件均由中共中央办公厅和国务院办公厅发布。依照《中国共产党党内法规制定条例》的规定，属于党内法规；按照《立法法》的规定，属于规章性文件。这些文件基本有如下规定，“根据有关党内法规和国家法律法规，制定本办法”，所以，《党政领导干部生态环境损害责任追究办法（试行）》《脱贫攻坚责任制实施办法》《地方党政领导干部安全生产责任制规定》《地方党政领导干部食品安全责任制规定》均具有“混合属性”[①]。

首先，国家层面应加快出台和完善相关领域的立法，以及将“党政同责、一岗双责”的原则融入现有立法中。构建生态、脱贫、食品安全、生产安全领域以党政同责为核心的专门立法，以专门立法为核心构筑新时代问责法制体系。由于环保、脱贫、食品安全、生产安全领域责任情形复杂，产生责任原因多样，准确界定各主体责任的难度较大，所以更需要在实践中总结规律，

---

① 常纪文：《党政同责、一岗双责、失职追责：环境保护的重大体制、制度和机制创新——〈党政领导干部生态环境损害责任追究办法（试行）〉之解读》，载《环境保护》2015 年第 43 卷第 21 期。

制定合理科学的责任清单。其次，要进一步对党委、政府等各责任主体的责任进行整合和分类，科学界定不同责任的属性，按照党委、政府、职能部门以及有关领导干部、工作人员在涉及决策、执行和监督等环节中的职权地位和作用，分类制定责任清单，明确各主体在何种情况需以何种方式承担何种责任。加强责任划分的公开性和透明度，避免不同问责主体之间在责任划分上存在大量交叉重叠或者模糊地带。最后，要加强党政同责的程序性规定，程序正义同实体正义一样重要，程序明晰有助于提高问责效率，衔接各机关的问责机制。

2. 加快问责机制多元化转向

“人民对国家权力的控制很大程度上就是通过人大代表在问责中的这种双重地位里实现的。”①但是在现有的问责实践中，作为问责链条重要环节的人大没有发挥应有的作用。从权力监督的理论与经验来看，问责模式的选择则不仅涉及党委和政府的权力关系，还涉及党委和人大、司法机关之间的权力关系。②一个健全的问责机制应该既包含同体问责，也包含异体问责。公众参与是通过一系列的正规及非正规的机制直接使公众介入决策。必须承认，党政同责作为同体问责方式的一种，对于督促党委政府履行环境保护职责起到了积极的作用，应该在现有基础上做进一步的完善。③虽然有学者主张建立跨部门的问责主体，在现有的制度框架下，依靠人大、法院和政府以及社会监督可以较好地实现党政同责的多元化主体构建，而无须创设新的独立问责主体。可以通过改进质询流程、完善质询方式来激活人大的质询权，同时增强罢免案的可操作性来强化人大监督的严肃性。法院、检察院都可以发挥对政府进行异体问责的功能。因此，可以通过激活并强化人大、法院、检察院的地位，在现有制度框架内对政府权力进行制约。

① 张贤明:《当代中国问责制度建设及实践的问题与对策》，载《政治学研究》2012年第1期。

② 参见常纪文:《完善督察机制落实党政责任》，载《中国环境报》2016年6月28日，第3版。

③ 梁忠:《从问责政府到党政同责——中国环境问责的演变与反思》，载《中国矿业大学学报(社会科学版)》2018年第1期。

三、细化责任内容

习近平总书记曾指出：“加强党对一切工作的领导，这一要求不是空洞的、抽象的，要在各方面各环节落实和体现。”[①] 加强和改进党的领导，促进党的领导规范化，必须厘清、细化党的领导责任内容，把抽象的、模糊的、泛化的责任内容进一步具体化、规范化，做到事有专管之人、人有明确之责。以便于在实际工作中，使党的领导责任真正落地落实，便于实际操作。只有细化、明确党的领导责任，才能使责任始终成为相关党组织、机关和党员“头”上的一把“利剑”，时刻警醒责任人担当作为，确保党总揽全局、协调各方的领导核心地位。

（一）党的领导责任的内容

中国共产党作为一个整体，发挥总揽全局、协调各方的领导核心作用。为了更好地发挥这一作用、实践中党的领导职责按照党章和有关党内法规的规定，分解到了各级各类党组织，通过各级各类党组织的具体领导活动，使党的领导作用得以实现。

1. 党的中央组织

党的中央组织作为一个整体，发挥着总揽全局、协调各方的领导核心作用。党章规定：党领导人民发展社会主义市场经济、发展社会主义民主政治、发展社会主义先进文化、构建社会主义和谐社会、建设社会主义生态文明，党坚持对人民解放军和其他人民武装力量的绝对领导，以及对民族、统战外交等工作的领导，涵盖了中国特色社会主义事业的各个方面。党章关于党的中央组织领导职责的规定，体现了坚持和加强党的全面领导对党的中央组织提出的要求，与“党是领导一切的”这一根本要求是完全一致的。

2. 党的地方组织

党章规定，党的地方各级领导机关是党的地方各级代表大会和它们所产生的委员会。党的地方各级委员会在代表大会闭会期间，领导本地方的工作。

---

① 习近平：《中国共产党领导是中国特色社会主义最本质的特征》，载《求是》2018 年第 14 期。

《中国共产党地方委员会工作条例》第五条规定地方党委的领导职责主要是把方向、管大局、作决策、保落实，并具体规定了七个方面的职权：对本地区重大问题作出决策；通过法定程序使党组织的主张成为地方性法规、地方政府规章或者其他政令；加强对本地区宣传思想文化工作的领导，牢牢掌握意识形态工作领导权、话语权；按照干部管理权限任免和管理干部；向地方国家机关、政协组织、人民团体、国有企事业单位等推荐重要干部；支持和保证人大、政府、政协、法院、检察院、人民团体等依法依章程独立负责、协调一致地开展工作，发挥这些组织中党组的领导核心作用；加强对本地区群团工作和统一战线工作的领导；动员、组织所属党组织和广大党员，团结带领群众实现党的目标任务。

3. 党的基层组织

党的基层组织有不同的类型，相应的领导职责也有所不同。具体来说，街道、乡、镇党的基层委员会和村、社区党组织，领导本地区的工作和基层社会治理，支持和保证行政组织、经济组织和群众自治组织充分行使职权；国有企业党委发挥把方向、管大局、保落实领导作用，依照规定讨论和决定企业重大事项；实行党委领导下的行政领导人负责制的事业单位中党的基层组织，对重大问题进行讨论和作出决定，同时保证行政领导人充分行使自己的职权。另外《中国共产党农村基层组织工作条例》《中国共产党普通高等学校基层组织工作条例》《中国共产党国有企业基层组织工作条例（试行）》《中国共产党支部工作条例（试行）》等对有关党的基层组织的领导职责进行了细化和具体化。

4. 党组

根据党章规定，党组发挥领导核心作用，主要是负责贯彻执行党的路线、方针、政策，讨论和决定本单位的重大问题，做好干部管理工作，团结党外干部和群众，完成党和国家交给的任务。《党组工作条例》对党组的领导责任进行了细化，党组发挥把方向、管大局、保落实的领导作用，全面履行领导责任，加强对本单位业务工作和党的建设的领导，推动党的主张和重大决策转化为法律法规、政策政令和社会共识，确保党的理论和路线方针政策的贯彻落实。党组讨论和决定本单位下列重大问题：贯彻落实党中央以及上级党组织决策部署的重大举措；制定拟订法律法规规章和重要规范性文件中的重大事项；业务工作发展战略、重大部署和重大事项；重大改革事项；重要人事任免等事项；重大项目安排；大额资金使用、大额资产处置、预算安排；职能配置、机构设置、人员编制事项；审计、巡视巡察、督查检查、考核奖惩等重大事项；重大思想动态的政治引导等。

5. 重点领域中党的领导责任内容

（1）人事工作。邓小平同志曾指出："中国的事情能不能办好，社会主义和改革开放能不能坚持，经济能不能快一点发展起来，国家能不能长治久安，从一定意义上说，关键在人。"[①] 人事工作是党的领导重要方式，"党发挥总揽全局、协调各方的领导核心作用，集中体现在谋事与用人两个方面"。"所谓'用人'，是指党管干部、党管人才，加强对干部和人才的宏观管理，确定并向国家机关、政协、人民团体等推荐领导人选。"[②] 对于任何一个国家和政党而言，选对人用好人对于成败兴衰都起着举足轻重的作用。中国共产党历来重视党员干部管理制度建设，党章用了整章的篇幅对党员干部的管理作出了总的规定，其他党内法规对党员干部的推荐、使用、管理和监督都作出了详细的规定，其中《党政领导干部选拔任用工作条例》《中共中央关于地方党委向地方国家机关推荐领导干部的若干规定》《干部选拔任用工作监督检查和责任追究办法》都规定了相关责任，具体来说主要包括以下几个方面：

《干部选拔任用工作监督检查和责任追究办法》第三十四条规定，对违规选人用人问题，党委（党组）负全面领导责任，领导班子主要负责人和直接主管的班子成员承担主要领导责任，参与决策的领导班子其他成员承担领导责任。组织（人事）部门、纪检监察机关、干部考察组有关负责人和其他责任人员在各自职责范围内承担相应责任。

党委（党组）及其成员的责任。干部选拔任用工作有下列情形之一，应

---

① 《邓小平文选》（第三卷），人民出版社 2001 年版，第 380 页。

② 宋功德：《党规之治》，法律出版社 2015 年版，第 75—76 页。

当追究党委（党组）及其主要负责人或者直接主管的领导班子成员、参与决策的领导班子其他成员的责任：①民主集中制执行不到位，党委（党组）领导把关作用发挥不力，出现重大用人失察失误，产生恶劣影响的；②用人导向出现偏差，选人用人不正之风严重，干部不担当不作为问题突出，干部群众反映强烈的；③落实主体责任不到位，对选人用人问题和干部不担当不作为问题不处置、不整改、不问责，造成严重后果的；④维护和执行组织人事纪律不力，导致选人用人违规违纪行为多发，造成恶劣影响的；⑤其他应当追究的失职失责情形。

组织（人事）部门人员责任。干部选拔任用工作有下列情形之一，应当追究组织（人事）部门有关负责人和其他责任人员的责任：①不按照规定的职数、资格条件、工作程序、纪律要求选拔任用干部的；②不按照规定向上级组织（人事）部门报告干部选拔任用工作有关事项的；③不按照规定对所属地方、单位干部选拔任用工作监督检查导致问题突出的；④对反映线索具体、有可查性的选人用人问题不按照规定进行调查核实或者作出处理的；⑤其他应当追究的失职失责情形。

纪检监察机关人员责任。干部选拔任用工作有下列情形之一，应当追究纪检监察机关有关负责人和其他责任人员的责任：①不如实回复拟任人选廉洁自律情况并提出结论性意见的；②对收到的反映拟任人选问题线索具体、有可查性的信访举报不按照规定调查核实，或者对相关违纪违法问题不按照规定调查处理的；③不按照规定履行干部选拔任用工作监督职责造成严重后果的；④其他应当追究的失职失责情形。

干部考察组人员责任。干部选拔任用工作有下列情形之一，应当追究干部考察组有关负责人和其他责任人员的责任：①不按照规定程序和要求进行考察的；②考察严重失真失实，或者隐瞒歪曲事实真相、泄露重要考察信息的；③不认真审核干部人事档案信息，或者对反映考察对象的举报不如实报告，以及不按照规定对问题进行了解核实，造成严重后果的；④其他应当追究的失职失责情形。

具体的责任内容，《干部选拔任用工作监督检查和责任追究办法》根据责任主体和情节轻重加以区分。党委（党组）的责任：情节较轻的，责令作出书面检查；情节较重的，责令整改并在一定范围内通报；情节严重、本身又不能纠正的，应当予以改组。领导干部和有关责任人员的责任：情节较轻的，给予批评教育、责令作出书面检查、通报或者诫勉处理；情节较重的，给予停职检查、调离岗位、限制提拔使用处理；情节严重的，应当引咎辞职或者给予责令辞职、免职、降职处理。应当给予纪律处分的，依照有关规定追究纪律责任。涉嫌违法犯罪的，移送有关国家机关依法处理。

（2）请示报告。请示报告是指下级党组织向上级党组织，以及党员、领导干部向党组织请示汇报的相关活动。依规进行请示报告是坚持和加强党的全面领导，坚持党要管党、全面从严治党，坚持“两个维护”的重要体现。《中国共产党重大事项请示报告条例》中规定了党组织请示报告的主体、事项、程序和方式，也规定了党员和领导干部请示报告的事项等内容，明确了违反请示报告规定的相关责任。

《中国共产党重大事项请示报告条例》第四十四条规定，实行重大事项请示报告责任追究制度，有下列情形之一的，应当依规依纪追究有关党组织和党员、领导干部以及工作人员的责任，涉嫌违法犯罪的，按照有关法律规定处理：①违反政治纪律和政治规矩，擅自决定应当由党中央决定的重大事项，损害党中央权威和集中统一领导的；②履行领导责任不到位，对重大事项请示报告不重视不部署，工作开展不力的；③违反组织原则，该请示不请示，该报告不报告的；④缺乏责任担当，推诿塞责、上交矛盾、消极作为的；⑤搞形式主义、官僚主义，请示报告内容不实、信息不准，造成严重后果的；⑥违反工作要求，不按规定程序和方式请示报告，造成严重后果的。

（3）政法工作。政法单位是指党领导下从事政法工作的专门力量，主要包括审判机关、检察机关、公安机关、国家安全机关、司法行政机关等单位。党委政法委员会是党委领导和管理政法工作的职能部门，是实现党对政法工作领导的重要组织形式。《中国共产党政法工作条例》规定，党对政法工作的领导是绝对领导，明确了党中央和地方党委、党委政法委员会、政法单位党组（党委）领导政法工作的职权，并要求按照请示报告、决策和执行等相关制度开展政法工作。

《中国共产党政法工作条例》第三十五条规定了党的领导责任内容：有关地方和部门领导干部在领导和组织开展政法工作中，违反本条例和有关党内法规制度规定职责的，视情节轻重，由党委政法委员会进行约谈、通报、挂牌督办等，或者由纪检监察机关、组织人事部门按照管理权限，办理引咎辞职、责令辞职、免职等。因违纪违法应当承担责任的，给予党纪政务处分；涉嫌犯罪的，依法追究刑事责任。

（4）巡视工作。巡视是党章赋予的重要职责，是确保党的领导核心的重要抓手。《中国共产党巡视工作条例》第二条第四款规定："开展巡视巡察工作的党组织承担巡视巡察工作的主体责任。"第十五条规定："巡视组对巡视对象执行《中国共产党章程》和其他党内法规，遵守党的纪律，落实全面从严治党主体责任和监督责任等情况进行监督，着力发现党的领导弱化、党的建设缺失、全面从严治党不力，党的观念淡漠、组织涣散、纪律松弛，管党治党宽松软问题：（一）违反政治纪律和政治规矩，存在违背党的路线方针政策的言行，有令不行、有禁不止，阳奉阴违、结党营私、团团伙伙、拉帮结派，以及落实意识形态工作责任制不到位等问题；（二）违反廉洁纪律，以权谋私、贪污贿赂、腐化堕落等问题；（三）违反组织纪律，违规用人、任人唯亲、跑官要官、买官卖官、拉票贿选，以及独断专行、软弱涣散、严重不团结等问题；（四）违反群众纪律、工作纪律、生活纪律，落实中央八项规定精神不力，搞形式主义、官僚主义、享乐主义和奢靡之风等问题；（五）派出巡视组的党组织要求了解的其他问题。"

巡视工作的领导责任：该条例第三十三条规定，派出巡视组的党组织和巡视工作领导小组应当加强对巡视工作的领导。对领导巡视工作不力，发生严重问题的，依据有关规定追究相关责任人员的责任。

巡视工作人员的责任：巡视工作人员有下列情形之一的，视情节轻重，给予批评教育、组织处理或者纪律处分；涉嫌犯罪的，移送司法机关依法处理：①对应当发现的重要问题没有发现的；②不如实报告巡视情况，隐瞒、歪曲、捏造事实的；③泄露巡视工作秘密的；④工作中超越权限，造成不良后果的；⑤利用巡视工作的便利谋取私利或者为他人谋取不正当利益的；⑥有违反巡视工作纪律的其他行为的。

被巡视地区（单位）及其工作人员的责任：有下列情形之一的，视情节轻重，对该地区（单位）领导班子主要负责人或者其他有关责任人员，给予批评教育、组织处理或者纪律处分；涉嫌犯罪的，移送司法机关依法处理：①隐瞒不报或者故意向巡视组提供虚假情况的；②拒绝或者不按照要求向巡视组提供相关文件材料的；③指使、强令有关单位或者人员干扰、阻挠巡视工作，或者诬告、陷害他人的；④无正当理由拒不纠正存在的问题或者不按照要求整改的；⑤对反映问题的干部群众进行打击、报复、陷害的；⑥其他干扰巡视工作的情形。

（5）党政同责。为加强地方各级党委和政府对生态环境保护、食品安全和安全生产领域工作的领导，中国共产党先后出台《党政领导干部生态环境损害责任追究办法（试行）》《地方党政领导干部安全生产责任制规定》《地方党政领导干部食品安全责任制规定》《中央生态环境保护督察工作规定》，建立党政同责的责任构架，突出关键少数，强调党政同责，压紧压实党委和政府在生态环境保护、食品安全和安全生产领域的领导责任。

生态环境保护领域。《党政领导干部生态环境损害责任追究办法（试行）》主要规定了党政领导干部生态环境损害责任追究，并确定了终身追究的原则。党政领导干部生态环境损害责任追究形式有：诫勉、责令公开道歉；组织处理，包括调离岗位、引咎辞职、责令辞职、免职、降职等；党纪政纪处分。组织处理和党纪政纪处分可以单独使用，也可以同时使用。需要给予诫勉、责令公开道歉和组织处理的，由组织（人事）部门按照有关规定办理；需要追究党纪政纪责任的，由纪检监察机关按照有关规定办理。追责对象涉嫌犯罪的，应当及时移送司法机关依法处理。

《中央生态环境保护督察工作规定》明确了中央生态环境保护督察组和被督察对象的责任，以主体划分包括两个方面。

督察组的责任：中央生态环境保护应当严格遵守中央生态环境保护督察纪律、程序和规范，正确履行职责。督察组成员有下列情形之一，视情节轻重，依纪依法给予批评教育、组织处理或者党纪处分、政务处分；涉嫌犯罪的，按照有关规定移送监察机关或者司法机关依法处理：①不按照工作要求开展督察，导致应当发现的重要生态环境问题没有发现的；②不如实报告督察情况，隐瞒、歪曲、捏造事实的；③工作中超越权限，或者不按照规定程序开展督察工作，造成不良后果的；④利用督察工作的便利谋取私利或者为他人谋取不正当利益的；⑤泄露督察工作秘密的；⑥有违反督察工作纪律的其他行为的。

被督察对象的责任：被督察对象应当自觉接受中央生态环境保护督察，积极配合中央生态环境保护督察组开展工作，如实向督察组反映情况和问题。被督察对象及其工作人员有下列情形之一，视情节轻重，对其党政领导班子主要负责人或者其他有关责任人，依纪依法给予批评教育、组织处理或者党纪处分、政务处分；涉嫌犯罪的，按照有关规定移送监察机关或者司法机关依法处理：①故意提供虚假情况，隐瞒、歪曲、捏造事实的；②拒绝、故意拖延或者不按照要求提供相关资料的；③指使、强令有关单位或者人员干扰、阻挠督察工作的；④拒不配合现场检查或者调查取证的；⑤无正当理由拒不纠正存在的问题，或者不按照要求推进整改落实的；⑥对反映情况的干部群众进行打击、报复、陷害的；⑦采取集中停工停产停业等“一刀切”方式应对督察的；⑧其他干扰、抵制中央生态环境保护督察工作的情形。

安全生产领域。《地方党政领导干部安全生产责任制规定》明确了县级以上地方各级党委和政府领导班子成员的责任。地方党政领导干部在落实安全生产工作责任履职不到位的，应当根据情况采取通报、诫勉、停职检查、调整职务、责令辞职、降职、免职或者处分等方式问责；涉嫌职务违法犯罪的，由监察机关依法调查处置。严格落实安全生产“一票否决”制度，对因发生生产安全事故被追究领导责任的地方党政领导干部，在相关规定时限内，取消考核评优和评选各类先进资格，不得晋升职务、级别或者重用任职。对工作不力导致生产安全事故人员伤亡和经济损失扩大，或者造成严重社会影响负有主要领导责任的地方党政领导干部，应当从重追究责任。

食品安全领域。《地方党政领导干部食品安全责任制规定》明确要求，地方党政领导干部在落实食品安全工作责任中未履行职责或履职不到位的，应当按照干部管理权限依规依纪依法进行问责。涉嫌职务违法犯罪的，由监察机关依法调查处置。地方党政领导干部及时报告失职行为并主动采取补救措施，有效预防或者减少食品安全事故重大损失、挽回社会严重不良影响，或者积极配合问责调查，并主动承担责任的，按照有关规定从轻、减轻追究责任。对工作不力导致重大或者特别重大食品安全事故，或者造成严重不良影响的，应当从重追究责任。

（二）细化党的领导责任

加强和改进党的领导，促进党的领导规范化，必须细化党的领导责任内容，把抽象的、模糊的、泛化的责任内容进一步具体化、规范化，做到事有专管之人、人有明确之责。“党规责任条款必须面面俱到，各类违规行为须有责任与其一一对应，避免因责任漏洞出现漏网之鱼。”[①] 因此，坚持和加强党的全面领导必须进一步梳理完善党的领导责任内容，使之更加全面、更加明确、更加具体，通过健全完善各项制度机制，将管党治党责任压力层层传导到位。

1. 细化责任内容

党内法规中，党的领导的职责和职权是相匹配的，在总体上应当是平衡的。责任是第一位的，无责则无权，权责相匹配。党的领导职权应当根据职责来确定，党内法规应当按照“假定、行为模式、后果”的逻辑结构，明确体现出党的领导责任内容，并且要进一步细化党的领导责任，使追责问责更具有可操作性，做到责任到人、责任到岗，只有将党的领导责任落实落细，才能确保党的全面领导。如何将党的领导责任内容进一步细化，可以从以下两个方面着手：

（1）细化问责追责标准。细化党的领导责任内容，关键是要把模糊的程度性词语进行标准量化，细化责任标准。可以根据具体领域或行业的实际情况，确定“情节轻重”“重大损失”“不良后果”“严重后果”等程度性词语

① 宋功德：《党规之治：党内法规一般原理》，法律出版社 2021 年版，第 84 页。

的具体标准，根据不同程度的后果，规定相应的追责方式，排除人为判断因素的影响，让责任更清晰，追责更具有可操作性。比如，国务院《生产安全事故报告和调查处理条例》根据伤亡人数和经济损失，将生产安全事故区分为特别重大事故、重大事故、较大事故和一般事故，责任标准清晰明确，相应的责任追究更具可操作性。

（2）统一问责追责方式。追究党组织和党员责任，直接触及其切身利益，是党内法规强制力和权威的表现。《中国共产党党内法规制定条例》规定，凡是涉及创设党组织职权职责、党员义务权利、党的纪律处分和组织处理的，只能由党内法规作出规定。在党内法规体系中，问责追责的方式必须明确、统一。一方面要明确规定问责追责的方式，党内法规要明确规定每一种问责追责方式所属的类型、强弱程度和适用情形，防止出现避重就轻、相互替代的问题。具体到每部党内法规中，对问责追责方式的规定要明确具体，与违规违纪行为一一对应，不能只是笼统的规定。另一方面要统一问责追责方式，对党内法规中原本规定不一致的问责追责方式进行修改，使问责追责的方式必须统一一致，维护党内法规权威。例如，关于组织调整或者组织处理的规定，一些党内法规中有规定不一致的问题，应当对这些党内法规进行修改，在党内法规体系中保持一致。

2. 建立健全责任清单制度

根据权责对等原则，关于党的领导责任和职权的规定应当是对等一致的，但是党内法规中有关职权和责任的规定往往同时规定，既是职权也是责任。实践中职权和责任的逻辑构成不同，对于职权来说简单一句话就能规定清楚，而责任需要有假设、行为模式和法规后果三个逻辑部分共同体现才能形成完整的责任链条，因此党内法规中规定的“职责”更像是“权力”，正如宋功德教授所说：“有关职权与职责的规定往往混在一起以‘任务’形式出现，难以根据现有规定梳理出一个清晰的各类各级党组织的职权清单与职责清单，权责不清。”[①]

① 宋功德：《党规之治：党内法规一般原理》，法律出版社 2021 年版，第 274 页。

"要强化对公权力的监督制约，督促掌握公权力的部门、组织合理分解权力、科学配置权力、严格职责权限，完善权责清单制度，加快推进机构、职能、权限、程序、责任法定化。"[①] 关于责任清单制度，中国共产党已经进行了一些探索，根据《党委（党组）落实全面从严治党主体责任规定》《地方党政领导干部食品安全责任制规定》的要求，在全面从严治党和食品安全领域已经建立了责任清单制度，实践中，责任清单制度在细化、落实责任方面起到了积极作用。在党的领导领域，也应当建立健全责任清单制度。第一步，各级党组织对所承担的党的领导责任进行梳理、细化，列出责任清单，明确目标任务，按照全面领导责任、主要领导责任和重要领导责任细化分解到党组织和领导干部；第二步，根据部门分工，将分解到党组织和党员干部的责任进行再细化、分解，由各职能部门认领责任，这样党的领导责任就落实到了具体部门和具体责任人，党的领导责任进一步清晰明确。

3. 细化容错纠错机制

习近平总书记指出，干事业总是有风险的，不能期望每一项工作只成功不失败。党的领导涵盖"五位一体"总体布局和"四个全面"战略布局的各个方面，贯穿在党治国理政的全过程和各环节。面对错综复杂的改革发展稳定任务，应当允许试错、宽容失败，党的领导才能充满激情和活力。建立容错纠错机制，既不能混淆党组织和党员干部所犯的错误性质或夸大错误程度，更不能利用犯的错误进行打击报复，以实际行动保护担当者、宽容失误者、支持干事者，让各级党组织为敢于担当者担当、为敢于负责者负责，大力营造支持干事创业的良好氛围。对建立容错纠错机制，《关于进一步激励广大干部新时代新担当新作为的意见》作出了相关政策规定。

（1）扩大容错纠错适用对象范围。《关于进一步激励广大干部新时代新担当新作为的意见》规定，容错纠错机制只适用于党员干部，党组织没有纳入容错纠错机制范围。从实践来看，党的领导主要是通过党组织进行领导，党员干部经过讨论研究，以党组织名义作出决策，所以党组织应当是决策责

① 习近平：《在新的起点上深化国家监察体制改革》，载《求是》2019年第5期。

任的承担者，理应也是容错纠错的适用对象。为保证各级党组织发挥领导的主观能动性，应当将容错纠错适用对象扩大至党组织。

（2）细化容错纠错要求。建立容错纠错机制是中央作出的制度层面的要求，各地方应当结合实际细化容错纠错的要求。总的方向是按照总书记提出的“三个区分开来”要求来把握，具体工作中要妥善把握事业为上、实事求是、依纪依法、容纠并举等“四个原则”，结合动机态度、客观条件、程序方法、性质程度、后果影响以及挽回损失等“六个要件”，对干部的失误错误进行综合分析，对该容的大胆容错，不该容的坚决不容。对给予容错的干部，考核考察要客观评价，选拔任用要公正合理。

四、强化责任落实

党的领导是中国革命、建设、改革不断取得胜利最根本的保证，是中国特色社会主义最本质的特征和最大优势。党的领导是具体的，有着鲜明而丰富的内涵，体现在坚定理想信念宗旨、制定和实施路线方针政策上，体现在坚持党管干部原则、选对人用好人，树立鲜明价值观和政治导向上。毋庸置疑，党管干部、选对人用好人，加强管理和监督，领出好班子、带出好队伍，是坚持党的领导的重中之重。习近平总书记指出，“不明确责任，不落实责任，不追究责任，从严治党是做不到的”[①]。一分部署、九分落实。只有在授权必控的基础上强化责任落实、严格责任追究，才能确保党的领导责任落实到位、权力不被滥用。要聚焦党的领导责任关键环节和突出问题，加强日常监督力度，建立健全监督机制，强化问责追责，确保各级党组织和党员在党中央的集中统一领导下，按照民主集中制原则，严格履行党的领导各项职责。

（一）加强日常监督

强化党的领导责任落实，监督是关键。党的领导工作涵盖“五位一体”总

① 习近平：《历史使命越光荣奋斗目标越宏伟　越要增强忧患意识越要从严治党》，载《人民日报》2014年10月9日，第1版。

体布局，涉及经济社会发展各个领域、各个方面，党的领导责任的监督不是“一阵风”就能完成的，需要注重“长”“常”，把监督寓于日常工作中，在加强常态化、近距离、可视化的日常监督上下功夫。加强日常监督，目的就是要构建起多主体参与、多手段并用、全方位发力的日常监督。党和国家监督体系包括自上而下的组织监督、自下而上的民主监督、相互作用的同级监督。

1. 加强自上而下的组织监督

习近平总书记指出：“上级对下级尤其是上级一把手对下级一把手的监督最管用、最有效。”[①] 党章第十条明确“党是根据自己的纲领和章程，按照民主集中制组织起来的统一整体”，并阐明了民主集中制的基本原则，其中就有包括“下级组织服从上级组织”在内的“四个服从”；第十六条明确规定“党的下级组织必须坚决执行上级组织的决定”；等等。这些写入党的根本大法的规定，既赋予上级党组织领导、管理的权限，更授予其监督的权威，使其对下级党组织的监督区别于同级监督、下级监督，更具实效。《中国共产党党内监督条例》坚持问题导向，把强化自上而下的组织监督等作为重要原则写进总则之中、贯穿全篇，以具体的条文明确各级党组织的监督职责，并规定了上级党组织特别是其主要负责人监督下级党组织及其主要负责人的具体方式和路径。

上级党组织应当加强对党的领导责任的监督，特别是加强对维护党中央集中统一领导、贯彻落实党的路线方针政策、干部选拔任用等方面情况的监督，督促下级党组织认真履行党的领导职责，落实党的领导责任。具体来说，上级党组织尤其是主要负责人应多过问、多了解下级党组织主要负责人的日常思想、工作、作风、生活状况，多注意干部群众对其问题的反映，发现苗头、倾向要及时咬耳扯袖。与此同时，要打好组织监督的“组合拳”、用好“多弹头”。巡视“利剑”、派驻“探头”、约谈提醒、问责利器、选人用人前的“必查多听”等，都是自上而下监督的有效方式，应用好用足，并在实践中不断

① 中共中央文献研究室编：《习近平关于全面从严治党论述摘编》，中央文献出版社 2016 年版，第 211 页。

校正、丰富和完善。

2. 强化同级相互监督

同级监督是党内监督体系中最常态化的监督。同级组织的党员、干部彼此最了解，相互监督能够对症下药、发挥最大功效。邓小平曾经指出，领导干部的情况，“上级是不能天天看到的，下级也是不能天天看到的，同级的领导成员之间彼此是最熟悉的”[①]。班子成员共同开展工作、议事决策，相互之间最了解情况，相互的监督也最直接，也最容易发现问题。强化党的领导责任落实，发挥好民主集中制的制度优势，凡属重大问题，都要按照集体领导、民主集中、个别酝酿、会议决定的原则，由党的委员会集体讨论，作出决定，同时要充分调动各级党组织和广大党员的积极性，集中全党智慧，保证党的决策正确和有效实施。

一方面，各级党组织要自觉担负主体责任，强化主责就是首责、守土必须尽责的意识，主动履责、全力担责，切实把党的领导体现到工作的方方面面，敢于较真、注重日常，抓早抓小、防微杜渐，做到敢管敢治、严管严治、长管长治，确保管党的领导责任落地落实。另一方面，党组织书记认真履行“第一责任人”职责，从严从实抓好党建、领好班子、带好队伍，切实把对党的领导责任扛起来、落实好，真正做管党治党的书记。

3. 发动自下而上的民主监督

民主监督是中国共产党组织发动各级党组织和广大党员对党自身进行的监督，是按照全面从严治党的要求进行的自我约束和自我完善。[②] 自下而上的民主监督是党内监督的基础，与自上而下的组织监督相比，自下而上的民主监督还相对较弱。[③] 党的领导职责的履行是否合规合法，被领导对象最有发言权，因此应当充分发挥民主监督的作用，在党的集中统一领导原则指导下，及时对党的领导情况进行监督，促进党的领导责任的落实。

党章规定党员有权利“在党的会议上有根据地批评党的任何组织和任何

① 《邓小平文选》（第一卷），人民出版社1994年版，第310页。
② 宋功德、张文显：《党内法规学》，高等教育出版社2020年版，第237页。
③ 李景治：《党内监督尚需及时补短板》，载《党政研究》2017年第4期。

党员，向党负责任地揭发、检举党的任何组织和任何党员违法乱纪的事实，要求处分违法乱纪的党员，要求罢免或撤换不称职的干部”。应当以党章为依据，切实增强党员的“主人翁”意识，完善党务公开、情况通报、意见听取和收集等制度机制，保障党员权利义务。

另外，党的纪律检查委员会是监督专责机关，在日常监督中处于重要地位。党的纪律检查委员会要充分行使党章赋予的职责，结合被监督对象的职责，加强对党的领导情况的日常监督，紧盯重点事、重点人，坚持抓早抓小，防微杜渐，对苗头性、倾向性问题，应当及时约谈提醒、批评教育、责令检查、诫勉谈话，提高监督的针对性和实效性。

（二）完善专项监督制度

1. 请示报告制度

请示报告制度是党的领导体制机制的重要组成部分。经过建党百年的实践探索，我们党形成了横向“全国一盘棋”、纵向“一竿子插到底”的领导体制机制，这一体制机制以党的坚强组织体系为“骨”、以民主集中制各项制度为“筋”，横跨党政军民学、东西南北中，纵贯中央、地方、基层，确保“党是领导一切的”有效落实。请示报告制度有力保证了党中央和各级党委（党组）发挥总揽全局、协调各方的领导核心作用，有效实施对各项事业和各方面工作的领导。

实践中，各级党组织和党员领导干部必须提高把握方向、把握大势、把握全局的能力，凡超出自身职权范围的事项必须请示报告，在自身职权范围内但关乎全局、影响广泛的重要事情和重要情况应当请示报告，确保党始终成为中国特色社会主义事业的坚强领导核心。要增强政治敏锐性和政治辨别力，善于立足党和国家工作大局研判形势、分析问题，只要是涉及全局的，再小也要请示报告；只要是事关重大的，在职权范围内也要请示报告，决不能就事论事、只见树木不见森林。

2. 巡视巡察制度

巡视巡察是坚持和加强党的领导、全面从严治党、巩固党的执政地位的重大制度安排，也是加强和改进党的领导的重要监督手段。《中国共产党巡视工作条例》规定："深化政治巡视，聚焦坚持党的领导、加强党的建设、全面从严治党，发现问题、形成震慑，推动改革、促进发展，确保党始终成为中国特色社会主义事业的坚强领导核心。"

加强对落实党的领导责任的监督，政治巡视巡察是重要抓手。要从政治上看问题，聚焦是否维护党章权威、执行党的路线方针政策和决议，是否存在党的领导弱化、主体责任缺失、从严治党不力等问题，重点检查政治纪律执行、选人用人等方面情况，加大巡视巡察工作力度，看看被巡视党组织的领导核心作用发挥得够不够、领导班子凝聚力强不强，是不是坚定地与党中央保持高度一致，是不是在管党治党上体现"严"的要求。深入查找贯彻落实党的路线方针政策和党中央重大决策部署方面存在的责任问题，强化整改落实，扎实做好巡视"后半篇文章"，发挥震慑遏制治本作用，推动党的领导责任落地落实，确保党始终成为中国特色社会主义事业的坚强领导核心。

3. 领导干部插手干预重大事项记录制度

党章规定，党必须在宪法和法律的范围内活动。党必须保证国家的立法、司法、行政、监察机关，经济、文化组织和人民团体积极主动地、独立负责地、协调一致地工作。党发挥总揽全局、协调各方的领导核心作用，与人大、政府、政协、监察机关、审判机关、检察机关、人民团体、企事业单位、社会组织等依法依章履行职权、开展工作，是统一的，不矛盾的。党的领导主要是把方向、谋大局、定政策、促改革，不是大包大揽，也不是实施具体抓、具体管。要支持保障各方依法履行职能、开展工作。

建立领导干部插手干预重大事项记录制度，是制约和监督领导干部权力行使、规范党的领导的重要制度安排。为贯彻落实党的十八届四中全会关于建立领导干部干预司法活动、插手具体案件处理记录制度的要求，2015 年中共中央办公厅印发《领导干部干预司法活动、插手具体案件处理的记录、通报和责任追究规定》，建立了领导干部干预司法的责任追究制度，有效防止了领导干部干预司法活动、插手具体案件处理，确保司法机关依法独立公正行使职权。《中国共产党党内监督条例》规定，建立健全党的领导干部插手干预重大事项记录制度，发现利用职务便利违规干预干部选拔任用、工程建设、执纪执法、司法活动等问题，应当及时向上级党组织报告。《中国共产党党内监督条例》将监督主体准确定位为党的领导干部，并将这一制度的范围扩大到干部选拔任用、工程建设、执纪执法、司法活动等领域，进一步规范了党的领导行为，强化了党的领导责任追究。

4. 党风廉洁意见回复制度

选人用人是党的领导重要方式，建立党风廉洁意见回复制度，是对党的领导行为的规范和监督。党风廉洁意见回复制度是指纪检监察机关按照要求对拟提拔的考察干部开展廉洁审查，形成党风廉洁意见回复，对领导干部进行监督审查把关。《中国共产党党内监督条例》第三十条规定，严把干部选拔任用“党风廉洁意见回复”关，综合日常工作中掌握的情况，加强分析研判，实事求是评价干部廉洁情况，防止“带病提拔”“带病上岗”。建立党风廉洁意见回复制度，坚持精准科学选人用人，对规范和监督党的领导行为具有重大意义。

（三）严格考察考核

考察考核是检验工作成效、推动责任落实的重要方式，对干部起着导向作用、鞭策作用和激励作用。考察考核是对党政领导班子和领导干部的政治素质、履职能力、工作成效、作风表现等所进行的了解、核实和评价，是干部选拔任用和管理的重要环节，是一项政策性、纪律性很强的基础性工作，是坚持和加强党的全面领导、推动党中央决策部署贯彻落实的重要举措。实践中对党的领导责任的考察考核，就是考察考核党组织在各地区、各领域发挥总揽全局、协调各方的领导核心作用的情况，具体来说包括：坚持“四个意识”、落实“两个维护”情况，贯彻执行党的基本理论、基本路线、基本方略情况，在贯彻新发展理念，推进经济建设、政治建设、文化建设、社会建设、生态文明建设中取得的成绩和存在的问题。

1. 明确党的领导考察考核内容

加强对党的领导工作的考察考核，应当细化党的领导任务，将抽象的党的领导任务细化为明确的考察考核内容，条目式列出党的领导工作任务，逐一进行考察考核。《党政领导干部考核工作条例》明确将政治思想建设情况作为对党组织领导班子考核的重要内容，具体包括：

（1）对党组织领导班子的考核。全面考核领导班子坚决维护习近平总书记党中央的核心、全党的核心地位，坚决维护党中央权威和集中统一领导，坚持和加强党的全面领导，执行党的理论和路线方针政策，增强“四个意识”，做到“四个服从”，遵守政治纪律和政治规矩的情况；用习近平新时代中国特色社会主义思想武装头脑，坚定理想信念，坚定“四个自信”“不忘初心、牢记使命”的情况；坚持民主集中制，执行新形势下党内政治生活若干准则，发现和解决自身问题，营造风清气正政治生态的情况；践行新时代党的组织路线，贯彻新时期好干部标准，树立正确选人用人导向的情况。

（2）对领导干部的考核。加强对领导干部在政治品质方面的考核，重点了解坚定理想信念、对党忠诚、尊崇党章、遵守政治纪律和政治规矩，在思想上政治上行动上同以习近平同志为核心的党中央保持高度一致等情况。

2. 强化考察考核结果运用

坚持考用结合，把落实党的领导责任的情况作为管理、评价、奖惩党组织和党员干部的重要依据，推动党的领导责任落实。将考察考核结果与选拔任用、培养教育、监督管理、激励约束、追责问责等结合起来，促进任务完成，强化责任落实，以考察考核结果为导向，鼓励先进、鞭策落后，推动能上能下，促进担当作为，严厉治庸治懒。

（1）对优秀者予以奖励激励。比如，在党的领导责任落实方面，经考核认定，党组织或党员干部作出重要贡献的，按照有关规定记功、授予称号，给予物质奖励；经考核认定，党组织或党员干部表现突出或者年度考核结果为优秀等次的，按照有关规定给予嘉奖。

（2）对落后的采取相应措施加强建设和教育管理。比如，在党的领导责任落实方面，经考核认定，领导班子运行状况不好、凝聚力战斗力不强、不担当不作为、干部群众意见较大的，应当进行调整；领导班子年度考核结果为一般等次的，应当责成其向上级党组织写出书面报告，剖析原因、进行整改；领导班子年度考核结果为较差或者连续两年为一般等次的，应当对主要负责人和相关责任人进行调整。

（3）根据需要加强干部教育培养或采取相应处理措施。比如，按照“缺什么补什么”的原则，对领导干部进行调学调训、安排实践锻炼，补齐能力素质短板；对有潜力的优秀年轻干部加强针对性培养。

（四）强化问责追责

没有罚则的制度是没有“牙齿”的“老虎”，得不到执行的制度则是“纸老虎”。党的领导制度建设不能止步于有规可依，更要实现有规必依、执规必严、违规必究，制度的生命力在于执行。坚持党的领导，贯彻落实党的路线方针政策，统筹推进“五位一体”总体布局和协调推进“四个全面”战略布局，各级党组织和党的领导干部都有责任。

《中国共产党问责条例》列出的六个方面失职失责行为中，“党的领导弱化”位列问责情形第一条，传递出要坚决贯彻党的理论和路线方针政策、党中央的决策部署的强烈信号。加强党的领导、强化“四个意识”，既要牢牢坚持党性原则，不断增强政治定力，又要强化责任担当，在大是大非面前旗帜鲜明，在重大原则问题上敢于发声、亮剑。《中国共产党问责条例》向全党释放了“失责必问、问责必严”的强烈信号。要坚持严字当头，认真贯彻落实，尤其是对执行党的路线方针政策不力，管党治党不严不实，选人用人失察、任用干部连续出现问题，“四风”和腐败问题多发频发，巡视整改不力等问题，要严肃问责，既追究主体责任、监督责任，又上查一级，追究领导责任和党组织责任，通过严肃追责问责，倒逼“两个责任”落实，推动全面从严治党各项任务落地见效。

1. 明确问责追责的具体情形

追究责任本身不是目的，不是搞“事后算账”。事实上，追究责任只是手段，尽责才是目的。对一些失职失责的领导干部的问责，能起到有效的案例警示作用，在干部中带来震慑效应，在社会上发挥徙木立信的作用。因此，要充分运用问责追责手段。研究细化落实党的领导责任的规定办法，明确对各级党委（党组）领导班子及领导干部的追责情形、追责原则、依据等内容，切实做到有责必究、有责必问，将监督责任落到实处。

2. 规范问责追责程序

习近平总书记曾指出，“我们要增强依法执政意识，坚持以法治的理念、法治的体制、法治的程序开展工作，改进党的领导方式和执政方式，推进依法执政制度化、规范化、程序化”[①]。严明的程序才能让干部服气，问责追责工作才能有底气。具体来说，就是要坚持从严规范程序，从追责程序的启动、调查的展开，到处理意见的提出、研究，再到处理决定的形成、送达，以及追责对象的申诉渠道和程序等，都要坚持公平公正公开，严格进行规范，实现问责常态化、制度化、规范化。

3. 从严追究责任

党的领导责任能不能落实，关键要用好责任追究这把“利剑”，奖惩要敢于兑现，追责要敢于碰硬。追究党的领导责任的目的是确保党总揽全局、协调各方的领导核心地位。要坚决执行问责追责工作，对履行党的领导、管党治党责任不力的党组织、党员干部严肃问责追究，凡经查实的问题，都要坚决追究责任，决不搞下不为例，不搞姑息迁就，形成良性的责任导向。凡被问责追责的组织和个人，都应与其评优评先、选拔任用等挂钩，最大化地运用好责任追究结果，通过从严从实问责追责，倒逼各级党组织履行党的领导工作主体责任，让党的领导责任真正落到实处。

① 习近平:《加快建设社会主义法治国家》，载《求是》2015 年第 1 期。

参考文献

专著

（1）习近平:《论坚持党对一切工作的领导》，中央文献出版社 2019 年版；

（2）宋功德、张文显主编:《党内法规学》，高等教育出版社 2020 年版；

（3）欧爱民:《中国共产党党内法规总论》，人民出版社 2019 年版；

（4）蒋清华:《中国共产党党的领导法规制度基础理论研究》，人民出版社 2019 年版；

（5）曾峻等:《坚持和加强党的全面领导研究》，人民出版社 2019 年版；

（6）欧爱民:《党内法规与国家法律关系论》，社会科学文献出版社 2018 年版；

（7）王勇主编:《党内法规教程》，中共中央党校出版社 2018 年版；

（8）柯华庆:《党规学》，上海三联书店 2018 年版；

（9）程维荣主编:《新民主主义革命时期中国共产党党内法规》，上海三联书店 2018 年版；

（10）李斌雄:《扎紧制度的笼子：中国共产党党内法规制度的重大发展研究》，武汉出版社 2017 年版；

（11）林尚立:《当代中国政治：基础与发展》，中国大百科全书出版社 2017 年版；

（12）殷啸虎主编:《中国共产党党内法规通论》，北京大学出版社 2016 年版；

（13）王振民、施新州等:《中国共产党党内法规研究》，人民出版社 2016 年版；

（14）景跃进、陈明明、肖滨主编:《当代中国政府与政治》，中国人民大学出版社 2016 年版；

（15）李军:《中国共产党党内法规研究》，天津人民出版社 2016 年版；

（16）宋功德:《党规之治：党内法规一般原理》，法律出版社 2021 年版；

（17）李忠：《党内法规建设研究》，中国社会科学出版社 2015 年版；
（18）张恒山等：《依法执政：中国共产党执政方式研究》，法律出版社 2012 年版；
（19）李华：《中国共产党执政体制研究》，人民出版社 2008 年版。

期刊

（1）林华：《通过依法执政实现依法行政的制度逻辑》，载《政法论坛》2020 年第 6 期；
（2）施新州：《党的领导法规制度建设基本规律研究》，载《党内法规理论研究》2019 年第 1 期；
（3）郝铁川：《中国改革开放以来法治现代化的范式转型》，载《法学》2019 年第 5 期；
（4）陈海嵩：《生态环境政党法治的生成及其规范化》，载《法学》2019 年第 5 期；
（5）蒋清华：《现行宪法中党的领导之法教义学阐释》，载《中南大学学报（社会科学版）》2019 年第 6 期；
（6）宋功德：《坚持依规治党》，载《中国法学》2018 年第 2 期；
（7）王伟国：《国家治理体系视角下党内法规研究的基础概念辨析》，载《中国法学》2018 年第 2 期；
（8）张立伟：《中国共产党党内法规的正当性论证》，载《中国法律评论》2018 年第 1 期；
（9）金国坤：《党政机构统筹改革与行政法理论的发展》，载《行政法学研究》2018 年第 5 期；
（10）张力：《党政机关合署办公的标准：功能、问题与重构》，载《政治与法律》2018 年第 8 期；
（11）张文显：《治国理政的法治理念和法治思维》，载《中国社会科学》2017 年第 4 期；
（12）周尚君：《党管政法：党与政法关系的演进》，载《法学研究》2017 年第 1 期；
（13）王若磊：《依规治党与依法治国的关系》，载《法学研究》2016 年第 6 期；

（14）蒋清华:《党的领导权与执政权之辨——“执政权”之歧义和误用》，载《政治与法律》2016 年第 8 期；

（15）陈云良、蒋清华:《中国共产党领导权法理分析论纲》，载《法制与社会发展》2015 年第 3 期；

（16）张明军:《领导与执政：依法治国需要厘清的两个概念》，载《政治学研究》2015 年第 3 期；

（17）张文显:《法治与国家治理现代化》，载《中国法学》2014 年第 4 期；

（18）周光辉:《当代中国决策体制的形成与变革》，载《中国社会科学》2011 年第 3 期；

（19）刘松山:《党领导人民民主的双重属性》，载《中国法学》2005 年第 3 期。

图书在版编目（CIP）数据

党的领导法规原理 / 郭为禄，章志远主编 . —北京：中国法制出版社，2023.12

（党内法规理论与制度研究丛书）

ISBN 978-7-5216-2149-5

Ⅰ . ①党… Ⅱ . ①郭… ②章… Ⅲ . ①中国共产党—党的纪律—法规—学习参考资料 Ⅳ . ① D262.6

中国版本图书馆 CIP 数据核字（2021）第 182000 号

责任编辑：李宏伟　　封面设计：李　宁

党的领导法规原理

DANG DE LINGDAO FAGUI YUANLI

主编 / 郭为禄　章志远

经销 / 新华书店

印刷 / 河北华商印刷有限公司

开本 / 710 毫米 ×1000 毫米　16 开　　印张 / 14　字数 / 207 千

版次 / 2023 年 12 月第 1 版　　2023 年 12 月第 1 次印刷

中国法制出版社出版

书号 ISBN 978-7-5216-2149-5　　定价：50.00 元

北京市西城区西便门西里甲 16 号西便门办公区　邮政编码 100053　　传真：010-63141600

网址：http://www.zgfzs.com　　**编辑部电话：010-63141804**

市场营销部电话：010-63141612　　**印务部电话：010-63141606**

（如有印装质量问题，请与本社印务部联系。）